Dirk Schümer

TOURISTEN

SIND IMMER DIE ANDEREN

Carl Hanser Verlag

1 2 3 4 5   18 17 16 15 14

ISBN: 978-3-446-24356-9
Alle Rechte vorbehalten
© Carl Hanser Verlag München 2014
Satz im Verlag
Druck und Bindung: Friedrich Pustet, Regensburg
Printed in Germany

INHALT

ICH REISE,
ALSO BIN ICH

Ein Eimer, eine Schaufel und jede Menge Sand und Meer. Der kleine Junge auf dem alten Foto bin ich, gerade mal zwei Jahre alt. Ganz selbstverständlich im Sommerurlaub an der Nordsee, über dreihundert Kilometer von zu Hause. Was mache ich da? Warum buddle ich in diesem Riesensandkasten bei Cuxhaven und beschäftige mich nicht vor der Haustür? Wie bin ich dort hingekommen? Für geübte Reisende, also eigentlich jeden von uns, dürften diese Fragen seltsam klingen. Wir sind ins Zeitalter des Tourismus hereingewachsen, hereingeboren, haben den Rhythmus von Ortswechseln als den Herzschlag unseres Lebens als Selbstverständlichkeit akzeptiert. Ein kleines deutsches Kind am Strand, das könnte heute genauso gut auf den Malediven fotografiert werden oder in Florida. Der Junge der sechziger Jahre würde sich heute, vielleicht ganz alleine mit einem Schild um den Hals, in einem Düsenjet wiederfinden, der ihn nach Asien oder Afrika bringt. Warum auch nicht? Unterwegs sein, in Hotels abzusteigen, sich in alle verfügbaren Verkehrsmittel zu stürzen, ist das normalste von der Welt. Allerdings erst seit ein paar Jahren, ziemlich genau seit einer Generation.

Noch mein Großvater ist sein ganzes Leben nicht aus dem kleinen westfälischen Städtchen herausgekommen, in dem er geboren wurde. Genauso wenig wie seine Nachbarn oder seine Verwandten kannte er den Tourismus aus eigener Erfahrung. Wenn Leute zu seiner Zeit verreisten, Bildungs-, Erholungs- oder Kuraufenthalte in ihrer Biografie unterbringen konnten, dann gehörten sie zum Adel oder zum sehr wohlhabenden Bürgertum. Die Masse blieb lebenslang daheim. Genau wie mein Großvater hätten sich wohl die meisten seiner Generationsgenossen gefragt, warum ein Kleinkind an die Meeresküste verfrachtet werden muss. Das ist doch alles aufwendig und als Lebenserfahrung nutzlos. In der Tat habe ich keinerlei Erinnerungen an meine erste Urlaubsreise, mit der meine persönliche Laufbahn als Homo touristicus begonnen hat. Heute kenne ich etliche Kinder so um die zehn Jahre, die von New York bis Peking, von der Südsee bis zu den Museen von London und Paris schon mehr von der Welt gesehen haben als Captain Cook, von schüchternen Erwachsenenurlaubern ganz zu schweigen.

Die Beschleunigung des Lebens, von der so viel die Rede ist, meint vor allem die hektischen Bilder auf Fernsehschirmen, Personalcomputern und Mobiltelefonen, die unser aller Alltag einen immer hurtigeren Pulsschlag vorgeben. Der Transport der körperlichen Hardware von einem mehr oder weniger beliebigen Fleck der Welt zum anderen gehört aber auch dazu. Doch ging es früher wirklich ruhiger zu, waren die Menschen allesamt sesshafter? Interessant ist es, sich das Itinerar eines römischen Kaisers, eines Papstes oder Monarchen des Mittelalters anzusehen, also den Atlas seiner Reisebiografie mit allen Linien quer durch Mitteleuropa. Da kommen in der Tat meist ein paar mühselige Touren zu Pferd über die Alpen zusammen, und den Rest der meist kurzen Lebensreise ging es über Stock und Stein, Floß und Kahn von einer Versammlung, von einer Burg, von einer Jagd zur anderen. Doch das freilich war die absolute Ausnahme, während fast die gesamte

Restbevölkerung brav daheimblieb und von Aussaat bis Ernte die Kalorien für die wenigen Touristen – Krieger, Händler, Politiker – erzeugten. Die Ferien-Völkerwanderung unserer Zeit ist eine ganz andere als die in der Spätantike, da ganze Stämme mit hunderttausend Menschen, Ochsenwagen und Grillgeschirr quer durch Europa zogen, um eine neue Heimat zu suchen und sich notfalls mit Gewalt zu erkämpfen. Menschen waren immer mal staunenswert mobil auf der erzwungenen Suche nach einem neuen Lebensraum, nach Kriegsbeute, nach seltenen Handschriften so wie neugierige Mönche oder nach Edelsteinen auf der Seidenstraße wie Marco Polo. Das Ausmaß an Mut oder an Verzweiflung, das sich ansammeln musste, damit einer als Auswanderer, Vertriebener, Abenteurer alles hinter sich ließ und sich für immer auf den Pfad begab, können wir kaum ermessen. Und doch sind solche Schicksale immer noch Alltag, etwa wenn sich in Afrika verarmte Glückssucher zu vielen Tausenden zu Fuß durch die Sahara ins vermeintliche Paradies Europa aufmachen und dabei das eigene Leben riskieren. Noch vor ein paar Jahrzehnten gab es nach dem von Deutschen angezettelten und verlorenen Zweiten Weltkrieg die größte Vertreibungswelle der Geschichte mit gut fünfzehn Millionen Menschen, zumeist deutschstämmigen, aus Mittel- und Osteuropa.

Und mächtige Nationen wie die Vereinigten Staaten, Australien, Argentinien rekrutierten ihre Bevölkerung anfangs aus mutigen Auswanderern, die ihre Heimatscholle hinter sich ließen. Dennoch hat diese Form der Ausreise wenig mit unserem All-Inclusive-Ferienspaß gemein; sie lehrt uns einzig, dass Menschen keineswegs zur Sesshaftigkeit neigen. Wenn schon Kimbern und Teutonen und Hunnen über tausende Kilometer ihr Ziel erreichten, dann sollten wir Pauschaltouristen uns auf unser persönliches Itinerar, das immer wieder an den Ausgangspunkt zurückführt, nicht allzu viel einbilden.

Machen wir einmal die Probe und versuchen, unsere eigene Lebensreise auf eine Landkarte zu bekommen. Nehmen wir ruhig die regelmäßigen Verwandtenbesuche bei der Tante in Bayern, die Klassenreisen zum Kölner Dom und zum Hamburger Hafen dazu, dann den Schüleraustausch nach England, dazu bauen wir die Familienferien ein. Schon vor der Volljährigkeit wird alles komplett unübersichtlich, ein Knäuel aus Reisefäden quer durch unseren Kontinent und darüber hinaus. Wann war ich das erste Mal an der Adria? Gab es da nicht diesen Ausflug mit der Fähre nach Dänemark? Und immer wieder diese Wandertouren mit den Großeltern im Kleinwalsertal, die ich damals so gehasst habe. Wenn man dann noch heroische Fahrradtouren mitrechnet, kommt schnell einiges zusammen.

Seit sich dieser Rhythmus der Ferienreisen beschleunigt hat, wäre es viel leichter, sich die seltenen Jahre in Erinnerung zu rufen, in denen man tatsächlich im Urlaub nirgendwo hingefahren ist. Die Bewegung, ob ins Hotel oder die Jugendherberge, ob mit dem Schiff nach Skandinavien oder per Flieger an die Costa del Sol, ist jetzt die Regel – und längst nicht nur für den Hochadel und Fernhändler. Tourismus ist Menschenrecht. Die DDR ist auch und vor allem an der Absperrung zusammengebrochen, denn Sachsen und Brandenburger wollten auch endlich nach Paris und Rom und Mallorca und weiter, immer weiter in die Welt hinaus. Dieses Recht haben sie eingeklagt, und sie machen seither reichlich davon Gebrauch. Heutige Gesellschaftsdebatten über Armut berichten von unterprivilegierten Kindern, deren Familien dem Nachwuchs kaum Auslauf gönnen: kein Strand im Sommer, keine Skipisten im Winter, kein Kurztrip nach London. Welch ein trauriges, ja fast schon unzumutbares Dasein. Wer gar freiwillig nirgendwo hinfährt und im Urlaub im Stadtviertel spazierengeht oder im Hobbykeller den Kölner Dom aus Streichhölzern zusammenbastelt, gilt als Fall für den Psychologen. Gibt man Menschen die ökonomischen, zeitlichen und technischen Möglichkeiten zum Reisen, dann ist kein Winkel der Welt vor ihnen sicher. Das ist der Unterschied zu früher, als Zwänge und Nöte die Bewegung anschoben. Heute läuft – das gehört geradezu zur Definition von Tourismus – das Gros unserer Reisen ohne Lebensnotwendigkeit: Tourist ist, wer zum Vergnügen und mit Rückfahrkarte keineswegs länger als ein paar Monate den Ort wechselt und sich einfach mal in der Welt umschaut.

Solches Reisen ist, allen Pilgerfahrten und Kreuzzügen zum Trotz, ein recht neues Phänomen. Europas, vor allem Britanniens Adel pflegte zwar seit der Renaissance den Nachwuchs zur Grand Tour gen Italien auszusenden, doch solche jahrelangen Ausbildungs- und Vergnügungstouren in Begleitung von Hofmeistern und Sprachlehrern waren aufwendiger und sicher lehrreicher als ein Hochschulstudium. Erst im neunzehnten Jahrhundert lassen sich nennenswerte touristische Wanderungen nachweisen, die mit heutigen Urlaubsreisen vergleichbar sind. Wohlhabende fuhren in die Sommerfrische in die Berge oder als durchaus Gesunde in die boomenden Kurorte wie Spa, Baden-Baden, Bath, wo in Hotels, Badehäusern, Pferderennbahnen, Casinos, Operettentheatern für das angemessene Unterhaltungsprogramm gesorgt wurde. Vor allem das weltumspannende britische Empire hat mit seinen Inlandreisen von Glasgow nach Sydney per königlichem Dampfschiff für die Elite des Empire ein touristisches Leben für viele ermöglicht. Man hatte Familie in Indien, alte Geschäftsbeziehungen zum Niagarafall, wollte die viktorianischen Schafe auf Falkland genauso kennenlernen wie die raren Großwildtrophäen im britischen Afrika. Also bitte, der Tourismuspionier Thomas Cook bot das alles und noch viel mehr als Pauschalurlaub an, wenn diese Reisen auch per Schiff und Bahn etwas länger dauerten als die heutigen Pfingstferien. Für die wachsende Zahl von Reisenden entstand eine Infrastruktur von Bimmelbahnen an den Himalaya, luxuriösen Lodges in Kenia, Fahrplänen für Dampfschiffe entlang der Burgen des Rheins oder feinen Hotels an den Stränden von Deauville und der steinigen Küste der Riviera. Schon im neunzehnten Jahrhundert entwickelte sich der Tourismus für die »happy few« zu einem kleinen, aber feinen Wirtschaftszweig. An klassischen Destinationen wie Florenz, den Loireschlössern, in Wien oder Blackpool sah es vor hundert Jahren schon fast so touristisch überfüllt aus wie heute. Autoren beschweren sich bereits vor 1900 über die lästigen Reisegruppen auf dem Markusplatz von Venedig während der Hochsaison.

Doch heute ist immer Hochsaison, voll ist es fast überall, Hotels finden sich noch auf eisigen Bergeshöhen und mitten in der Wüste. Das Produkt Tourismus hat sich die ganze Welt gefügig gemacht und bietet etwas für jede Preisklasse. Dank höherer Einkommen und günstiger Reisen gehören so gut wie alle zu den Privilegierten. Den gesunden Wachstumsraten der Reisebranche haben keine Kriege und Wirtschaftskrisen der letzten hundert Jahre etwas anhaben können. Kaum sind, wie im Irak, in Afghanistan, die Kriegskanonen etwas verstummt, fallen schon die ersten Individualtouristen in ein noch so armes, noch so zerstörtes Land ein und schauen nach dem Rechten – oft sicher, um mit dem Recht der ersten Nacht bei der Heimkehr protzen zu können. Gefahren und Krankheiten können vielleicht Warenströme und Baufirmen vor verseuchten Gegenden abschrecken, aber sicher keine Touristen, die sich über jede Warnung vor Flecktyphus und Beulenpest hinwegsetzen. Die junge, dynamische Reisecommunity der Generation Lonely Planet tauscht sich übers Internet über die ersten Rohbaubars und Gästebetten in Somalia und im Südsudan bereits aus, bevor die entsprechenden Lokale überhaupt eröffnet haben. In Nahost – etwa in Syrien, aber auch im Libanon – stoßen nicht zum ersten Mal bei blutigen Bürgerkriegen die Soldaten auf unerschütterliche Reisende, die manche Kulturschätze noch Sekunden vor dem Bombardement fotografieren wollen und dafür locker ihr Leben aufs Spiel setzen. Und wenn man einmal seine Mitmenschen richtig kennenlernen möchte, die man in Heidenheim an der Brenz, Offenburg oder Salzgitter nicht einmal in der Nachbarschaft träfe, dann sollte man sich im Reisebüro für eine sündteure Kreuzfahrt in die Antarktis, eine Extremklettertour im Himalaya oder einen Tauchurlaub beim weißen Hai an den Küsten Südafrikas anmelden. Da trifft man sie dann, die unerschrockenen Kleinbürger, die daheim einen Bausparvertrag abschließen, brav die Einbauküche abzahlen, ihre späteren Rentenansprüche ausrechnen und konservativ ein kleines Börsendepot verwalten. So kommt dann genug zusammen, um sich tollkühn in die Feuerwerkskörper eines brasilianischen Dorffestes schmeißen zu können oder endlich einmal einen Kurs für Freeclimber in Kanada zu buchen. Frühpensionierte Schwerkranke sammeln da vor Toresschluss mit Eifer griechische Inseln wie Briefmarken. Vorteilhaft geschiedene Damen schließen ihre Bungalows ab und treten mit achtzig noch einmal monatelange Kreuzfahrten an. In den Kaffeeküchen der Büros tauschen sich schon die Hospitanten über die coolsten Clubs in London, die wildesten Strände von Bali, die eindrucksvollsten Highways quer durch Amerika aus. Wer kennt sie nicht, die Urlauber aus Passion und mit übermenschlicher Kondition.

Gehören wir nicht alle irgendwie dazu? Ich reise, also bin ich – so würde es wohl der notorisch sesshafte Philosoph René Descartes heute auf den Punkt bringen.

Warum sind wir nur so umtriebig geworden? Können wir nicht mehr ruhig an einem Ort bleiben? Hat eine kollektive Nervosität unsere Tierart erfasst? Die Unfähigkeit, im selben Raum auszuharren – das hat Descartes vor über dreihundert Jahren als Keimzelle unseres Unglücks identifiziert. Er selber saß lieber wochenlang rauchend im Bett in Holland und dachte nach, und als er irgendwann die verlockende Einladung als Staatsberater an den schwedischen Königshof erhielt, wurde sogar dieser Stoiker zum Touristen und brach auf. Ein paar Wochen später war er tot, vergiftet von Neidern, die keinen Philosophietouristen bei Hofe haben wollten.

Der Tod unterwegs ist sicher die schlimmste anzunehmende Wendung einer Urlaubsreise. Nicht so sehr wegen der behördlichen Komplikationen, die mit einem Sargtransport verbunden sind. Nein, die schlimmste Niederlage des Touristen besteht darin, hinterher nichts von seinen Abenteuern und Triumphen erzählen zu können. Treffen heute beliebige Mitmenschen aus entwickelten Ländern zusammen, darf man sicher sein, dass nach wenigen Minuten nicht mehr über Familie und Geschäft, ja auch nicht über Sport und Hochkultur geredet wird, sondern übers Reisen. Wo waren Sie denn zuletzt im Urlaub? Entgegnet man dann, womöglich auch noch wahrheitsgemäß, man fahre nun mal seit Jahrzehnten zum Wandern und Wassertreten in die Lüneburger Heide, dann ist mancher gesellschaftliche Kontakt, manche Freundschaft gar bereits zu Ende, bevor sie überhaupt anfangen konnte. Wenigstens einige touristische Basics werden für einen zivilisierten Menschen vorausgesetzt. Da reicht es nicht immer, von einer Parisreise zu schwärmen, vielleicht in ferner Jugendzeit. Das könnte erst recht als Ausweis von Biederkeit, Armut, Provinzialismus gelten. Besser steht man da, wenn man touristische Kennerschaft nach Art des Feinschmeckers vorweisen kann: Immer, wenn wir in Paris sind, gehen wir abends in die Coupole, die kennen Sie ja sicher. Da fährt man bei der sonstigen Abfütterei für Touristen immer noch am sichersten. Dass man vielleicht nur zweimal auf einer Dienstreise in Paris war und dabei nur kurz in La Coupole eine Vorspeise abbekam, das braucht man ja niemandem auf die Nase zu binden. Also, wir müssen einfach einmal im Jahr in Rom vorbeischauen, schon allein wegen der Kultur – das ist noch so ein Hammersatz, dessen Wahrheitsgehalt sich schwer überprüfen lässt und der daher tiefen Eindruck hinterlassen dürfte.

Hartgesottene Touristen kennen keine Angst vor Oberflächlichkeit. Zur Not lassen sich riesige Erdgegenden wie Skandinavien bei einem Zwischenstopp am Flughafen abhaken, und eine Kaffeefahrt nach Stade reicht locker für Hamburg en gros und détail. Kenn ich gut, hab ich drauf, bin ich schon gewesen – solche Schnellurteile weisen heute die weltkundigen und souveränen Zeitgenossen aus. Ich hörte neulich von einer Damenrunde, die mit einem Billigflieger für einen Nachmittag von Frankfurt-Hahn nach London und zurück unterwegs war. Es reichte immerhin für einen Besuch im Kaufhaus Harrods inklusive der Lady-Diana-Gedenkstätte. Das allein ist, wenn man sich solch einen Tempotourismus denn leisten und antun möchte, keineswegs verwerflich. Richtig gelungen ist eine Reise freilich erst, wenn hinterher das adäquate Urteil gefällt werden kann. In diesem Fall einigte man sich, weil das Gedränge, die Hektik und die schlechte Luft in London niemandem so recht imponiert hatten, auf die Formel: Also England, das kannst du mir schenken.

Geschmäcklerische Kennerschaft ganzer Nationen und Kontinente ergänzen oder ersetzen heute die simple und handfeste Prahlerei mit Schmuck und dicken Autos. Wer nichts über die Strände am Roten Meer zu sagen weiß oder bei der Erwähnung von Kalifornien nur vage lächelnd mit dem Kopf wackelt, wer gar Tübingen mit Thüringen verwechselt und immer noch »Burma« sagt statt »Myanmar«, der entlarvt sich als armer Schlucker und rettungsloser Banause. »Ich war noch niemals in New York« – dieses Bekenntnis wirkt sogar noch unter Kegelbrüdern derart peinlich, dass Udo Jürgens daraus ein trotziges Lied und sogar noch ein ganzes Musical schmieden konnte. Einer von tausend dürfte sich verschämt angesprochen fühlen, der Rest lächelt weitgereist und wissend über so viel putzige Hinterwäldlerei.

Den Wettbewerb um die weiteste, originellste Reise, den souveränsten Überblick über die Ferienregionen kann man leichter mit kluger Gesprächstaktik gewinnen. Eine ganz perfide Methode besteht im Abwarten und eiskalten Zuschlagen. Dann lässt man das Gegenüber beispielsweise ewig über die Leidenschaft zur Bildungsreise nach Bella Italia schwadronieren, fragt höflich nach Impressionen aus Capri oder Pisa, nickt stumm, wenn es um rare Etruskerstätten in Latium oder romanische Kirchen in den Abruzzen geht. Dann glashart die Frage: Und waren Sie schon einmal in Sizilien? Gibt sich der Gesprächspartner dann die Blöße zu sagen: Das fehlt mir noch, ich bin noch in der Planungsphase – dann kann man die ganze Reisekarriere mit einem Gnadenstoß erledigen: Wenn Sie Sizilien nicht kennen, dann kennen Sie Italien nicht!

In diesem Sinne empfiehlt es sich, immer ein paar nebensächliche, unauffällige Reiseziele in der Hinterhand zu haben, damit niemand mit Prag oder Istanbul die große Show abziehen kann. Eine kurze, hinterhältige Zwischenfrage nach der Luxemburgischen Schweiz oder den Färöern, selbst wenn sich da kaum etwas sehen und erleben lässt, gibt erfahrungsgemäß allen Angebern den Rest. Man muss nur steif und fest behaupten, dass gerade dort die größten Wunder verborgen, die größten Überraschungen zu erleben sind. Was – Sie kennen Helsinki nicht? Oder besser: Haben Sie es noch nicht bis Ljubljana geschafft? Mit solcher möglichst erstaunt-herablassenden Kennerschaft kann man viel Geld sparen, denn ein Kurztrip nach Ljubljana kommt allemal günstiger als die große, alljährliche Tour de France im Campingwagen, die aber plötzlich kaum mehr etwas wert ist neben so viel Reisespürnase. Wer noch nicht die thrakischen Gräber in Bulgarien gesehen hat, der muss mir nichts vom Metropolitan in New York erzählen – das ist die Redewendung, die ich momentan mit guten Ergebnissen auf ihre Wirksamkeit überprüfe. Dabei bin ich noch nie in Bulgarien gewesen …

Die Erde ist nun einmal größer als ein Menschenleben, daher ist die Chance riesengroß, dass man selber Maßgebliches vom touristischen Kanon nie gesehen hat und auch niemals im Leben zu sehen bekommt. Das eigentlich Interessante am Reisen kommt beim Prunken mit und Abhaken von Standards sowieso nie zur Sprache: Was genau wäre es denn, das eine bereiste Stadt, eine betrachtete

Landschaft der eigenen Lebenserfahrung beglückend hinzufügen? Schließlich ist es etwas anderes, ob jemand in Madrid einen Sprachkurs absolviert, eine Ferienwohnung gefunden und täglich auf dem Markt eingekauft und für spanische Freunde gekocht hat oder ob es gerade für eine Stadtrundfahrt im Bus reichte. Bin ich Dutzende Male nach Amsterdam gefahren, bis ich die Stadt und auch ihre abseitigen Ecken wie im Schlaf kenne? Oder reicht der Blick vom Deck des Kreuzfahrtschiffes? Eigentlich sollten das alle Reisende für sich selbst entscheiden. Es hängt eben vom Interesse ab, ob mir persönlich die pompejianischen Ausgrabungen im Archäologischen Museum von Neapel so wichtig sind, dass ich mir stundenlang Zeit zur eingehenden Betrachtung nehme. Andere Touristen fahren in jeder Metropole schnurstracks zum Hardrock Café, erwerben ein T-Shirt und nehmen dort mit dem Mobiltelefon ein Selbstporträt auf, um in die Heimat einen Beweis ihrer Reise zu senden. Auch so lässt sich die weite Welt begreifen, ihre Komplexität reduzieren und ein Haken an legendäre touristische Ziele machen.

Worin überhaupt besteht die bleibende Bereicherung durch eine Reise? Für die weitaus meisten Touristen ist das Ziel eines Besuchs im Louvre der Satz: Ich bin im Louvre gewesen. Denn die weitaus meisten Louvre-Besucher werden in riesigen Gruppen durch die Gänge getrieben, bis sie die Mona Lisa aus dreißig Metern Entfernung vage an der Wand hinter getöntem Panzerglas erahnen können, es könnte auch eine billige Reproduktion sein, so wenig sieht man. Dann fotografieren die meisten trotz des Verbotes die Rücken der Vorderleute und den Mona-Lisa-Schatten, traben in der Gruppe wieder durch die Gänge und werden zum Mittagessen gekarrt. Es ist leicht, sich über diese Form des Reisens lustig zu machen oder aufzuregen. Dennoch muss das Erlebnis dieser Stunde so existentiell sein, dass täglich tausende Menschen das Ritual auf sich nehmen und oft auch lange dafür gespart haben werden: ein Lebenshöhepunkt, einmal vor der Mona Lisa. Und ist jemand, der fünf Minuten vor einem Gemälde Vermeers im Haager Mauritshuis meditiert hat, nun partout der kultiviertere, der klügere, der bessere Mensch als die Massen aus dem Louvre oder die gedrängten Kreuzfahrer in der Ermitage? Fünf Minuten sind gegenüber fünf Sekunden auch nicht gerade eindrucksvoll und machen niemanden zum Experten.

Doch gerade darum scheint es beim Tourismus zu gehen: Die Kunden in lächerlich kurzer Zeit zu beeindruckend gewappneten Fachleuten zu machen. Ein Blick in einen beliebigen Reiseband genügt: Auf einen Blick werden hier die Highlights zusammengefasst. Wer nur anderthalb Stunden in Barcelona hat, eilt über die Ramblas und durchs Barrio Gotico, schaut sich Gaudís Tropfsteinkirche von außen an, macht ein Panoramafoto vom Montjuic und verliert sich vielleicht sogar für zwanzig Minuten im Picassomuseum, bevor der Bus weiterfährt nach Valencia. Das klingt furchtbar oberflächlich gegenüber der normalen Bildungsreise von fünf Tagen. Aber fünf Tage sind gegenüber einem ganzen Leben auch nicht viel mehr Zeit als anderthalb Stunden. Für Kennerschaft von Sitten und Mentalitäten, für Sprache und Küche reichen sie nie und nimmer. Umgekehrt sind anderthalb Stunden Barcelona für einen Menschen, der siebzig Wochenstunden in einer Fabrik in Taiwan abdient, vielleicht eine ganz wertvolle Lebenserfahrung. Ich kenne einen alten Mann, der sein Leben in Leningrad verbrachte, und als er mit der Familie irgendwann nach Deutschland ausreisen durfte, hat er von seiner Sozialhilfe so lange gespart, bis es für eine

Bustour über Nacht nach Mailand reichte; er hat sich eine Eintrittskarte für Leonardos Abendmahl in der Kirche Santa Maria delle Grazie gekauft, sich vor das Gemälde gestellt und geweint. Wer immer über die Oberflächlichkeit und Beliebigkeit des Massentourismus die Nase rümpft und sich für etwas Besseres hält, der sollte sich fragen, ob er für eine Reise schon einmal ein vergleichbares Opfer gebracht hat.

Der Tourismus ist einer der größten Zweige der globalen Wirtschaft. Anders als beim Ölfördern, beim Kaffeehandel oder der Computerbranche lässt sich das Volumen nur schwer ermitteln. Denn wie hält man in London die Übernachtungen von Geschäftsreisenden und von Touristen auseinander? Welcher Tankwart weiß, ob er da für einen Pendler oder einen Reisenden die Quittung ausdruckt? Rechnet man internationalen Tourismus als klassisches Hin und Her von Im- und Export, fällt die Branche der Inlandsreise unter den Tisch. Und wie stellt man fest, wie viele Restaurants, wie viele Boutiquen und Ärzte nun von Reisenden frequentiert werden und deshalb als Kollateralerträge des Reisens berechnet werden müssten? Doch schon die Näherungszahlen von rund sechshundert Milliarden Euro jährlich, die von der Menschheit für Tourismus ausgegeben werden, ist imposant. Mindestens hundert Millionen Menschen auf der Welt verdienen ihren Lebensunterhalt durch die Reisen der anderen. Fast dreißig Prozent des Welthandels an Dienstleistungen sind Tourismus. Man könnte meinen, dass ohne das Reisen, für das es ja gar keinen existentiellen Grund zu geben scheint, die globale Ökonomie komplett zum Erliegen käme. Würden wir alle plötzlich dieses Hobby aufgeben, dann stürzte der ganze Planet auf einen Schlag in eine nie gekannte Rezession.

Anders als Menschen, die wirklich in einer anderen Kultur leben, sich womöglich für immer dort niedergelassen haben, ist auch der gründlichste und langsamste Tourist unterwegs auf seiner persönlichen Stadtrundfahrt durch die Welt. Nie wird er das dicke Glas seines klimatisierten Busses zur anderen Seite der Wirklichkeit durchbrechen. Wir können alle leicht den Test machen: So oft wir an unserem liebsten Reiseziel waren, sagen wir einmal: Südfrankreich. Reicht diese Erfahrung aus, sich einen Südfranzosen mit allen Fasern zu nennen? Wer ein Häuschen in der Toskana sein Eigen nennt, sollte sich fragen, ob Sprache und Dialekt, katholische Prägung und Großfamilie der Landleute wirklich in seine Mentalität übergegangen sind. Geht man, wenn man New York rasend liebt, in New York auch zum Zahnarzt oder zum Steuerberater? Und am wichtigsten: Würden mich die Menschen in meinem liebsten Urlaubsland als einen der Ihren betrachten? Natürlich nicht. Im Grunde wird dem Tourismus zu viel zugetraut und zu viel aufgebürdet. Würden wir alle akzeptieren, dass wir unterwegs einfach keine Hausmannskost, sondern ganz kleine Häppchen Welt zu uns nehmen, dann wirkte der Tourismus nicht mehr so existentiell. Keiner könnte mehr mit Reisen prunken, sondern müsste kleinlaut zugeben, dass man immer nur an der Oberfläche kratzt – was ja auch schon eine Leistung sein kann. Vor allem würde der Tourismus, als Globalkonsum begriffen, nicht mehr als Statussymbol zählen, sondern wir müssten ihn nach dem Spaß bewerten, den er uns macht – oder auch nicht. Warum tue ich mir das an? Diese Frage haben sich wohl alle Reisenden in mühseligen, unangenehmen Situationen immer wieder gestellt. Dabei ist die Antwort gar nicht so schwer. Reisen erlöst uns ein bisschen aus dem Einerlei des Daheimseins, des Arbeitens und der festgefahrenen Abläufe – ohne diese aber dauerhaft in Frage zu stellen. Das Entscheidende am Reisen ist das Zurückkommen, sonst würden die meisten von uns gar nicht abfahren. Im Grunde bestärkt das Reisen unser Einverständnis mit den vielen Wochen des Jahres, in denen wir keine Ferien haben. Wir wollen vom Kuchen der Welt naschen und doch den Kuchen Heimat behalten, was mit einer Existenz als Reisende trefflich gelingt. Wir wollen die Welt kennenlernen, aber auch nicht zu sehr, denn sonst würden wir uns in ihr verlieren. Würde uns das Reisen vorführen, wie durcheinander, unüberschaubar, zerstritten und kompliziert die Welt ist, würden wir verrückt. Darum suchen wir auf Reisen Authentizität, Überschaubarkeit, Idylle und Verdaulichkeit.

Wir wollen ein bisschen Abenteuer, aber bitte mit zertifiziertem Fremdenführer, Krankenversicherung und Rückholgarantie. Wir wollen dazulernen, aber unser So-Sein bloß nicht in Frage stellen. Wir wollen weit weg, aber diese Erfahrung am liebsten mit unseren Liebsten teilen und uns in der Fremde gemütlich einrichten wie zu Hause. Schon die alten Römer prägten den weisen Satz: Wer mit dem Schiff fährt, verändert zwar den Himmel über sich, aber nicht die eigene Seele. Anders gesagt: Es ist eigentlich egal, wohin man fährt, man reist ja selber immer mit. Diese schlechte Gesellschaft werden wir selbst als Individualabenteurer niemals los.

Der Tourismus ist nach dem Ableben von Faschismus, Kommunismus und in der Krise des Kapitalismus zur weltumspannenden Ideologie geworden, die Araber und Israeli ebenso eint wie Chinesen und Europäer. Während immer neue Mittelschichten in Indien und Brasilien das nötige Restgeld erwirtschaften, um auch endlich losreisen zu können, entwickelt sich der Tourismus zum Spiegelkabinett. Denn eigentlich setzt das Reisen als Lebensform die Sesshaftigkeit der anderen voraus. Der Urlauber, der die Fellachen in ihren Hütten am Nil fotografieren will, würde ziemlich dumm dreinschauen, wenn am Dorfeingang ein Schild hinge: Wegen Urlaubs verwaist. Ein deutscher Steuerberater, ein belgischer Beamter haben naturgemäß das Bürgerrecht (und die nötige Freizeit), den Planeten zu durchqueren. Doch darf das auch der Massaikrieger, der plötzlich Lust bekäme, endlich einmal die Rüdesheimer Drosselgasse oder das Oktoberfest kennenzulernen? Theoretisch wäre das natürlich möglich, doch müssen wir uns erst daran gewöhnen, dass auch die Bereisten mit ihrem Ersparten ebenfalls zu Reisenden werden.

Heute hier, morgen dort, niemals da, immer fort – das ist ein Menschenrecht, das wir vorderhand doch erst einmal uns selbst, aber nicht allen anderen zusprechen möchten. Reisen ist unsere Lebensform geworden, genau wie Internet, Fernsehen, Mode, Sport, und das ähnlich fix, zappend, teuer, konkurrenzhaft. Wer ist schneller und öfter unterwegs? Wer hat seinen Fuß in mehr Länder gesetzt? Welcher Erdteil fehlt noch auf der Liste? Während wir zu Hobby-Ethnologen werden und unsere Nasen in die Gebräuche aller möglichen Völkerschaften stecken, müsste ein Ethnologe den Tourismus als entscheidenden Brauch unserer westlichen Fluchtkultur klassifizieren: Sie gehen nicht mehr alle in die Kirche, sie singen nicht mehr gemeinsame Lieder, sie schauen nicht einmal mehr ein einheitliches Fernsehprogramm – aber verreisen tun sie alle. Und dabei entwickeln wir, die wir uns mit den Reisen vor uns und den anderen ja abheben und auszeichnen möchten, Gebräuche, die sich verdächtig ähneln. Wir schleppen ähnliche Koffer zu denselben Zielen über immer gleich aussehende Flughäfen, stehen zusammen im

Stau. Wir liegen in den gleichen Hotelbetten wie unsere Mitmenschen, regen uns über das gleiche schlechte Frühstück auf und schießen dann die gleichen Fotos. Ob wir auch genau dasselbe denken und empfinden?

Als Reisende an die unterschiedlichsten Orte werden wir einander immer ähnlicher. Was das Internet mit den Bildern auf unseren Mattscheiben und auf unserer Netzhaut macht, das tut der Tourismus mit unseren Körpern: Er macht den Erdball zu einem Ameisenhaufen, auf dem wir auf festen Pfaden als kleine Module herumhüpfen und -krabbeln. Wir werden so zum Teil einer globalen Entropie, in der wir individuell verreisen, aber kollektiv auf der Stelle treten.

Und noch magischer: Die Hotspots des Tourismus werden einander dabei immer ähnlicher. Die Unterschiede der Kulturen verwischen sich, wo die Reisekultur sich durchsetzt. Die Souvenirs aus Venedig, Peking und Rio werden in denselben Werkstätten nach denselben Mustern für dieselben Preise gefertigt, nur die Bildsymbole auf den Plastikdosen und Vasen, Tellern und Fächern sind noch unterscheidbar. Wo Touristen sind, wird früher oder später dasselbe Einheitsessen serviert und dieselbe Einheitsmusik gespielt. Das Reisen rechnet die Menschheit auf den kleinsten gemeinsamen Nenner herunter und macht die Welt, um mit Adorno zu sprechen, immer mehr mit sich selbst identisch. War der Sand, in dem ich als Kleinkind an der Nordsee gebuddelt habe, nicht letztlich genau derselbe, in dem ich auch im Sandkasten gespielt hätte?

Dieses Unbehagen am Tourismus, rasend auf der Stelle zu treten, spüren wir unterschwellig. Darum gibt es für Touristen keinen größeren Feind als andere Touristen. Alle wollen abseits der ausgetretenen Pfade marschieren, obwohl sie doch auf dem breiten Trampelpfad unterwegs sind. Alle rümpfen die Nase über die aufdringlichen, dummen Touristen, zu denen man selbst natürlich auch auf einer Pauschalreise keineswegs gehört. Jeder möchte hinterher vom Geheimtipp erzählen, von der exklusiven Anteilnahme an einem authentischen Alltag Eingeborener. Typisch und unverbraucht soll das sein, was wir als untypische Besucher lustvoll verbrauchen. Es ist genau wie mit dem Alter: Alle wollen alt werden, niemand will alt sein. Nach demselben Muster will jeder reisen, aber niemand will Tourist sein. Touristen – das sind immer die anderen. Das muss so sein, denn das Massenphänomen Tourismus verspricht uns Exklusivität, Einzigartigkeit. Wenn wir reisen, kaufen wir das kostbarste Gut: die Illusion, etwas Besonderes zu erleben und dadurch etwas Besonderes zu sein. Es ist dieses Versprechen, das uns zur immensen Aktivität rund ums Reisen anspornt und uns immer wieder aufbrechen lässt. Aber kommen wir so ans Ziel?

PLANEN UND PACKEN –
VOM AUFBRECHEN

Wohin soll die Reise gehen? Glücklich sind Zeitgenossen, die sich diese Frage nicht stellen müssen, weil sie sowieso immer an denselben Ort fahren. Wie schon Großeltern und Eltern immer ins selbe Hotel an der Ostsee, dieselbe Strecke an denselben Ort, selber Strandkorb, abends im selben Imbiss dieselben Fischbrötchen und dieselbe Biermarke. Solches Reisen beruhigt manche Leute im unergründlichen Wandel von Jahreszeiten und Geschichte, gibt ihnen die Sicherheit, dass sich der Planet zwar dreht, aber dabei immerhin im Urlaub niemals vom Fleck kommt. Aber wer ist schon so philosophisch oder so bequem, die weite Welt auf den immergleichen Ort zu reduzieren und niemals Lust zu bekommen, sich woanders umzusehen? Menschen, die ihre Urlaubsneugier abgelegt haben, vielleicht weil sie im Beruf schon genug auf Langstrecken herumhecheln, schwärmen von der Stressreduktion: Man kennt das Zimmer, weiß nachts im Halbschlaf den Weg aufs Klo, findet am Frühstücksbuffet sofort die versteckten Leckereien und wird vom Personal wie ein Familienmitglied empfangen. Da gerät das Leben zwischen den Urlauben – etwa in einem Clubhotel auf den immer frühlingshaften Kanaren – zum Reisen, wohingegen das Verreisen sich wie ein wohliges Nachhausekommen anfühlt. Es sind nicht einmal so wenige Menschen, die irgendwann nach dem fünfzigsten Aufenthalt reif sind für die goldene Treuenadel des örtlichen Tourismusvereins – und die Durchreisende und Neuankömmlinge gewöhnlich nerven mit der Besserwisserei: Vor vierzig Jahren gab es hier ja noch nicht einmal ein Schwimmbad. Oder: Seit die Umgehungsstraße fertig ist, da waren Sie noch gar nicht geboren, ist hier endlich abends Ruhe. Oder: Zu meiner Zeit musste man sich die Handtücher noch selber mitbringen. Gewöhnlich dient die gründliche Ortskenntnis anderen Reisenden zu nichts, will man doch schließlich selber die Welt erschließen und nicht in den Fußstapfen von Menschen unterwegs sein, die allzeit nur in den eigenen Fußstapfen laufen. Kurzerhand: Mir ist das Urlaubsabonnement ein wenig unheimlich, schon weil daraus so viel Sicherheit spricht, den passenden, den wahren, den endgültigen Ort für immer gefunden zu haben. Dann bis nächstes Jahr! – das ist die Lieblingsverabschiedung im Herbergsgewerbe, weil dann die künftige Buchung – ob Wirtschaftskrise, Schlechtwetter oder Krankheit – quasi wie ein Naturgesetz vorausgesetzt wird. Es ist wie in der Liebe: Die glücklichsten und längsten Beziehungen sind auch im Urlaub die monogamen. Denn wer immer mal woanders bucht und gerne wechselt, der kehrt womöglich nie mehr zurück.

Wer zu dieser Spezies gehört, dem winkt immerhin das nicht unwesentliche Vergnügen, den nächsten Urlaub detailliert vorzubereiten. Obwohl ich solche Pedanterie im Alltag nicht mag, versorge ich mich vor jeder Reise gewöhnlich mit Fachbüchern, Kartenmaterial, womöglich literarischen und musikalischen Einstimmungen. Nicht, weil der Ablauf des Urlaubs exakt vorbestimmt werden soll; da besteht keine Gefahr, denn es kommt am Ende glücklicherweise ohnehin immer ganz anders. Doch möchte man vorher wenigstens die gröbsten Missgriffe vermeiden, möchte die verlockendsten Ziele nicht übersehen und schlimmstenfalls erst hinterher mitbekommen, dass diese wunderschöne ausgemalte romanische Kathedrale nur ein paar Kilometer nebenan gewesen wäre und bestens in einen freien Nachmittag gepasst hätte. Oder dass der Sonnenschein stets nur auf der Südhälfte der Insel zu erwarten ist. Wenn man dann erst einmal drei Wochen im Wolkenniesel auf der Nordseite vor sich hin grimmt, ist es nämlich gewöhnlich zu spät.

Was die Reiseliteratur angeht, so tut es manchmal gut, dem Rat eines weitgereisten Kollegen zu folgen: Er fraß vor der Tour immer alles Greifbare über sein Ziel in sich hinein, nahm dann aber nie ein Geschichtsbuch oder eine Landschaftsbeschreibung mit, weil er sich die direkten Eindrücke nicht durch die Erfahrungen und Formulierungen anderer überdecken wollte: gut vorbereitet, um dann improvisieren zu können.

Zum Glück gibt es vor dem Reisen die Möglichkeit, das Paralleluniversum des Internets auszuschöpfen. Gerade bei der Urlaubsplanung kommt einem da die unheimliche Eigenschaft des Internets, einen Erfahrungsraum zu simulieren, durchaus zugute: Für jeden Flecken der Welt gibt es Satellitenaufnahmen, Straßenbilder, Youtube-Filmchen, Webcams mit Klimadiagramm. Da kommt man seinem Ziel gewöhnlich mit etwas gutem Willen schon im Wohnzimmersessel angenehm nahe. Hotels und Ferienhäuser lassen sich digital fast schon detektivisch ausforschen, indem man die Verkehrswege der Umgebung checkt und die Distanz zum Strand auf den Zentimeter berechnen kann. Wird es nachts laut? Brauche ich für den Meerblick ein Teleskop? Früher war man da den Versprechungen der Gastgeber und Veranstalter viel schicksalhafter ausgeliefert.

Wenngleich es natürlich keine Garantie gibt, über ein Reiseziel durchs Internet komplett Bescheid zu wissen. Besser so, denn sonst könnte man ja auch getrost daheimbleiben. Auch hier ist ein gewisses Maß an Lockerheit zu empfehlen. Will ich zu viel herausbekommen, verliere ich am Ende die Lust, überhaupt aufzubrechen.

Dennoch müssen einige Regeln beherzigt werden. Stellt etwa ein Hotel kein Foto von Fassade und Eingang ins Netz, sondern beglückt mich mit schönen jungen Menschen, die am Frühstückstisch den Orangensaft oder den Piccolo schwenken, schrillen bei mir die Alarmglocken. Solche Bilder kann jeder Fotoladen frei Haus liefern. Wie ein Gebäude beschaffen ist – Gründerzeitpracht oder Plattenbau –, das sollte man vorher schon erfahren dürfen.

Was die Fotos von Hotelzimmern angeht, so gilt hier die Regel, dass jeder Raum auf dem Bild immer erheblich größer wirkt als später in Wirklichkeit. Ich weiß nicht, wie die Gastgewerbler das machen, vielleicht fotografieren sie mit speziellem Froschaugenweitwinkel aus Insektenperspektive, so dass niedrige Decken wie hohe Säle wirken und sechs Quadratmeter wie eine Suite. Zieht man an der bebilderten Pracht ein Gutteil ab, erspart man sich gewöhnlich eine gewisse Enttäuschung. Und natürlich arbeiten die Hoteliers im Netz mit allen Tricks. Wer verrät mir, ob die Fotos nicht nachträglich manipuliert oder besonders listig geschossen sind? Eine Sauna herrlich im Grünen kann sich dem traurigen Benutzer als Kellerkammer vor einer blühenden Fototapete herausstellen. Das Zimmer mit der atemberaubenden Internet-Aussicht auf die Alpengipfel oder das Meer ist ohnehin immer gerade vergeben.

Und auch die beliebten Erfahrungsberichte im Internet können tückisch sein. Wo vollmundiges Lob sich nur so häuft, kann ja der Hotelier selber seine Freunde zu Jubelhymnen aufgefordert haben. Und wo das Haus nach allen Regeln der Kunst miesgemacht wird, wo von Kakerlaken und Schimmel die Rede ist, kann durchaus auch der neidische Konkurrent vom viel hässlicheren Nachbarhotel seine Intrige im Netz ins Werk gesetzt haben. Es gibt keine Gewissheit. Umfragen von Reiseveranstaltern, die allesamt stark mit dem Internet arbeiten, haben ergeben, dass sich die Mehrheit der Menschen immer noch besonders auf persönliche Empfehlungen verlässt. Wenn ich den Bewerter persönlich kenne, wenn ich direkte Empirie erzählt bekomme und nachfragen kann, dann ist mein Bild immer noch getreuer, als wenn ich der trügerischen Simulation im Internet blind folge.

Im Grunde hat sich die Frage nach dem Reiseziel seit dem neunzehnten Jahrhundert, als der Tourismus nach und nach zum Massengut avancierte, nicht verändert: Der Kunde muss wissen, was er will, dann ist die ärgste Enttäuschung von vorneherein ausgeschlossen. Meer und Sand im Überfluss mit guter Überwachung und Betreuung am Strand machen gestresste Eltern froh. Gehe ich in ein abgelegenes Alpental, dann beschert mir das Touristenschicksal schon von allein gleichgestimmte Wanderer und Ruhesuchende, während die feiernde Jugend an den trendigen Stränden zwischen Ibiza und Antalya die Nacht zum Tage macht. Ein durchschnittlich versierter Tourist hat seine Grundlektion in Erdkunde längst gelernt und weiß sehr wohl, wo ihn in der Toskana Busgruppen vor den Museen und Kathedralen erwarten – und wo angenehm die Welt zwischen Oliven und Zypressen zu Ende ist, weil hier nordische Bürgersleute in ihren Ferienhäuschen von niemandem gestört sein wollen.

Besteht erst einmal eine grundlegende Übereinkunft,

wohin die Reise gehen soll, dann ist die soziale Frage viel wichtiger. Packen wir die heikle Schwiegermutter ein, dann sollte klar sein, dass das eher ein Abenteuer- als ein Wellnessurlaub wird. Wenn die Dame daheim schon an allem herummäkelt, wird sie diesen Charakterzug gewiss im Urlaub nicht zügeln – im Gegenteil. Sind Kinder an Bord, ist gar eine ganze Sippe mit wechselseitigen Aversionen in einem Ferienhaus zusammengesperrt, dann reduziert sich der Erholungswert ganz gewiss. Reisen als Encounter muss aber deswegen keine schlechte Idee sein. Fliegen schon beim dritten gemeinsamen Essen die Fetzen, kochen alte Verwundungen und zehrender Neid zwischen Freunden und Geliebtem, Schwägern und Geschwistern hoch, dann ist immerhin Leben in der Bude. Der französische Film verdankt solchen Konstellationen isolierter Familien oder Freundeskreise etliche Meisterwerke. Man sollte nur wissen, worauf man sich einlässt. Denn dass großfamiliäre oder cliquenweise Urlaube ohne Reibereien abgehen, das glauben nicht einmal Idylliker. In Italien, wo Menschen schon aus Gründen des Ansehens ungern allein sein wollen, gibt es die bewährte Konstellation der »doppia coppia«: Zwei Paare gemeinsam unterwegs, das gibt den Damen die Chance, sich fürs Einkaufen oder im Schönheitssalon des Hotels abzusondern, während die Männer für Geschäfts- oder Politgespräche oder beim spätabendlichen Grappa dann endlich ihre Ruhe haben. Solche Paargruppen sitzen dann auch beim Essen gespenstisch geordnet nach Geschlechtern beisammen: auf einer Seite die Männer, auf der anderen die Frauen. Die Illusion, dass Maskulin und Feminin irgendwelcher Sozialkontakte (außer natürlich dem heikelsten) fähig wären, ist in solchen Gruppenreisen von vornherein ausgeschaltet, was gewiss zur inneren Stabilität solcher Urlaubsgesellschaften beiträgt. Doch Obacht, wer im Alltag ein verlässlicher Freund und spendabler Thekenbruder ist, erweist sich womöglich unter Dauerbeobachtung im Hotel als übler Querulant, der das Personal zurechtweist und dem Hoteldirektor andauernd mit Klage droht. Dann sitzt man genauso in der Falle wie in der gemeinsamen Ferienwohnung, die vom mitreisenden Messie in eine undurchdringliche Räuberhöhle verwandelt wird. Oder im Gegenteil: Man traut sich nicht mehr, die Zahnpastatube auszudrücken oder mit dem Frühstücksbrot zu krümeln, weil der Ordnungssinn der Gefährten sich als bedrohlicher Fimmel entpuppt. In Gesellschaft noch so Nahestehender, das sollte klar sein, wird jeder Urlaub über das Normalmaß hinaus zum Stress. Was mir als kuschliges Epochenhotel erscheint, mag meinen wohlhabenderen und verwöhnten Freunden wie eine schäbige Absteige weit unter ihrem Niveau vorkommen. Gewöhnlich bekommt man solche verkehrten Konstellationen schnell am eigenen Leib zu spüren: Also wir fahren immer in Fünfsternehotels, aber für die paar Tage wird es vielleicht gerade gehen. Und schon ist die ganze Stimmung im Eimer, wo man sich doch so auf die netten Tage an der Riviera gefreut und sogar dafür gespart hatte. Auch umgekehrt ist eine Reise im Freundeskreis meist ein Kompromiss: Man möchte endlich in das piemontesische Sternerestaurant gehen und kann es schon seit einem Jahr kaum erwarten, da erfährt man von den Mitreisenden, dass sie plötzlich aufs Veganertum umgeschwenkt sind und überhaupt: Wir machen uns aus Essen nicht so viel, heute würde doch auch einmal eine Pizzeria reichen. Schlimm ist auch das Besserwissersyndrom in Gesellschaft von Leuten, die alles woanders schöner kennen, die kein Mehrwissen ertragen und immer einen schmälenden, egozentrischen Kommentar auf Lager haben: Sieht diese Skulptur nicht irgendwie assyrisch aus, also ich war da ja neulich in London ... Oder: Gegen die syrischen Ausgrabungsstätten, die ihr ja nicht kennt, sind diese griechischen Steinhaufen nun wirklich kein Vergleich ... So kann eine Bildungsreise schnell zur Folter werden.

Ein guter Freund hat mit seiner Schwester schlimmste Probleme bekommen, nachdem die ganze Sippe zu einem Frankreichaufenthalt aufbrach. Der Schwager, ein begeisterter Golfspieler, hatte die Reise minutiös geplant – eine Tour, die naturgemäß von einem Green zum nächsten führte. Wollte mein Freund den Tag in aller Ruhe mit einem späten Frühstück angehen, wurde er unerbittlich an die Abschlagszeit um neun erinnert. Klagte er über Muskelkater, wurde er überhört. Als die Truppe an immer herrlicheren Loireschlössern vorüberfuhr, nur um wieder zum Golfplatz zu hecheln – für eine Besichtigung ist nun wirklich keine Zeit –, brach unser Freund die Reise und den gesellschaftlichen Verkehr mit dem Schwager ab. In so einem Fall ist eine gewisse Skepsis vor Reisebeginn und womöglich ein exaktes Abgleichen des gemeinsamen Interesses unabdingbar. Persönlich würde ich sogar sagen: Am besten, man fährt nur mit jenen Menschen in die Ferne, die man auch in der Nähe täglich um sich erträgt. Schon Eltern, Nachbarn, Kollegen entpuppen auf der Reise mit gemeinsamer Zeiteinteilung und im schlimmsten Fall auf engem Raum unangenehme Seiten, die man besser nie kennengelernt hätte.

Der britische Autor Jerome K. Jerome hat vor gut hundert Jahren sogar vor einer allzu intensiven Hochzeitsreise gewarnt, weil sich die Mitglieder dieser speziellen Kleingruppe ja noch überhaupt nicht genügend kennen. Das frisch getraute Paar solle möglichst nicht ausgiebig an idyllisch-langweiligen Orten verweilen, sondern im Höchsttempo und nur für wenige Tage von einer Sehenswürdigkeit zur nächsten hetzen, weil beide andernfalls gezwungen wären, sich in allen Details zu ergründen – was schlimme Überraschungen beschere und für eine gelungene Ehe nur abträglich sei. Endlose Debatten in einsamen Schweizer Berghotels an Regentagen, lange Menüs in immergleichen Hotelrestaurants – dabei kommen Ticks, schlechte Angewohnheiten und geistige Unvollkommenheiten unweigerlich zutage. Heute, da man meist erst nach ausgiebigem Zusammenleben heiratet, richtet sich der Ratschlag eher an Frischverliebte: Vorsicht mit zu viel Dauer-Intimität gleich zu Beginn, weil das alle Romantik abtöten könnte. Die ideale Weise des Kennenlernens ist demnach nie das Verreisen, sondern ein gemächliches, soziales Akklimatisieren in vertrauter Umgebung. Wer zieht schon nach ein paar Stunden aus Verliebtheit bei jemandem ein? Im Hotel entsteht aber genau diese Situation: Wie schlingt der denn jedes Mal das Fleisch herunter und hält die Gabel wie eine Forke? Ist man einigermaßen mit Schwächen und Gewohnheiten des Gegenübers vertraut, dann kann man auch riskieren, miteinander zu verreisen.

Tourismus ist ein tückischer Crashkurs in Soziabilität, weshalb erfahrene Reisende auch dringend abraten, überhaupt in ungewohnter Gesellschaft unterwegs zu sein. Ein erfahrenes Ehepaar oder eine abgehärtete Kleinfamilie halten es drei Wochen auf 35 Quadratmetern vielleicht miteinander aus. Die Oma, die Schulfreundin, der Nachbar – sie alle passen nicht einmal für einen Wandertag oder einen Busausflug dazu, geschweige für einen ganzen Urlaub. Alle Menschen haben ihren Tagesrhythmus, ihr Bewegungstempo, ihre Essgewohnheiten. Muss ich das über eine gewisse Dauer mit anderen abgleichen, darf sich niemand wundern, dass ich aggressiv werde. Zahllos die Freundschaften, die bei Abendessen und Kinobesuchen über Jahre hielten und dann im gemeinsamen Urlaub schmerzlich kollabierten. Es ist letztlich umgekehrt wie beim berühmten Ende des Films »Casablanca«. Der Beginn einer langen Freundschaft setzt hier ein, als Ingrid Bergman mit ihrem Gemahl zur Reise aufbricht. Doch in Wahrheit kann man erst nach einer gelungenen gemeinsamen Reise wirklich sicher sein, ob eine Freundschaft halten wird. Aber es ist immer ein Risiko dabei.

Auch Mitleid und pädagogischer Ehrgeiz sind schlechte Ratgeber. Und packt die jüngere Generation angesichts womöglich verwitweter Alter aus der Erzeugergeneration auch gerne das Mitleid: Urlaub ist eine einzigartige Chance zur persönlichen Regeneration und Bereicherung der Erfahrung. Dienst an Einsamen und Zukurzgekommenen ist harte Arbeit und eher ein Fall für die Caritas. Reisen ist nun einmal keine Sozialutopie, in der Menschen gebessert und friedlich zusammengeführt werden, sondern entwickelt eine heikle Dynamik und stellt Loyalitäten so auf die Probe, dass sie nicht immer halten. Und vor allem: Meist ist man für die Reisedauer zueinander verdammt und kann nicht einfach aussteigen, weil Hotel und Flug gebucht sind oder man in einem Auto sitzt. Wenigstens hier sollte man an Ausstiegsklauseln denken, damit im Notfall eine Flucht von der Reise gelingt.

Die Faustregel ist ohnehin, dass Ungleich und Ungleich sich trotz aller gegenseitigen Faszination unterwegs schlecht vertragen. Wer in Rom am liebsten stundenlang die Schuhgeschäfte durchforscht, sollte keinen Tagesplan mit den Freunden der vatikanischen Museen aufstellen – oder wenigstens genügend zeitliche Offenheit einplanen. Nach Norwegen kann man wegen der Stabkirchen fahren oder zum Lachsangeln, man sollte sich aber vorher darüber einigen.

Meine eigene Skepsis, einen gemeinsamen Nenner fürs Reisen zu finden, ist zugegebenermaßen so ausgeprägt, dass ich nur noch ungern Empfehlungen ausspreche. Hinterher ist es meist eine Enttäuschung. Das Hotel, von dem ich nach Jahren noch träume, fanden meine Bekannten nur so lala. Mein Lieblingsrestaurant in Brüssel war den Freunden viel zu teuer. Und ganze Regionen, die mein Herz höher schlagen lassen, werden von anderen Leuten kurzerhand als Zumutung abgefertigt: Also, aus Apulien sind wir sofort wieder abgefahren, ich weiß gar nicht, was ihr daran findet ...

Ein guter Freund, der Reisebücher schreibt, hat mir einmal lange von seinem Lieblingshotel auf einer holländischen Nordseeinsel vorgeschwärmt. Ich nahm sein Reisebuch zur Hand und konnte aber bei dem legendären Haus nie telefonisch durchkommen – bis ich schließlich woanders buchte. Hinterher fragte ich nach, und der Freund lachte nur: Glaubst du denn ernsthaft, dass ich die korrekte Adresse meines Lieblingshotels angebe? Entweder, so erzählte er, gebe es hinterher schlimme Beschwerden. Oder der Laden sei sofort auch für ihn selbst ausgebucht. Darum also hatte er eine falsche Telefonnummer angegeben. Und ich verstand die wahre Bedeutung eines inflationär benutzten Begriffs: Ein Geheimtipp ist nur dann geheim, wenn man ihn niemandem weitersagt.

Und vielleicht sollten auch wir Laien es so halten: Nur unverbindliche Ratschläge zu Landeskunde und Reisewetter, kein übermäßiges Schwärmen, nur die Adressen von Restaurants und Hotels angeben, die ohnehin überall zu finden sind, denn jeder Volltreffer für mich ist für Dritte eine Falle. Und was das Schlimmste ist: Die negativen

Kommentare anderer machen mir selbst später die eigenen Reiseerinnerungen schlecht. Sogar die eigene Nostalgie ist nicht gegen Beschädigungen durch andere gefeit.

Ebenfalls sehr heikel ist das Konzept: Zu Gast bei Freunden. Ich kenne Leute, die nicht aus Geiz, sondern aus lieber Gewohnheit fast ausnahmslos bei noch so entfernten Bekannten logieren. Auf den ersten Blick hat diese Form des Tourismus den Charme besonderer Innigkeit; wenn man schon reist, bekommt man immer eine dichte Kommunikation mit lange entbehrten Freunden oder neue Bekannte auf dem Tablett dazu. Ich selbst aber erinnere mich nur mit Unwillen an die Studentenzeit, da man aus Geldnot dazu gezwungen war, die eigenen Räumlichkeiten für alte Schul- und neue Universitätsfreunde zur Verfügung zu stellen, nur um dann andernorts gratis ein Unterkommen zu finden. Gastfreundschaft war damals eine Art Ehrenpflicht, die bestimmte Leute perfide auszunutzen verstanden – das waren dann die, die gerade nie Zeit oder Kapazität hatten, wenn man einmal bei ihnen logieren wollte. Gefallen hat mir das ganze Gehabe nie. Wenn Freunde von Freunden, also Wildfremde, im Flur auf der Isomatte und im Schlafsack herumliegen und gerne den Aufenthalt von einer auf zwei Wochen verdoppeln, wenn Küche und Bad hinterher übel aussehen und man selbst zur Putz- und Gästebettenkolonne anderer Leute wird, die den guten Tipp dann gerne ihrerseits an Bekannte von Bekannten weiterleiten, dann ist der soziale Charme des Logierens schnell verflogen.

Allerdings muss es gerade dieses Jugendgefühl der improvisierenden Gastlichkeit manchen Leuten angetan haben. Bei einigen Freunden beobachte ich mit einer gewissen Irritation, wie sie von einem Gästebett zur nächsten Schlafcouch reisen, wie sie sich in ihren eigenen Wohnungen über Wochen das Bad mit Einliegern aus fernen Ländern teilen, ohne je zu murren. Offenbar gehört diese Lockerheit zu ihrem Lebensgefühl. Ich staune, wie sie noch in gesetztem Alter ihre Reiseziele regelrecht danach aussuchen, um in engen Zweitwohnungen zusammengepresst mit den Besitzern auf Luftmatratzen und Rollfutons ihre Bandscheibe zu ruinieren. Ist solche Intimität denn erstrebenswert? Stammen diese Gebräuche noch aus der Nachkriegsepoche der Flüchtlinge und Ausgebombten? Ich selbst wohne nur ungern bei noch so Nahestehenden, denn ich lasse mir ja von Freunden auch nicht die Haare schneiden oder die Hemden bügeln, nur weil sie zufällig über eine Schere oder ein Bügeleisen verfügen. Ist nicht ein solide zurückgezogener Aufenthalt in einem noch so anonymen Hotel einer Zwangsgemeinschaft unterwegs vorzuziehen? Kommt keine Klaustrophobie auf? Die Meinungen gehen da offenbar auseinander, aber ich selbst habe beschlossen, meine eigenen Gästekapazitäten nur noch streng sehr nahestehenden Freunden zu offerieren, die sich einen Besuch sonst kaum leisten könnten. Wahllose Gastlichkeit hingegen kann soziale Kontakte ebenso zielsicher ruinieren wie Touren in ungefestigter Gesellschaft – und einem die Gemütlichkeit der eigenen Wohnung noch dazu verderben. Gäste haben bedeutet Stress; und Gast sein bedeutet ebenfalls Stress.

Habe ich solche lästigen Überlegungen erst einmal hinter mir, ist über Reisepartner, Reisezeit und Reisedauer eine Entscheidung gefallen, dann geht es noch lange nicht los. Für mich ist Reisen immer ein Aufbruch aus Gewissheiten, eine Befreiung vom Fluch der alltäglichen Wiederholung. Doch erst jüngst wurde ich daran erinnert, dass man nicht zu naiv aufbrechen sollte. Eine berufliche Fahrt in den Nahen Osten wäre beinahe an meiner Schludrigkeit gescheitert, als nämlich ein Reiseprofi mich nach meinen Impfungen befragte. Keine Hepatitis-Vorsorge, wo doch in jenen Ländern in jedem Blumentopf das Verderben lauern kann? Ich selbst konnte mich an nichts erinnern. Hatte ich in ferner Vorzeit einmal eine Spritze gegen Diphtherie, Tollwut oder Maul- und Klauenseuche erhalten? Wieso sollte ich, der ich meist in Mitteleuropa unterwegs bin, mich mit solchen Fragen herumschlagen? Seine Malariaprophylaxe, so der Reiseprofi, sollte ohnehin jeder Reisende alle paar Jahre erneuern. Ich wusste nicht, worum es da geht, und musste lernen, dass auch ein kompliziertes Hintereinander von Spritzen und Pillen noch immer keine totale Sicherheit gegen Ansteckung versprechen kann. Auch Typhus, Pocken und Pest sind offenbar noch längst nicht überall ausgerottet. Ich habe die Reise in den Nahen Osten dann wegen eines verweigerten Visums nicht antreten können, darüber bin ich immer noch froh.

Nicht dass das Reisen einen in einen Hypochonder verwandelt, doch ist es dasselbe wie mit politischer Gewalt, unterdrückten Menschenrechten, religiösem Fundamentalismus: Ich muss mich gar nicht persönlich an Leib und Leben bedroht fühlen, doch schon die beständige Erinnerung an all diese Missstände, an all die Seuchen und Mikroben verleiden mir die Reise. Wie angenehm doch das Wissen, jederzeit aus einem Wasserhahn trinken zu können, ohne dass mir sofort der Magen ausgepumpt werden muss – oder dass ich die nächsten vier kostbaren Reisetage in direkter Entfernung der Toilette verbringen muss. Sicher, für allerhand spannende Ziele in der Welt muss man Kompromisse schließen, da ist auch eine unabdingbare medizinische Vorbereitung die Sache wert. Doch ziehe ich im Zweifelsfall hygienisch unbedenkliche Gegenden den

Katastrophengebieten vor, weil schon allein das Aufbrechen nicht gleich an einen Besuch in der Tropenklinik geknüpft ist und ich es bei der Reiseapotheke mit Pflaster und Aspirin belassen kann. So ist es auch mit der Kriminalität. Dass ich an jeder Straßenecke in Mexiko in eine Schießerei gerate, glaube ich gar nicht unbedingt, aber dass ich dauernd vorbereitet sein muss, mit Aggression oder auch nur Taschendiebstahl konfrontiert zu werden, verdirbt mir bereits den Aufenthalt in schönen Städten wie Barcelona oder Neapel. Ich gehöre nicht zu den Leuten, die aus der aufgeheizten Sphäre von Gewalt und bösen Blicken aus jeder Fensterritze positive Adrenalinschocks ziehen können. Oder hinterher stolz von der bestandenen Mutprobe erzählen, sich unbewaffnet in die Favelas von Rio oder die Slums von Kalikut gewagt zu haben. In jedem Fall ist der mögliche Ertrag einer Reise immer die Abwägung wert: Ist mir das Erlebnis des Tadsch Mahal die Gefahr einer Infektion wert? Pfeife ich wegen der Pyramiden auf die Rache der Pharaonen? Nehme ich es im Zweifelsfall hin, in einem Moskauer Taxi ausgeplündert oder im Souk von Marrakesch um den Fotoapparat erleichtert zu werden? Besser jedenfalls, man macht sich vorher klar, dass die Welt kein Supermarkt ist, in dem man sich aus dem bunten Angebot das lustigste und nahrhafteste Angebot herauspicken kann. Reisen haben ihren Preis, und auch im Zeitalter der Pauschaltouren mit Rückholversicherung auf Krankenkasse haben sie ihr gehöriges Risiko. Wer panisch darüber nachdenkt, dass man in Cuzco in gefühlten sieben Kilometern Meereshöhe jetzt besser keine Herzarhythmie bekommt oder bei einer Tour im Jeep durch die Sahara eine offene Wunde einen Abschiedsgruß ans Erdendasein bedeutet, der kann ja immer noch mit dem Touristendampfer über den Mittelrhein oder zur Kur nach Bad Pyrmont aufbrechen. Wobei natürlich nicht gesagt ist, dass man sich nicht gerade da in der Hotelbadewanne das Bein bricht oder im Kurpark über eine Buchsbaumhecke stolpert. Die Erstversorgung eines Gebrechens wird aber in vertrauten Breiten in jedem Fall müheloser sein – und nur im Extremfall danebengehen.

Eine andere Vorbereitung für vergrübelte und nachdenkliche Touristen ist die sprachliche. Wo immer es hingeht, selbst in China, Tansania oder Estland sollte man sich ein paar nette Phrasen, Begrüßungs- und vor allem Dankesformeln zurechtlegen. Das ebnet die ohnehin schon peinliche Fremdheit ein und wirkt in Kombination mit einem entschuldigenden Lächeln konfliktmildernd. Wer kann schon alle Sprachen der Reisewelt lernen? Doch ist ein kurzer Satz oder nur ein Wort im Landesidiom ein symbolisches Zeichen, dass man die Fremdheit achtet und ehrt, bevor es dann im Idealfall in unserer Koine, Bad English, weitergeht.

Die so beliebten Sprachreiseführer empfinde ich indes nur für die allerbanalste Kommunikation als hilfreich. Weiter kommt man unterwegs ohnehin nicht. Die praktischen Büchlein aber gaukeln einem Touristen vor, man könne sich mit dem Vorlesen von Standardsätzen in der Fremde über Wasser halten. »Entschuldigen Sie bitte, wo finde ich den Wagenheber« – so oder ähnlich finde ich dann mein linguistisches Vademecum, am besten mit Um- und Lautschrift aus dem Finnischen oder Albanischen. Wer zum Teufel braucht Vokabeln wie »Wagenheber«, »Fieberthermometer« oder »Handtuchständer« auf Isländisch oder Kisuaheli? Und wenn – wer nestelt dann findig seinen Reisesprachführer aus der Tasche und hält dem Tankwart triumphierend Seite 45 unter die Nase und intoniert mit den passenden Akzenten den Satz »Bitte volltanken mit Dieselkraftstoff«? Hände und Füße sind unterwegs effektivere Wörterbücher als jeder mühsam aufgebaute Sprachführer. Und noch ein Ratschlag: Lernen Sie niemals den Satz »Ich spreche leider kein Griechisch« auf Griechisch. Denn wenn sie ihn mit guter Aussprache herausbekommen, dann wird Ihr Gegenüber milde lächeln und Ihnen auf Griechisch Komplimente machen, weiter auf Sie einreden, und Sie verstehen kein Wort. So jedenfalls ist es mir in einem abgelegenen Restaurant auf Zypern ergangen. Bis ich die zahnlose alte Dame hinter dem Tresen überzeugt hatte, dass ich wirklich kein bisschen Griechisch spreche, dauerte es fast so lange wie bis zur Vorspeise, die ich später dann auf Verdacht bestellte.

Kommen wir zur materiellen Ausrüstung. Zwei Naturgesetze gibt es da zu akzeptieren. Eins: Egal, wie viel ich einpacke, irgendetwas fehlt immer. Zwei: Egal, wie wenig ich einpacke, es ist immer etwas Überflüssiges dabei. Natürlich ist es wie bei allen Naturgesetzen unmöglich, gegen sie anzukämpfen. Aber tapfere Reisende müssen es wenigstens versuchen. Blicken wir auf den ältesten uns persönlich bekannten Touristen und sein komplett erhaltenes Gepäck. Ötzi liegt in einer ansprechenden Präsentation im Südtiroler Archäologiemuseum in Bozen, und er hatte für seine Individualreise über die Alpen das Nötigste dabei, weil er es selber tragen musste. Von seiner Auswahl kann auch ein erfahrener Tourist im 21. Jahrhundert noch eine Menge lernen. Ötzi trug einen wasserdichten strohgedeckten Rucksack mit Proviant; er hatte alles im Gepäck, was er an Garn und Faden für die Ausbesserung seiner Jagd- und Verteidigungswaffen benötigte. Vor allem hatte er wetterfeste, warme Kleidung mit dabei. Wenn wir bedenken, dass es vor mehr als 5000 Jahren keine Autobahnraststätten, keine Hotels und nicht einmal Reittiere gab, dann lehrt uns seine Treckingreise über die Alpen, die er am Ende wegen einer Verwundung nicht überlebte, dass man eigentlich nie zu wenig einpacken kann. Denn alles Gepäck, ob Rucksäcke oder Koffer, ist lästig. Bedenken wir, dass man heute mit etwas Bargeld oder einer Kreditkarte weltweit an Nahrungs- und Gebrauchsgüter kommt, dann könnten auch wir es getrost wie Ötzi halten und uns unterwegs auf die richtige Reisekleidung beschränken. Wer im Ötztal bei Nachtfrost und Sauwetter aufbricht, kommt im Vinschgau womöglich bei Frühlingswetter wieder ins Tal, mag er sich gesagt haben und darum die immer noch gültige Montur angelegt haben. Diese Zwiebelmethode mit übereinander zu tragenden Schichten bietet auch heute noch bei Touren über Klimazonen und Kontinente immense Vorteile, etwa wenn man im Winter aus deutschem Matschwetter in südafrikanische Hitze unterwegs ist.

Weil aber – sehen wir mal von der staubtrockenen Atacamawüste ab – überall in der Welt zuweilen mit Niederschlägen zu rechnen ist, sollte man wenigstens darauf vorbereitet sein: Trenchcoat, Regenmütze, vielleicht ein zusammenfaltbarer Schirm passen in jedes Gepäck und sind in klimatischer Not viel nützlicher als die zum Hemd passende Krawatte oder das leidige und zum Glück etwas aus der Mode gekommene Beautycase. Wasserdichte Schuhe und Funktionsunterwäsche sorgen für Wärme ohne schlimmes Schwitzen, und die Chemiefasern sind auch unterwegs waschbar – das ist für anstrengende Touren mit großen Temperaturunterschieden, also für Sahara und Rocky Mountains, zu empfehlen. Wir können hier natürlich nicht auf alle Eventualitäten eingehen, die der feuchte blaue Planet aufbieten kann, aber das Ötzi-Prinzip sollte klar sein: Reisegepäck dient der Bekleidung, der kör-

perlichen Hygiene und dem Überleben in jeder brenzligen
Situation und muss daher möglichst variabel, aber über-
schaubar zusammengesetzt sein. Auf Jagdwaffen können
wir in der diversifizierten Ökonomie meist verzichten, dafür sind unsere modernen Bedürfnisse an Körperpflege
etwas raffinierter als zu Ötzis Zeiten, obwohl auch der
sich mit Birkenzweigen die überlebenswichtigen Zähne
schrubbte.

Warum nun um alles in der Welt befördern Fluggesellschaften tonnenweise Gepäck rund um den Planeten?
Weshalb haben selbst Kleinwagen einen Kofferraum, in
dem sich zur Not noch die Schwiegermutter persönlich
unterbringen ließe? Warum besitzen wir alle möglichen
Koffersets mit Volumen für Unmengen von Zeugs? Ein
einziger meiner Freunde kommt meinem bewunderten
Ideal eines Ötzireisenden wirklich nahe und reist mit
einem aufreizend winzigen, antik ausgebeulten Leder-
täschchen, das wie zum Hohn auf die anderen Gepäck-
schlepper in der Regel auch noch halbleer ist. Mit dieser
rudimentären Last habe ich ihn zehn Tage in Italien, eine
Woche in Brüssel oder unterwegs in Spanien erlebt, ohne
dass ihm je etwas zu fehlen schien: Dieweil ich in jedem
Hotel kaum den Koffer voller Kleidung, Bücher und allerhand Utensilien wieder dicht bekomme. Meine Frage, wie
er das gepäcklose Reisen denn hinbekomme, beantwor-
tete er mit einem Lächeln: Einfach nicht viel nachdenken,
nur Leibwäsche und das Necessaire mitnehmen und abfahren.

Wenn das so einfach wäre. Ich zerbreche mir schon vor
jeder Flugreise den Kopf über den richtigen Koffer, nachdem ich schon mehrmals auf dem Gepäckband ein zer-
trümmertes Etwas, das die Abfertiger mit Plastikfolie um-

hüllt hatten, in Empfang nehmen – und tagelang notdürftig zusammengeschnürt herumschleppen – musste. Hält mein pfiffig designtes Hartschalenteil auch die Extrembelastung des Herumschmeißens aus? Sind die Rollen gut geschützt oder brechen sie beim kleinsten Druck heraus? Im Zweifel erfahre ich das hinterher, aber ein solider Koffer ist im Zweifelsfall besser als ein noch so knalliges Modell aus empfindlichem Stoff, das noch vor der Ankunft am Zielort verdreckt, durchnässt, angerissen ist und in nichts an das coole Teil aus dem Kofferladen erinnert. Ein deutliches Zeichen – ich nehme immer den Nagellack meiner Frau – bewahrt mich bei Flugreisen vor Verwechslungen und sieht nicht so schlimm aus wie bunte Bänder oder gar billige Lederriemen.

Doch all dies schützt mich noch nicht vor der folgenreichsten, immer wieder verkehrten Entscheidung: Was soll in den Koffer hinein? Hier sind Menschen ohne große ästhetische Zimperlichkeiten und mit einem dicken Fell zu beneiden. Sie marschieren ungerührt in ihren Wanderstiefeln mit einer atmungsaktiven schreibunten Fleecejacke zum High Tea ins legendäre Reid's Hotel auf Madeira und stören sich keinen Moment an den irritierenden Blicken britischer Landadliger, die drum herum mit Tweedjacken, monogrammierten Maßhemden, handgemachten Lederschuhen und Seideneinstecktuch ein perfektes Bild abgeben. Natürlich kann ich im Friesennerz in die Mailänder Scala gehen, natürlich ist die praktische Allwetterjacke schneller verpackt als der am Ende ohnehin zu warme, aber schicke Lodenmantel. Doch wer will schon wie Ötzi durch den Prado in Madrid marschieren oder bei einem feierlichen Kirchenkonzert wirken wie bei einer Strandwanderung auf Norderney?

Darum habe ich immer zu viel Gepäck dabei, dann bin

ich auch ohne Planung für überraschenden gesellschaftlichen Schick vorbereitet, der ja immer mal wieder bei Reisen zu erwarten ist: Ein Regenmantel mit Innenfutter zum Herausnehmen wirkt da stilvoller als die noch so liebgewonnene Wanderjacke mit Kapuze und ist ebenso anpassungsfähig. Hüte und Mützen gibt es zum Zusammenrollen, und achtbare Straßenschuhe kann man bei Regen genauso gut tragen wie Gummistiefel. Sage ich das meiner Frau, kommt meist ein resigniertes Lachen. Eine gut angezogene Dame braucht für diverse Schuhe, die passenden Farbkombinationen, die je nach Anlass zu steigernde Förmlichkeit des Aufzugs eben einen großen Koffer – oder sie schreitet eben als graue, praktische Vielzweckperson ohne Make-up, ohne Haarspray in Tretern durch die Reise.

Das muss vorher je nach Fahrt abgewogen werden, doch ist erst einmal der Entschluss radikaler Reduktion gefallen, gibt es unterwegs kein Zurück. Dann sollte man sich auch vierzehn Tage in derselben, vielleicht gar leicht müffelnden Montur ertragen.

Weil ich das nicht schaffe, müssen zahlreiche Hemden zum Wechseln her. Und seit ich mich einmal in der Toskana für den unübersehbaren Rotweinfleck auf meiner hellen Sommerhose zu entschuldigen hatte, klingt mir der Kommentar meines Gegenübers noch im Ohr: Auf Reisen ist die Zweithose immer eine gute Idee.

Selbstredend kann man sich auch jeden Tag ein T-Shirt kaufen und das verschwitzte wegwerfen, doch ist das weder besonders ökologisch noch praktisch. Auf ein Minimum an Auswahl und Anpassung an Eventualitäten sollte nicht verzichten, wer dauerhaft am Reisen seinen Spaß haben möchte. Das bedeutet, unterwegs nicht weit unter das daheim vertraute Niveau zu gehen, keinen Lieblingspullover zu schonen oder gar lieber zu frieren, als an den lästigen Reisemantel zu denken. Hat man sich erst einmal mit etwas zu viel Gepäck abgefunden, gibt es auch Triumphe. Etwa wenn der Rest der Reisegesellschaft pudelnass durch Paris irrt und man selbst cool in die ausgebeulte Manteltasche greift und daraus einen Regenhut und einen kleinen Schirm hervorzaubert. Hat man solch pedantische Montur einmal vergessen, dann kommt der Wolkenbruch bestimmt.

Doch hört das Gepäck ja nicht bei der praktischen Reisekleidung für Regen, Schnee und Sonnenstich auf. Habe ich mich daheim an eine Nassrasur gewöhnt, mag ich das Vergnügen auch auf Reisen nicht entbehren. Sonst laufe ich mit Mehrtagesbart herum oder schere mich mit schlechterer Laune mit einem elektrischen Reiserasierer. Warum – so die Grundregel – muss ich auf Reisen immer schlechter ausgestattet sein als daheim? Dagegen muss etwas unternommen werden. Also muss auch die Rasurtasche mit Alaunstift, Seife, Pinsel ins Gepäck – und schon wieder wird der Koffer etwas größer. Jahrelang habe ich daran gearbeitet, mir die dekadenten Bedürfnisse des postmodernen Europäers unterwegs abzugewöhnen und möglichst nur mit einem Pass, einem Buch und einer Zahnbürste aufzubrechen. Inzwischen habe ich diese Attitüde abgelegt, weil ich es als persönliche Demütigung empfinde, gerade in kostbaren Momenten an herrlichen Orten wie London, Genua oder Istanbul unterversorgt und gelinde abgerissen herumzulaufen und ständig an die Mängel des Reiselebens erinnert zu werden.

Natürlich kann ich barfuß in jedem Hotelzimmer einen mehrwöchigen Aufenthalt überstehen. Doch was für ein schönes Gefühl, selbst bei einer Wochenendtour in die federleichten Reiseslipper gleiten zu können und damit dem eiskalten Kachelboden im Bad zu entgehen. Vom verdächtig ungeputzten Boden im Hotelzimmer ganz zu schweigen. Wem es ein Graus ist, an lästige Haare in Brauen, Ohren, Nasenlöchern zu denken, der hat von selbst das praktische Klappscherchen dabei, mit dem sich auch die Etiketten aus gekaufter Kleidung entfernen lassen. So gibt es für jedermann die Favoriten: Die Frommen verreisen nicht ohne ihre Minibibel auf Dünndruckpapier, die Etepetetigen nicht ohne die teure Miniflasche des besonderen Parfüms, die Hysteriker haben vor der Abreise ihre Notfallpackung mit den passenden Allergikertabletten, Fiebersenkern und Entzündungshemmern kontrolliert.

Sage niemand, in jedem guten Hotel könne man sich doch im Handumdrehen beim Personal das fehlende Requisit besorgen. Ob man in der ukrainischen Provinz wirklich an jeder Ecke das Ladekabel für das iPad finden wird, ist die Frage. Und bis man auf Portugiesisch erklären konnte, was Antischuppenshampoo oder Gallseife (gegen die Tomatenflecken auf dem Hemd) bedeutet, ist die Reise womöglich schon vorbei.

Wer einmal im Jahr für vier Wochen in ein gut ausgestattetes, vertrautes Ferienhaus an den Ammersee verreist, der wird fürs Packen seine ganz andere, gelassenere Routine entwickelt haben als ein hektischer Vielflieger, der auch schon einmal morgens nicht weiß, dass er abends auf der anderen Seite des Ärmelkanals oder gar des Atlantiks landen wird. Soll Reisen nicht zum Stress werden, wo es doch als Antidot gegen den Alltagsstress gepriesen wird, dann sind einige Vorsichtsmaßregeln durchaus nützlich.

In einigen konzentrierten Minuten habe ich mir ein notdürftiges Set für Kurztrips genauso bequem zusammengestellt wie einen Allzweck-Reisekoffer fürs Auto.

Breche ich dann später auf, muss ich nur zu den Requisiten greifen und kann mich, statt über Zahnpasta und Reisewecker nachzugrübeln (oder genau das dann abends im Hotel vergessen zu haben), aufs Wesentliche konzentrieren, nämlich auf die Reise selbst.

Denn je mehr man sich, schlecht vorbereitet, mit der Logistik herumschlägt, desto lästiger und letztlich nutzloser wird die Reise selbst. In meinem Schnellgepäck überprüfe ich sporadisch, ob meine täglichen Medikamente, etwas Aspirin, die unverzichtbarsten Hygieneartikel und vor allem die frischen Ohrstöpsel im Beutel sind. Die Maßregeln gegen Geräusche wird niemand vergessen, der einmal nächtelang von Diskothekenlärm (in der Stadt) oder bellenden Hunden (auf dem ruhigen Land) geplagt im Hotelbett wach gelegen hat und sich dadurch auch noch den kostbaren Reisetag komplett verderben ließ. Weil die Evolution uns zwar Augenlider, merkwürdigerweise aber keine Ohrendeckel mitgegeben hat, muss ich vor allem auf Reisen, wo ich dem Geräuschpegel der Umwelt hilflos ausgeliefert bin, meine Maßregeln treffen. Dasselbe gilt im Zug oder Flugzeug, wo mir laut plaudernde Nachbarn oder piepsende Computerspiele den letzten Nerv oder den Schlaf rauben können.

In meinem Gepäck findet sich auch stets eine kleine Kopflampe, wie sie die Trekkingindustrie eigentlich für Nachtwanderer und abendliche Jogger vorgesehen hat. Die LED-Lampe mit Gummizug dient mir nicht nur bei Stromausfall als sichere Lichtquelle. Auch wer sich daran gewöhnt hat, vor dem Einschlafen im Bett noch zu lesen, wird nicht nur in einfachen Herbergen, sondern auch in Luxushotels immer öfter im Stich gelassen. Voluminöse Schirmstehlampen verbreiten hier ein Honiglicht wie im Restaurant, aber dass jemand vielleicht die atavistische Kulturtechnik Buch benutzen möchte, kommt keinem

Designer mehr in den Sinn. In solchen, leider gar nicht so seltenen Fällen setze ich mir meine Bergmannslampe auf die Stirn und komme aus eigener Kraft über Wochen zu meiner Nachtlektüre – sofern ich nicht die Ersatzbatterien vergessen habe.

Im größeren Gepäck, etwa im eigenen Auto, kann man dann sogar die Zimmerausstattung korrigieren. Menschen mit Rückenproblemen reisen mit ihrer eigenen Rollmatratze. So weit ist es bei mir noch nicht, wenngleich man sich eine Korrektur durchgelegener oder schlicht billiger Betten in schlimmen Hotelnächten immer einmal von Herzen wünscht. Aber ein Reisekissen für die eigene Schlafhaltung im waschbaren Futteral wird vom Fachhandel längst angeboten. Warum sollte man sich diesen kleinen Luxus nicht gönnen, bevor man sich stöhnend und halb verrenkt sonderbare Riesenkissen unter den Ohren faltet, um dann doch keinen Schlaf zu finden?

Besonders dankbar bin ich der Industrie allerdings für die Entwicklung warmer, atmungsaktiver und dennoch winziger Schlafsäcke. Denn die Schlafkultur ist selbst in Europa eine immer noch höchst unterschiedliche. Wer viel in Italien unterwegs ist, muss konsterniert zur Kenntnis nehmen, dass man hier sogar im Winter unter einem gefalteten Leintuch liegt, das nur locker eine Art Pferdedecke gröbsten Materials umhüllt. Nehme ich mit dieser Ausstattung vorlieb, friere ich nicht nur meist, sondern wache morgens unweigerlich mit der ungewaschenen Wolldecke, womöglich voller Schamhaare, im Gesicht auf, weil die ganze Konstruktion eher für Leichen als für Schlafende geeignet ist. Ich reiße frohgemut die ganze Konstruktion aus der Matratze und werfe sie in die Zimmerecke. Mein winziger Himalaya-Schlafsack ersetzt mir alle abstoßende Nachtwäsche, macht mir ein eisiges Bett in einem wochenlang ungeheizten Provinzhotel erträglich warm. Übrigens wirkt in solchen Fällen eine faltbare kleine Heizdecke oder wenigstens eine Wärmflasche wahre Wunder. Und vor allem: Habe ich mich einmal zu so einer Reiseausstattung entschlossen, muss ich nie wieder bangen und nachdenken, wie ich auf fremdem Terrain wohl über die Runden komme.

Reisen kann so einfach sein, wenn man es sich vorher nur nicht zu einfach macht. Was für ein schönes Gefühl, wenn man sich morgens vor dem gebuchten Ticket bei Leonardos Mailänder Abendmahl in aller Eile die Schuhbänder zerreißt. Nein, kein schönes Gefühl eigentlich, aber in einen Triumph verwandelt, wenn in genau diesem Augenblick endlich die Ersatzschuhbänder zum Zuge kommen, die man seit Jahren nutzlos im Gepäck mit sich herumträgt. Der abendliche Wein beim Sundowner mit Blick auf den Atlantik? Wie herrlich, wenn man dann einen kleinen Korkenzieher aus der Tasche holen kann. Und wie schrecklich, wenn in der ganzen noch so charmanten Pension kein Flaschenöffner aufzutreiben ist.

Wer schlecht sieht, sollte an die Eventualität einer soliden, preiswerten Ersatzbrille denken, sonst sind die Museumsbesuche der Bildungsreise alle für die Katz, wenn das gute Stück erst einmal zerbrochen oder verloren ist. Magenkranke Reisende steigen nicht ohne ihren Abendwhisky oder -wodka ins Flugzeug, nicht weil sie ohne Alkohol nicht auskämen, sondern um die Eingeweide vor der ungewohnten Kost in der Fremde abzuhärten und unerwünschte Keime abzutöten. Aber auch ein paar Beutelchen mit Fencheltee oder Kräutertropfen tun ihren Zweck, wenn – wie eigentlich immer – die Reisekost für Probleme sorgt. Und ein Präservativ zu wenig im Gepäck kann das Leben kosten – oder eine Menge Spaß. An solche Möglichkeiten vorher zu denken sichert oft den Erfolg einer ganzen Tour. Der vorausschauende Kunstfreund etwa findet immer ein Plätzchen für das Taschenfernrohr, zur Not auch ein Opernglas, um die mittelalterlichen Fresken oder die barocken Statuen, die mit bloßem Auge schwer zu bewundern sind, heranzuzoomen. Es ist ja nicht schwer. MP3-Musik für lange Wartezeiten? Ein Ersatzakku für die Kamera? Oder nur die Duschhaube oder die Quietschente – gerade solche individuellen Mitnehmsel machen die Reise zur persönlichen Angelegenheit. Ich kenne Leute, die sogar mit einer liebgewonnenen Topfblume oder dem lange gehegten Sauerteig auf Reisen gehen – nichts ist unmöglich.

Ich persönlich führe unterwegs seltsame chemische Substanzen mit, denn ich habe einen Horror vor Mückenstichen, die bei mir allergische Reaktionen hervorrufen. Daher empfinde ich es als Unverschämtheit der meisten Hotels in mückenverseuchten Gegenden, wenn keinerlei Schutzmaßnahmen vorgesehen sind. Kein Hotel in Venedig, kaum eines in der Camargue hat diese praktischen Schutzgitter, die man etwa in Skandinavien aus gutem Grund fast überall findet. Kommt erst die Nacht und die gierigen Biester fallen über einen her, ist es zu spät. Ein ähnlich leidender Freund packt stets einen Elektrostecker ein, der gegen die Insekten einen Ultraschallton ausstößt und damit dem Ruf der Fledermäuse gleichkommt. Daher sollen die Mücken aus Angst an der Wand oder der Zimmerdecke kleben bleiben, anstatt die wehrlosen Opfer im Schlaf zu überfallen – Flugverbot. Neulich kehrte der besagte Freund von Teneriffa völlig zerstochen zurück; die Frequenz der Fledermäuse auf den Kanarischen Inseln sei einfach unterschiedlich von der in Mitteleuropa. Daher hatten die kanarischen Mücken nicht auf den Pfeifton gehorcht – und das Reiseutensil war nutzlos.

Ich vertraue da lieber auf eine in Deutschland nicht zugelassene Flüssigkeit, die mit einer Wärmelampe über Strom in die Luft befördert wird. Enthalten sind Substanzen der Geranie, die durchaus wie ein Gift auf die Insekten – und vielleicht auch auf mich – wirken. Mir ist das egal. Ins Hotelzimmerfenster gestellt, wirkt die Lampe wie ein Moskitonetz, das ich ja leider nicht in der Fremde anbringen kann. Das Reisegepäck wird durch meinen Beißschutz nicht besonders aufgebläht, aber bei jeder Sommertour ist die Lampe das erste, das ich einpacke – und noch diverse Salben und Tinkturen gegen Juckreiz dazu. Man weiß ja nie. Reisen ist ein bisschen wie ein Feldzug. Nur wenn Ausrüstung und Nachschub stimmen, kann man siegen. Daher ist gute Planung unerlässlich. Wer immer eine Antwort auf die Widrigkeiten der Welt parat hat, ist umso lieber in ihr unterwegs. Nur sorgenfrei und in Hochform kann ich mich voll und ganz aufs Fremde einlassen. Da tut es gut, im Koffer so viel Heimat mitzunehmen wie möglich.

DER TRAUM
VOM FLIEGEN

Wenn ich die beliebte Redewendung höre, wird mir schwummrig. Ich habe nie vom Fliegen geträumt, träume auch heute nie vom Fliegen, sondern immer nur vom Abstürzen. In der Luft fühle ich mich unwohl. Nicht nur im Traum, vor allem in Wirklichkeit, wenn ich in einem Flugzeug sitze oder dabei sogar noch aus dem Fenster in die Tiefe blicke. Der Mensch ist einfach nicht dafür geschaffen, in zehn Kilometer Eiseshöhe im Tempo einer Kanonenkugel von einem Kontinent zum anderen geschossen zu werden. Oder doch? Glaubt man den Bilanzen der Luftfahrtgesellschaften, so gehören Menschen, die noch nie ein Flugzeug betreten haben, zu einem immer kleineren, immer exotischeren Stamm. Alle Welt fliegt. Und weil kaum jemand dazu gezwungen wird, muss diese Form des Reisens allerhand Vorteile bieten. In null Komma nichts von einem Fleck der Welt ganz woanders hin, dabei ohne Mühe über Berge und Schluchten, ja endlose Ozeane hinwegsausen: Das kommt der Fähigkeit zur Ubiquität, also an mehreren Orten gleichzeitig zu sein, recht nahe. Und diese Ubiquität sieht die christliche Kirche seit der Spätantike als Merkmal der Heiligkeit. Man könnte auch sagen: Wer fliegt, kann zaubern. Man steigt nach einem längeren Mittagsschläfchen aus der Maschine, und die Jahreszeit ist verändert. Wo es vorher noch eisiger Winter war, rauschen jetzt Palmen im Wüstenwind. Im Handumdrehen vom Weihnachtsmann zum Muezzin. Oder in eine Zeitzone, in der es Mittagessen gibt, wenn mein Magen gerade Nachtruhe hält und mir die Augen vor Müdigkeit zufallen.

Haben unsere Vorfahren wirklich davon geträumt? Wahrscheinlich schon, wenn wir an die Beschwernisse der Fortbewegung mit Postkutschen und Segelschiffen denken. Auch früher erreichten Menschen irgendwie die abgelegensten Winkel der Welt, aber ein Teil der Passagiere war unterwegs Skorbut und Tropenstürmen, Wegelagerern und Achsenbrüchen zum Opfer gefallen. Der Rest schleppte sich monatelang bangend, frierend, verlaust und ausgehungert auf Schlammwegen und durch Flauten, bis das Ziel schon fast vergessen war. Gewerbliche Vielflieger mögen das bei ihren Kurztrips über zehntausend Kilometer vergessen haben, aber was sie wöchentlich miterleben, ist die Erfüllung einer uralten Utopie: Anschnallen, Zeitung lesen, Filme schauen, zweimal aufs Klo – und schon ist der Planet halb umrundet. Jules Verne ließ im neunzehnten Jahrhundert seine Helden »In achtzig Tagen um die Welt« hasten und hielt mit dieser Vision modernster Fortbewegungstechnik sein Publikum von einer Romanfortsetzung zur anderen in Atem: Schnellsegler, Eisenbahn, Luftballon, Dampfschiff – fixer kann man doch gar nicht mehr reisen. Heute sind ganz normale Menschen ohne Millionenvermögen über Nacht in Rio oder New York, weil der Traum vom Fliegen für eigentlich jedermann Wirklichkeit geworden ist. Das Passagierflugzeug fügt in Ergänzung zum Auto vor der Tür dem Tourismus erst das Gefühl alltäglicher Globalherrschaft hinzu: Es rauschen die Turbinen, und es weht in unser Wohnzimmer der Duft der großen, weiten Welt. In der Folge der Massentransporte per Flugzeug während des Zweiten

Weltkriegs musste sich das Fliegen von einem elitären Abenteuer zu einem Massenvergnügen wandeln, bei dem Kassenärzte mal eben zum Golfen nach Mallorca jetten. Und ihre Kassenpatienten auf den billigen Plätzen zum Kegelausflug an den Ballermann mitfliegen. In einer prosperierenden Wirtschaft, in der jeder gerne viel unterwegs ist, wird das Fliegen konkurrenzlos, zumal in einer über Monate nicht gerade verwöhnten Klimazone wie der europäischen, in der man sogar für die paar Minuten Blick aufs Himmelblau der Stratosphäre dankbar ist, bevor die Maschine wieder durch die Wolken in den ewigen Winternebel hinabtaucht. Aber ganz real in achtzig Minuten in den Frühling zu fliehen und ferne Mittelmeerinseln zu einem Vorort von Düsseldorf zu machen – das war eine Versuchung, der die Menschheit nirgendwo widerstehen konnte. Erst mit dem schnellen Katapult durch die Lüfte ist es möglich, das Reisen in den Arbeitsalltag mit seiner Dauerpräsenz und seinen kurzen Pausen zum Luftholen ideal einzubetten. Früher nahm sich ein Verwegener, der einmal im Leben Pompeji oder die Akropolis sehen wollte, monatelang frei und war für Chef und Familie nicht mehr zu erreichen. Zu reisen bedeutete damals den Beginn eines anderen Lebens. Heute überführt uns ein Flug von einem Aggregatzustand zum anderen; der Jet ist metaphorisch der Schalter, mit dem wir unsere Existenz von kalt auf warm, von Arbeit auf Muße, von Hamburger Smog auf Südsee umstellen, ohne befürchten zu müssen, dass wir den Kontakt verlieren. Je reibungsloser wir fliegen, umso sicherer behält unser Leben die Bodenhaftung. Man ist schnell mal weg und ebenso überraschend wieder im Büro, um das Geld zu verdienen für den nächsten Flug.

Darum ist die Assoziation mit einem Traum auch nicht zu weit hergeholt. Denn solch eine phantastische Ortsveränderung schaffte und schafft man ohne technische Hilfsmittel nur im Schlaf. Nur Hexen flogen im fatalen Volksglauben am Nachthimmel zu ihren unguten Versammlungen, und der Neid auf diese frühe und eingebildete Form der Flugreise kam den armen Beschuldigten teuer zu stehen. Die Daheimgebliebenen ließen andere den kollektiven Traum vom Fliegen auf dem Scheiterhaufen bezahlen. Die ersten Heißluftballons in der Vorphase der Französischen Revolution lösten noch manche Massenpanik aus, dann kam die windabhängige Branche erst einmal wieder zum Erliegen. Denn wer löst schon gerne eine Fahrkarte, deren Ziel von der Windrichtung vorgegeben wird? Per Ballon, der zwar Höhe, aber niemals die passenden Reisekoordinaten erreicht, wäre es nie etwas geworden mit dem Tourismus durch die Lüfte.

Seit aber die Aerodynamik und technische Hilfsmittel wie der Motor um 1900 echte Flugzeuge ermöglichten, seit die Gebrüder Wright in Nordamerika den Himmel zum Reiseziel erklärten und immer öfter die Flugpioniere dem Schicksal von Otto Lilienthal auswichen und lebend wieder aus den wackligen Kisten auf die Erde stiegen, ging es mit der sicheren Massentauglichkeit der Technik ungemein schnell – vor allem, wenn wir an Gefahren und Komplexität der Vorgänge denken. Gut, Holzwege wie der transatlantische Zeppelin erledigten sich durch die Katastrophe von Lakehurst und eine zu geringe Passagierzahl. Anderes, wie der Überschallflieger Concorde mit immensem Spritverbrauch und einer Wolke aus Krach drum herum, findet sich heute nur mehr in Technikmuseen. Doch nur ein gutes Halbjahrhundert liegt zwischen den Stottermotoren offener Doppeldecker, die an brummende Stubenfliegen erinnern, und den interkontinentalen Düsenjets der Fluggesellschaften. Seit die amerikanische Firma

Boeing ab 1950 für ein immer größeres Bürger- und Kleinbürgerpublikum einen Reisebus durch die Stratosphäre entwickelte, hat sich am Prinzip der Flugreise nichts Wesentliches mehr geändert.

Schauen wir uns den wahr gewordenen Traum vom Fliegen, der für fast alle von uns zum Alltag gehört, einmal genauer an, damit wir die Exotik und die Unnatürlichkeit dieser Fortbewegungsweise überhaupt erst wieder begreifen. Ich selber schaue auf jedem Flughafen wie manisch aufs Rollfeld und staune über diese riesigen Kolosse aus Stahl, die dort auf lächerlich winzigen Autoreifen herumrollen, behäbig und ungeschlacht wie Walrosse am Strand. Natürlich können solche Dinger mit dem Umfang eines Alpentunnels und dem Gewicht eines Riesenrads niemals durch die Luft fliegen. Das geht einfach nicht. Sogar die findige Natur hat Vögel nicht aus Stahl und mit Insassen konstruiert, sondern mit hohlen Röhrenknochen, schwebendem Federkleid und vor allem: nicht zu groß und schwer. Pinguin und Strauß müssen unten bleiben, im Wasser oder in der Savanne. Da könnte ja jeder kommen und herumfliegen. Sogar ein Truthahn ist nur mehr ein lächerlicher Flattermann von Baum zu Baum. Störche, die über Kontinente segeln, sind ganz leichte Tiere, zu schweigen von den wendigen Kolibris, die wahrscheinlich sogar ohne Flügel vom Wind getragen würden. Das Problem wendet sich von der Theorie zur Praxis, wenn ich mir vorstelle, dass ich bald in einem solchen Ungetüm von geschätzten hundert (oder tausend?) Tonnen sitzen werde, um damit über die Alpen zu fliegen. Wir bilden uns ja immer mal ein, aufgeklärte, moderne Menschen zu sein, die sich ihre technisch geformte Umwelt mit dem Funktionieren der Naturgesetze erklären. Aber bei mir hört spätestens im Flughafencafé die Modernität auf, wenn ich draußen den ersten Jet starten sehe. Was, wenn er jetzt vor meinen Augen abstürzt? Oder explodiert? Ob er wirklich durch die Wolken kommt, bis – es steht ja meistens stolz drauf – Abu Dhabi oder Australien?

Die Flugreise ist für einen aufgeklärten Skeptiker der ideale Moment, mich in einen durch und durch gläubigen Menschen rückzuverwandeln. Ich weiß zwar nicht, wie das alles funktioniert, aber es wird, ja es muss schon irgendwie gutgehen. All die anderen Menschen um mich herum glauben das doch auch. Und außerdem wäre die Menschheit schon so gut wie ausgestorben, wenn Flugzeuge so häufig abstürzen würden wie Computer. Doch trotzdem stürzen ja immer wieder Flugzeuge ab. Man sieht dann im Fernsehen die rauchenden Wrackteile irgendwo im Dschungel oder in Sibirien. Am besten ganz weit weg, nur nicht hier auf Routen, die ich eventuell auch manchmal fliege, auf Flughäfen, auf denen ich vergeblich auf einen Start bei der Explosion warte. Bei mir geht immer alles glatt, sage ich mir, sonst säße ich ja nicht hier und würde über abstürzende Flugzeuge räsonieren. Wenn ein Passagierflugzeug vom Himmel fällt, gibt es meist keine Überlebenden, das nimmt einem auch die letzte Hoffnung, das empirische Weltbild der Fehlerhaftigkeit aller Technik mit Gleichmut ins Flugzeug mitzunehmen. Hier darf aber nichts schiefgehen. Wenn mein Auto einen Motorschaden hat, dann rollt es an den Seitenstreifen, und ich rufe den Abschleppdienst. Wie schön, wenn das auch über den Wolken funktionieren würde.

Aber du Dummkopf, fallen mir bei solchen Räsonnements meine modernen, viel klügeren, weil naturwissenschaftlich beschlagenen Freunde ins Wort. Ein Passagierflugzeug hat keinen Motorschaden, weil es mehrere Motoren gibt, und die werden dauernd gewartet. Und dann könnte es sogar im schlimmsten Fall gemütlich aus großer Höhe nach unten segeln und irgendwie mit dem Höhen- und Seitenruder eine Art Bruchlandung hinlegen. Wie tröstlich. Abgesehen davon, dass ich kein Wort davon glaube, möchte ich keinen Motorschaden, keine Bruch- landung jemals in einem Flugzeug erleben. Mein Toaster, mein Bügeleisen gehen dauernd kaputt – um diese Erfah- rung nicht zwanghaft auf das Haushaltsgerät Flugzeug zu übertragen, bedarf es bei mir einer stabilen seelischen Ver- fassung, eines fast unnatürlichen Glaubens an das Schick- sal und manchmal auch einer Dosis Beruhigungsmittel.

Doch noch sind wir ja nicht so weit. Noch habe ich über die Weihnachtstage zwei schöne Wochen in der Son- ne der Kanarischen Inseln vor mir, während daheim seit Mitte September graues Mistwetter herrscht. Wunderbar! Wären da nur nicht die drei, dreieinhalb Stunden im frei- en Fall, der einzig gebremst wird durch zwei gut geölte Triebwerke und ein paar Tonnen Kerosin. Alles ganz na- türlich, rede ich mir ein. Und ich denke nicht mehr an die Kollegin, die mir vor ein paar Jahren von ihrem Abflug in Mumbai erzählt hat, bei dem plötzlich ein ganzes Trieb- werk in Flammen stand. Und der Jet nach Frankfurt konnte nicht landen wegen des vielen schweren Treib- stoffs. Der musste langsam und vorsichtig abgelassen wer- den, währenddessen der ganze Flieger naturgemäß jeder- zeit hätte explodieren können. »Wie haben Sie das über- lebt?«, habe ich die Kollegin gefragt, »ich selbst wäre vor Angst gestorben.« Sie erzählte mir lächelnd von den Mit- passagieren, die in allen Weltreligionen gebetet hätten oder Abschiedsbotschaften auf die Mailbox ihrer Lieben sprachen. Sie selbst habe in den anderthalb Stunden bis zur Landung Zeitung gelesen, man könne ja eh nichts ma- chen. Dann landete das brennende Flugzeug, und meine

Kollegin nahm den nächsten Jet nach Europa. Doch nicht alle Menschen sind gleich. Ich selbst wäre von Mumbai mit der Eisenbahn nach Hause gefahren, zur Not mit dem Kamel durch die Wüste Gobi geritten, aber niemals geflogen. Und danach nie wieder Reisen in die Ferne, allerhöchstens mit dem Zug ins Allgäu oder mit dem Auto nach Wien.

Das sind so die Gedanken, die mir vor dem Start einer Flugreise durch den Kopf kreisen. Erinnerungen an die idiotischsten und grauenvollsten Flughavarien der letzten Jahre: an den Absturz einer komplett funktionstüchtigen Maschine in Peru, weil eine Putzfrau die Höhenmesser mit Klebestreifen zugepflastert hatte und die Piloten sich in tausend Meter Höhe dünkten, in Wahrheit aber bereits auf Meeresniveau waren. Oder nehmen wir den legendären Air-France-Flug vor ein paar Jahren, der Richtung Brasilien über dem Äquator nur deshalb herunterfiel, weil der erfahrene Pilot ein Nickerchen machte und der unerfahrene Copilot die tückischen Windwirbel unterschätzte, die in diesen Breiten oft vorkommen. Einmal im Trudeln und im Abwärtssog, so habe ich staunend gelernt, hält nichts mehr so einen Riesenjet vorm Absturz auf. Zwanzig Minuten in den Tod taumeln. Warum muss ich mir sogar auf einem Flug von Hamburg nach München immer gerade so etwas vorstellen? Windwirbel; Beinahe-Zusammenstöße; Landeklappen, die nicht aufgehen; Gänseschwärme in allen Triebwerken; Blitzeinschlag in die Elektronik. Es gibt ja unendlich viele Möglichkeiten, ein Flugzeug an die Schwerkraft zu erinnern. Bin ich der Einzige, den schon beim Betreten des Flughafens ein ungutes Gefühl beschleicht, dass hier und heute irgendwas nicht stimmt?

Auf jedem Flughafen stimmt jeden Tag irgendwas nicht. Spätestens seit dem 11. September 2001 kann das niemand mehr ignorieren, denn damals wurden Passagierflugzeuge erstmals in der Menschheitsgeschichte von zynischen, todessüchtigen, religiös verblendeten Verbrechern in Massenvernichtungswaffen umfunktioniert. Das ist seither kein schöner, aber ein realistischer Gedanke. Er hat den Trieb der Menschen, mit dem Flugzeug zu reisen, nicht nennenswert abgeschwächt. Aber schon die Flugzeugentführungen der 1970er Jahre und danach haben die an sich schon heikle, aber letztlich friedliche und freizeitliche Stimmung der Flugreise kaputtgemacht. Stattdessen ist man vor jedem noch so kurzen Flug sehr nachhaltig mit dem Gedanken konfrontiert, meine lieben Mitmenschen, ja vielleicht gerade dieser stilvoll gekleidete Geschäftsmann da neben mir, hätten es darauf abgesehen, mein Flugzeug explodieren zu lassen und damit auch mein Leben als tragische Fußnote sinnlosen Terrors zu beenden. Das ist kein schöner Gedanke. Doch nachdem es mir irgendwann gelungen ist, eine endlose Warteschlange hinter mich zu bringen, mein Gepäck abzuwiegen und aufzugeben, kommt erst die eigentliche Prozedur: die Antiterrordesinfektion an den Sicherheitsschleusen. Spätestens hier müsste eigentlich auch noch dem letzten fröhlichen Passagier bewusst werden, dass er nun eine andere Welt betritt: die eisig kühle Stratosphäre, die immer auch eine Todeszone sein kann. Ihr, die ihr durch diesen Piepser tretet, lasst alle Hoffnung fahren!

Natürlich nehmen es die Menschen auf den Flughäfen gleichmütig. Was sollen sie auch anderes tun? Doch ich könnte jedes Mal vor Wut in die Luft gehen, bevor ich dann wirklich in die Luft gehen darf. Natürlich hat hier niemand ein Schnellfeuergewehr im Handgepäck. Aber ein paar Zentiliter Parfüm, etwas Zahnpasta darf ich auch nicht bei mir haben, denn das könnte ich ja zu einem

Sprengstoffcocktail zerkauen und dann in Kooperation mit üblen Mitreisenden zu einer Bombe zusammenrühren. Unterwegs die Nägel feilen, wo kämen wir da hin, mit dem spitzen Teil in meinem Gepäck besteht ja für die Crew akute Lebensgefahr. Irgendwann wird man noch die Backenzähne röntgen, weil ein Bösewicht mit dem Gebiss einen Jet in die Luft jagen wollte. Oder man könnte etwas TNT im Stiefelabsatz befördern, weshalb jetzt Omas und Teenager auf Socken durch den Metalldetektor schlurfen müssen. Gürtelschnallen, Armbanduhren, Tablet-Computer gar – alles mögliche Mordwaffen für einen Anschlag, mit dem irgendein Fanatiker gerne nach seinem eigenen Ableben bei CNN über den Bildschirm huschen möchte. Es ist alles absurd und doch so realistisch. Alle diese irren Kontrollen sind mehr als berechtigt. Eine Flugreise konfrontiert mich wesenhaft mit der Bosheit und der Mordlust meiner Mitmenschen, das lässt sich nicht übersehen und lastet wenigstens mir schwer auf dem Magen, bevor es überhaupt losgeht. Früher reichte es, eine halbe Stunde vor Abflug am Flughafen einzutreffen. Heute sind manchmal zwei Stunden Warterei, Abtasterei, Detektiererei viel zu kurz, bevor alle Passagiere auf Spurenelemente von Selbstmordattentätern kontrolliert sind. Der Traum vom Fliegen ist mühsam geworden. All das, damit er nicht vollends zum Albtraum wird.

Doch irgendwann hat man alle Schlangen und Schalter und Schleusen hinter sich gebracht und ist aufgenommen worden in das Heer der Glücklichen und Erlösten, nämlich all derer, die da abheben dürfen. Über den Wolken muss die Freiheit doch grenzenlos sein, das möchte ich nach diversen Stunden und Prozeduren der Freiheitsberaubung am liebsten summen. Die Freude ist so groß, dass viele Reisende vom Untertanenreflex schlagartig zum

Kaufrausch beim Duty-free übergehen. Was war das noch, was ich alles gerade nicht brauchte? Der nächste halbe Liter Parfüm oder dieser kanadische Wodka, von dem daheim schon zwei Flaschen verstaubt herumgammeln? Oder doch besser vier Kilo Schokolade in diesen praktischen Pappkistchen. Eigentlich ist mein Gepäck allein schon kaum zu tragen. Doch egal, nun muss etwas geopfert werden aus Dankbarkeit gegenüber den unsichtbaren Göttern des Flugverkehrs. Sie haben mir schließlich attestiert, dass ich zugehöre zur Kaste der Reinen, an denen kein Tadel und keine Schuld haftet und die darum fliegen dürfen. Dieses Zeugnis ist doch wenigstens eine überteuerte Krawatte oder eine knautschige Handtasche wert.

In dieser merkwürdig irrationalen Stimmung geht es weiter. Öffnet das Personal irgendwann das Gate, drängeln meistens alle Passagiere an den Zugang. Vernünftig wäre es, möglichst lange bequem sitzen zu bleiben und abzuwarten, denn es fliegen ohnehin alle mit. Doch den Prozentsatz denkender Mitmenschen kann man praktischerweise daran ablesen, dass sich meist in Sekundenschnelle eine Schlange bildet, Kinder zerren und quengeln, Reisende ächzen unter schwerstem Handgepäck – der Stress ist der Preis für den atavistischen Triumph, als erster im Flugzeug zu sitzen. Bei den Billigflügen, die mitzumachen ich oft das Pech habe, ist die ganze Einsteigeprozedur noch widersinniger. Viele drängen sich durchs Gate in den Bus, der bald zum Flugzeug hinüberfahren soll. Dann drängen sich die Pünktlichen im Bus und stehen bei Hitze und Kälte endlos herum, bis irgendwann der unpünktlichste Passagier nach dem dritten Aufruf aufkreuzt, lässig grinsend in den vollen Bus steigt und mit der sofortigen Abfahrt belohnt wird. Doch der Ungerechtigkeiten nicht genug. Hält der Bus am Flieger, darf der Zuspätkommer gleich als erster wieder aussteigen, weil er ja direkt an der Tür stand. Frisch eilt er zu seinem Sitz als erster die Gangway hoch, während die Pünktlichen – mit müden Beinen nach halbstündigem Herumstehen im Bus – nun zum dritten Mal im Gedränge stehen, nämlich auf der Gangway, womöglich im Regen, indes sich die Schlange erneut zentimeterweise voranbewegt. Wer sich beim Aufruf früh zum Einsteigen bereitmachte, hat gewöhnlich eine gute halbe Stunde demütigendes Anstehen und Warten hinter sich gebracht. Das teuer bezahlte und doch recht alltägliche Ansinnen, sich auf seinen reservierten Sitz in einem Jet niederzulassen, muss man abbüßen, als wäre man im kältesten Kommunismus auf die Idee gekommen, sich für eine Lieferung Bananen vor dem Konsum anzustellen. Mir gehen da stets mehrere ketzerische Fragen im Kopf herum: Kann sich ein Systemtheoretiker oder ein Verhaltensforscher keine reibungslosere und gerechtere Art des Einsteigens ausdenken? Sind wir, was ich gewöhnlich schon bei der Sicherheitskontrolle angesichts etlicher geschlossener Schalter und Riesenwartezeit denke, als Kunden den Fluggesellschaften völlig schnuppe? Und wäre ich mit dem Auto losgefahren, hätte ich momentan bereits gut vierhundert Kilometer hinter mir und könnte zu einem schönen, gemütlichen Mittagessen von der Autobahn abbiegen. Ich Idiot jedoch muss fliegen.

Hat man dann endlich das Flugzeug bestiegen, lassen sich wie bei olympischen Wettbewerben die sonderbarsten Verrenkungen studieren, zu denen wir Menschen fähig sind. Wie lang kann jemand die Arme recken, um ein Gepäckstück in eine schräg entfernte Klappe zu schieben? Wie krumm kann man seinen Buckel machen, um nicht beim Ausziehen des Mantels an ebendiese Gepäckfächer zu stoßen? Kann man seine Zeitungen und seinen Computer in der Hand behalten, während man das Jackett auszieht, und dabei mit halber Drehung in eine besetzte Reihe hereinglitschen, ohne dem Nachbarn auf die Füße zu treten? Kann man dann im Sitzen die kleinen Mineralwasserflaschen aus der Jackentasche herausbekommen, wenn es doch keinen Aufhänger für Jacken gibt und diese deswegen irgendwie an die Bordwand geklemmt werden müssen? Ist es möglich, zwischen den Sitzreihen elegant und zielgerichtet auf dem Boden herumzukriechen wie ein griechisch-römischer Ringer, um den kostbaren Kugelschreiber wiederzufinden, der beim beengten Umkleiden notwendig auf den schmuddeligen Flugzeugteppich fällt? Die Antwort lautet in allen Fällen: Nein. Denn Passagierflugzeuge sind nicht für Passagiere konstruiert worden. Die temporäre Existenz als Bittsteller vor der himmlischen Fluggesellschaft, doch vielleicht, eventuell, gnadenhalber, notfalls bewusstlos und für einen viel zu hohen Preis sowieso auf diese Reise mitgenommen zu werden – das ist die Seelenlage, auf die sich alle im Flieger von vornherein einzustellen haben.

Nicht allein, dass die Sitze für zierliche malaiische oder chinesische Halbwüchsige zugeschnitten sind und Menschen mit sportlich breiten Schultern zusammengekrampft in einer Art Gebetshaltung die nächsten Stunden zu absolvieren haben. Nicht allein, dass sich etwa das Aufhängen eines Kleidungsstücks nicht mit dem gleichzeitigen Ausklappen des Tisches verträgt. Solche platzsparenden Zumutungen im Namen hypermodern-sadistischen Designs sind wir allmählich auch aus Eisenbahnzügen und Wartesälen gewohnt. Entweder – oder!, so donnert uns schon die Phänomenologie des Fluggerätes entgegen. Willst du am Tisch sitzen, oder willst du im Jackett sitzen? Willst du anfangs frieren (denn das Flugzeug ist in Warteposition nicht klimatisiert)? Oder willst du hinterher schwitzen (denn das Flugzeug wird in der Luft bestialisch mit der Hitze der Triebwerke warm geblasen)? Willst du beim Einsteigen umständlich einen Schal suchen (und es dir damit mit allen Passagieren verderben, weil du trödelst)? Oder willst du den Schal hinterher im Handgepäck verstauen, weil woanders kein Platz ist (und deine Sitznachbarn gegen dich aufbringen, weil sie dann mühsam aufstehen müssen)? Entscheidend ist, dass jede Entscheidung gravierende Nachteile und Missstimmungen nach sich zieht, so ist die Flugreise nun einmal organisiert. Willst du deinen Sitz zurückstellen und schlafen, verdirbst du es dir mit dem Hintermann, der plötzlich kaum noch Platz zum Atmen hat. Hat er sich endlich abgefunden und du bist tatsächlich eingenickt, ertönt der Befehl: Sitz geradestellen, wir nähern uns dem Landeanflug. Warum darf ich nicht in bequemer Haltung landen? Warum habe ich mich an die Vorschriften gehalten und so wenig Handgepäck mitgenommen, während die Familie vor mir mit ihren mittelgroßen Koffern, Tüten und Kuscheltieren jenseits jeder Regel sämtliche Gepäckfächer über meiner Sitzreihe schon vollgestopft hatte, als ich noch draußen im Regen stand? Warum schnarcht mein Nebenmann bei allem Krach so gemütlich vor sich hin und rutscht mit seinem Arm immer weiter auf die doch eigentlich schiedlich zu teilende, viel zu kleine Lehne, während ich vor dem Start immer nervöser und klaustrophobischer werde? Und haben diese listig dreinblickenden Eltern in der Reihe hinter mir ihren Filius etwa absichtlich in meiner Reihe untergebracht, damit ich jetzt sein Gezappel und das ewige Fiepsen und Blinken seines Computerspiels aus nächster Nähe bestaunen darf, während sie ihre Ruhe haben? Sitze ich am Gang, bekomme ich mindestens dreimal den

Essenswagen vor die Schulter gerammt und werde sekündlich unsanft von den Herumlaufenden gestreift. Sitze ich eingepresst am Fenster, traue ich mich kaum aufs Klo oder gar an mein Handgepäck. Sitze ich in der Mitte, kriege ich Ellbogen, Krümel, Krach von beiden Seiten ab. Es ist klar: Das gesamte System ist auf Enge, Knappheit, Konflikt angelegt; es gibt kein Entrinnen.

Während ich selbst jederzeit kujoniert und kontrolliert werde, während ich den Klapptisch keine Sekunde zu lange benutzen und keine harmlose Tasche auf den Boden stellen darf, verletzen Mitreisende andauernd den Comment, ohne dass dies für irgendjemand ein Problem darstellt. Ich habe Passagiere in stinkenden Socken erlebt, über die kein Flugpersonal die Augenbrauen gehoben hat. Als mir der Passagier später im Flughafen immer noch in Socken entgegenkam, begriff ich, dass die Fluggesellschaften eher mit einem Zuviel an gefährlichen Stiefeln, Stilettos oder Nagelschuhen ein Problem haben – aber man darf sehr wohl ohne Schuhe fliegen.

Andere Passagiere brüllen sich wohlgelaunt quer über Sitzreihen an und führen die Konversation über Stunden eigentlich ruhigen Fluges fort, bis alle Anwesenden jedes Lebensdetail mitbekommen haben. Alles kein Problem. Stecke ich mir aber Kopfhörer in die Ohren, um endlich meine akustische Privatsphäre wiederzuerlangen, ruft mich die Stewardess zur Ordnung: Keine Elektronik, wir sind noch in der Steigphase!

Kindergeschrei und Weinen sind natürlich schon für die Eltern ein Problem, und wer will es geplagten Menschen vorwerfen, wenn sie mit schreienden Babys verzweifelt irgendwo eingeklemmt herumsitzen. Im Gegenteil: mit all der Enge, den fremden Geräuschen und der verbrauchten Luft muss ein Kleinkind irgendwann einfach zu brüllen anfangen. Die zivile Lösung wären ein paar Quadratmeter Raum für gerade diese vorhersehbaren Fälle: Platz für die lieben Kleinen, Distanz zu all den fremden Gesichtern und etwas Schonung für die fremden Ohren. Aber nein, arme Mütter werden gemeinsam mit ihren Babys in enge Sitze gepresst, in die schon ein einzelner Mensch kaum hineinpasst. Jede Flucht ist unmöglich. Jede Nervenkrise ein quasi mitgebuchter Teil der Pauschalreise. Ist es da ein Wunder, dass in Internetforen allerlei Tricks unter Reisenden ausgetauscht werden, wie vor allem bei Langstreckenflügen die Präsenz von Kindern oder Sitznachbarn überhaupt am stilvollsten und gemeinsten abgewimmelt werden kann? Menschen erfinden Allergien, Hautausschläge, zerwühlen sich die absichtlich ungewaschenen Haare, simulieren Psychosen oder wenigstens schwere Atemwegserkrankungen, legen zentnerweise sperrige Taschen, Zeitungen, Bücher oder gar Stinkkäse auf leere Sitze – alles in der Hoffnung, mit grimmigem Blick und krächzendem Todeshusten mögliche Mitreisende ans andere Ende des Flugzeugs zu verscheuchen. Flugreisen spiegeln uns in unserer Naivität eine Utopie der Ferne und der Distanz vor. Fliege mit, dann bist du in wenigen Stunden weit weg von allem, hast deine Freiheit. Was wir dann in diesen wenigen, niederschmetternden Stunden erhalten, ist aufdringliche Nähe, Distanzlosigkeit, Klaustrophobie.

Für einen Designer und für einen Techniker ist eine Flugzeugtoilette ein Wunder an Funktionalität auf einem halben Quadratmeter. Hier ein Knöpfchen für das Wasser aus einem fast unsichtbaren Hahn. Dort ein Löchlein für winzige Papierhandtücher. Sieh da, ein Seifenspender in Gartenzwergdimension. Drüben eine Klappe, auf der man Kleinkinder wickeln kann. Fehlt eigentlich nur eine Du-

sche, dann müsste man vom Flugzeug gar nicht mehr ins
Hotel. Das müssen sich auch manche Reisefreaks fragen,
auf die eine Flugzeugtoilette offenbar eine unstillbare erotische Faszination ausübt. Nur aus den Medien habe ich
von einer Art Club erfahren, deren Mitglieder es so oft wie
möglich darauf anlegen, über den Wolken Geschlechts-
verkehr zu haben. Angesichts der Raumverhältnisse in
einem Passagierflugzeug geht das, wenn überhaupt, nur
auf der Toilette. Jedes Mal, wenn ich einmal diese Räum-
lichkeit aufsuche, empfinde ich ein echtes Gefühl von Bewunderung für die Kraft des humanen Fortpflanzungs-
triebs. So wenig Raum, aber so viel Gelenkigkeit für eine
Verrichtung, die anderswo doch recht bequem und vielleicht ebenso beglückend und sicher stressfreier hinzube-
kommen wäre. Doch vielleicht löst ja gerade die Nähe
zum Himmel, das Durchqueren der depressiven Wolken-
decke bei anderen Zeitgenossen die eine oder andere
Blockade. Ob die Clubmitglieder wohl vorher eine Art
Skigymnastik absolvieren oder ob sie ihren Hormonen
einfach freien Lauf lassen? Ob sie gar das Babywickelbrett
herabklappen? Und ob sie versehentlich den Seifenspender oder die Spülung auslösen? Und was tun sie, wenn im
Gang eine verzweifelte Menge von Mitreisenden aus ganz
anderen Gründen lautstark Einlass begehrt? Designer von
Flugzeugtoiletten dürfte die kreative Umnutzung des Ört-
chens leider zufrieden machen. Offenbar gibt es immer
noch genug Kubikzentimeter einzusparen.

Doch die entscheidende Frage in einem Flugzeugklo,
warum auch immer man sich dort befindet, ist die nach
dem immer rigideren Platzmanagement. Auch angesichts
des fürchterlich engen Mittelganges, angesichts der Raum-
knappheit für ganz normales Gepäck, angesichts mangelnder Beinfreiheit darf nämlich die Frage gar nicht lau-

ten: Bin ich vielleicht zu plump, zu ungeschickt, zu sensibel für diese wundervoll funktionale Art des Reisens? Sie lautet vielmehr: Warum gönnt man mir nicht ein paar Quadratzentimeter mehr Platz? Warum ist alles zugeschnitten auf millimetergenaue Nutzung zuungunsten der Passagiere, um die es doch eigentlich geht? In den vergangenen zwanzig Jahren ist mein Mittelklassewagen immer bequemer, praktischer, ja stellenweise luxuriös geworden. Man sitzt bequem, kann Höhen und Neigungsgrade einstellen, die Belüftung ist variabel und angenehm, der Kofferraum wird mirakulöserweise immer geräumiger. Da lässt sich technischer Fortschritt spüren; da haben Planer tatsächlich an meine Bedürfnisse gedacht.

In derselben Phase ist das Fliegen immer unbequemer geworden. Immer längere Wartezeiten, immer umständlichere Kontrollen, immer mehr Vorschriften und Verbote, immer weniger Raum, immer neue Unbequemlichkeiten. Und ich spreche keineswegs nur von den Billigfliegern, die ihre Kunden am liebsten auf Stehplätzen und mit Toilettenverbot quer über ganze Kontinente befördern würden, damit die Aktionäre ihre Freude haben. In solchen Fällen, bei denen man für den Preis von hundert Gramm Salami von Lappland nach Andalusien kommt, kann immerhin niemand hinterher sagen, er oder sie habe es nicht gewusst. Als Billigflieger konnte ich weinende Passagiere erleben, die man handgreiflich vom Einsteigen abhielt, weil eine Plastiktüte geplatzt war und sich geringfügiges Zeug nun nicht mehr verstauen ließ. Da werden Wartende rüde von einer Schlange zur anderen gedrängt, da besteht Lebensgefahr beim Kampf um den besten Sitzplatz. Was will man für lächerliche Preise auch anderes erwarten als Schlussverkaufsflüge vom Grabbeltisch? Nach unten sind den Demütigungen der

Passagiere und den Schikanen der Betreiber keine Grenzen gesetzt.

Doch in die andere Richtung hat der Luxus über den Wolken leider seine klar gezogenen Grenzen. Für einen Flug bis nach Taiwan hatte ich das Glück, »Business zu fliegen« – wie das im Reisejargon so heißt. Man fliegt dann nicht in diesem leidigen »Economy«, wo die Opfer wie die Sardinen gepresst werden, sondern luxuriöser, mit großem Atem und wird auch noch mit edlen Leckereien verwöhnt. Ich schaute ziemlich verdutzt, als nach dem zweiten Glas zugegeben guten Weins das Licht ausgemacht wurde, auch und gerade die Passagiere der Businessclass hatten brav ihre Liegesitze auszufahren und – es war nachmittags um vierzehn Uhr – die Schlafphase einzuläuten. Mir war nach einer Tasse frisch gebrühten Kaffees, doch Wein und Essen waren offenbar alle oder nur mehr für die Crew vorgesehen. Aber was soll's, ich fliege diesmal ja »Business«, die Sitze stehen einigermaßen weit voneinander entfernt. Dann begebe ich mich zwangsweise zur Ruhe, wenn das alle so machen, wofür gibt es Schlaftabletten. Doch die sogenannten Liegesessel, auf denen ich die kommenden zehn Stunden abzuhocken hatte, waren gar keine. Das war für einen Frischling wie mich, dem man viel von dem Luxus der Geschäftsleuteklasse vorgeschwärmt hatte, eine ernüchternde Erfahrung.

Die ganze Konstruktion ist lächerlich kurz, die Beine liegen viel zu niedrig, der Kopf findet keine bequeme Ruhestellung, man kann sich nicht drehen, von unten drücken allerlei Spalten und Falten den Körper. Nach spätestens einer halben Stunde möchte man wenigstens einen weiteren schweren Rotwein, um die Misslichkeiten eines solchen Räuberlagers einigermaßen abzufedern. Doch es gibt ja nichts. Da heißt es, zehn Stunden eisern durchhalten. Womöglich haben sich die Erfinder dieser Reiseklasse gesagt: Ist doch egal, ob man auf diesen Herbergsliegen schlafen kann, die Leute sind doch sowieso nicht müde. Endlich zermürbt am andern Ende der Welt angekommen, ist man gerädert wie nach einer Bergwanderung mit Klettersteig. Noch tagelang zuckt der Rücken, der Nacken ist so verspannt, dass man schon Horror hat vor der Rückreise. Hat man noch Budget für ein paar Tage Erholung nach dieser Fliegerei? Vielleicht wäre eine mehrwöchige Schiffsreise doch die bequemere Alternative gewesen.

Reisen so die Reichen und Mächtigen dieser Welt? Die Privilegierten, die es sich leisten können? Ich weiß es nicht. Reiseprofis, denen ich mein Leid über inzwischen mehrere traumatische Langstreckenflüge klagte, bekamen leuchtende Augen, als sie von der »First Class« schwärmten. Da gibt es dann richtiges Bettzeug. Und Matratzen. Und eine Schutzwand zum Nachbarn. Ich zweitklassiger Tourist, der sich das alles nicht leisten kann, bin aber gar nicht mehr neidisch. Denn wahrscheinlich hat auch die Erste Klasse für ihre Fabelbeträge gewisse Macken, und die Bettwäsche kratzt, das Abendessen ist lauwarm und es gibt gerade keinen Magenbitter. Vielleicht ist es auch völlig hirnrissig, von einem Projektil, das mit mir durch die eisige Stratosphäre saust, nicht gerade Luxus, aber wenigstens etwas Bequemlichkeit und Würde zu erwarten. Fliegen ist eben Ausnahmezustand.

Und nirgendwo bekommt man diese Einsicht ähnlich deutlich aufgetragen wie bei der servierten Astronautenkost. Das Beste, das man über die Fütterung über den Wolken sagen kann, ist: Sie wird mit den Jahren immer kümmerlicher, oft gibt es schon kaum mehr ein Glas lauwarmen Wassers. Auch hier gilt: An der Autobahn sind

Service, Sauberkeit, Kulinarik in den letzten Jahren immer beachtlicher geworden. Im Flieger werden die ohnehin niedrigen Margen zielbewusst immer dreister unterboten.

Ich habe einmal die Bekanntschaft einer Dame gemacht, die mir sadistischerweise beim Essen im Flugzeug erzählte, wie sie in einer Großküche für Flugzeugmenüs ihr Studium verdiente. Bald fiel mir auf, dass sie selbst jede Kost dankend abgelehnt hatte. Und ich will hier nicht ins Detail gehen, aber irgendwann blieben mir meine kärglichen Bissen im Halse stecken, weil ich nichts mehr von den eingeschweißten Mäusen und schimmligem Mehl und den Rückständen im Plastik hören konnte.

Vielleicht wollte die Dame mich nur ärgern, vielleicht hat sie auch übertrieben. Fest steht, dass man im Flugzeug entgegen aller Beteuerungen und Kampagnen von gekauften Sterneköchen immer nur schlecht isst, bis einem schlecht ist. Jedes Mal nehme ich mir vor, nichts mehr aus der manikürten Hand einer Flugbegleiterin anzurühren. Aber dann bin ich wieder aufgeregt und will mich wenigstens mit dem Aufzuzeln der diversen Plastikverpackungen ablenken. Mal sehen, was so drin ist. Dann kostet man vorsichtig, irgendwelche Säfte oder eigene Butterbrote oder wenigstens einen Joghurt darf man schließlich nicht mitnehmen. Und dann steigt da dieser warme, laffe Geruch zerkochten Gemüses hoch, das künstliche Aroma einer viel zu wässrigen Fleischsauce, die ich in keinem Restaurant, ja nicht einmal in einer Kantine anrühren würde. Doch gibt es hier oben in den Lüften eine kulinarische Alternative? Die unnatürlich aufgewärmten Brötchen sind pulvrig und wattig. Der Pudding daneben schon optisch ungenießbar; die Kekse sind kaum aus dem Plastik herauszuschälen. Und dann esse ich das Zeug doch immer wieder, weil es ja noch Stunden dauert, bis ich endlich wieder Boden unter den Füßen habe. Und fühle mich hinterher jedes Mal fürchterlich. Hätte ich nichts gegessen, hätte ich mich also nicht mit sinnfreiem Kauen abgelenkt, würde ich mich trotzdem fürchterlich fühlen und hätte statt dieses klumpigen Völlegefühls im Bauch jetzt Hunger. Es ist immer das Gleiche beim Fliegen: Man hat die Wahl zwischen schlecht und schlecht.

Ganz besonders gilt das für die offiziell angebotene Unterhaltung an Bord. Auf den ersten Blick wären die Stunden im Flieger die ideale Atempause im Alltagsgewusel, um sich endlich in Lektüre zu versenken. Doch wie versenke ich mich unter lauter Durchsagen zu meiner Sicherheit, umgeben von blinkenden Bildschirmen, herumräumenden Mitreisenden, plappernden Sitznachbarn in irgendwas? Schon während des Stehens in den Warteschlangen war ja kaum Zeit für einen längeren Zeitungsartikel, jetzt vor dem Abflug gehen mir ganz andere Gedanken durch den Kopf, als dass ich zu behaglicher Lektüre eines Romans in der Lage wäre. Ist auch alles sicher? Haben wir getankt? Hat der Herr in der Sitzreihe vor mir, der da offensichtlich im Koran liest und leise betet, heute einen milden Tag? Sind wir alle gründlich auf Metall und Sprengstoff durchleuchtet worden? Drohen unterwegs Gewitter und Stürme?

Bei einer derart abgelenkten und nervösen Kundschaft tun die Fluggesellschaften gut daran, unterwegs ein Filmprogramm anzubieten. Das wurde schließlich hergestellt zur Aufheiterung und Beruhigung des Publikums. Summend senken sich die Bildschirme, man zieht sich einen Kopfhörer über und kann hoffentlich für ein paar Minuten die Unnatürlichkeit dieser Reiseform und die Enge dieses fliegenden Kinos vergessen. Freunde, die viel im

Flieger reisen, erzählen mir freudestrahlend, dass sie wegen des tollen Programms daheim kaum noch ins Kino gehen; sie kennen alles. Hätte ich auch nur ein einziges Mal einen Film im Angebot gehabt, der mich interessieren würde, würde ich mich auf den nächsten längeren Flug freuen. Aber es gab immer nur Ramsch. Amerikanische Kinderfilme voller Gags, über die ich auch in weniger angespannter Lage nicht hätte schmunzeln können. Oder, schlimmer noch, Kung-Fu-Scharmützel aus Fernost, die einem in einem so fragilen Gefährt wie einem Flugzeug gänzlich die verbliebene Seelenruhe austreiben. Ich wünsche mir einen Programmkino-Flieger mit einer Retrospektive von Ernst Lubitsch oder Billy Wilder. Schöne Schwarzweißstudien aus der guten alten Zeit, da noch nicht jeder in den Ferien irgendwohin flog. Oder am besten französische Familiendramen, in denen die Menschen um einen stabilen Küchentisch herumsitzen und bei gutem Essen und Rotwein über Seitensprünge, Mutterkomplexe und Geldsorgen reden. Oder am allerbesten eine Opernaufführung. Das würde mich wirklich entspannen, aber das bietet man mir nicht an. Action und Gefahr habe ich ja schon genug um mich herum; und zum Lachen ist mir nicht zumute. Jetzt eine Tierdokumentation über, nein, nicht gerade über Zugvögel oder die Jagd des Wanderfalken. Aber sagen wir, eine Langzeitstudie über den Pottwal in der Tiefsee oder das Nashorn – allesamt bodenständige Wesen ohne »Miles and More«. Das wäre die Erlösung aus dem Flugstress, aber darauf hat es ja niemand abgesehen.

Stattdessen regt mich das Bordpersonal jedes Mal aufs Neue mit Hinweisen über die Sicherheit an Bord auf. Schon wieder so eine Rosstäuscherei. Es sind natürlich Hinweise auf die latente Unsicherheit an Bord. Gäbe es die Lebensgefahr nicht, dann würde man den Passagieren keine Schwimmwesten unter die Sitze schnallen. Will ich fliegen oder eine Kreuzfahrt antreten? Die Notausgänge, die ich im Brandfall am besten kriechend erreiche, befinden sich an allen vier Ecken. Dann kommen die Wasserrutschen zum Einsatz, mit denen ich dann in ein haiverseuchtes Gewässer abtauchen darf. Hat so etwas jemals geklappt? Dabei fliege ich doch nur von Zürich nach Hannover, wollen die heute etwa im Bodensee landen? Drücken Sie, sagt der Lautsprecher – und die Stewardess vollführt mit strahlendem Lächeln ihre Pantomime dazu – die Sauerstoffmaske dicht auf Mund und Nase – und schon wird mir schlecht, wenn ich es mir nur vorstelle. Ich will doch nur den Stau auf der Autobahn überfliegen und habe mich nicht für eine Vollnarkose angemeldet. Wer immer diese leidigen Sicherheitshinweise zur Vorschrift gemacht hat, war ein Sadist. In fast allen Katastrophen der Luftfahrt gibt es ohnehin keine Überlebenden, warum will man uns dann vorher mit solchen Brandschutzklauseln quälen? Es hört doch ohnehin kein Mensch zu. Eine Freundin von mir besteigt angesichts der ewigen Unsicherheitshinweise kein Flugzeug mehr und fordert statt einer Schwimmweste unter ihrem Sitz an derselben Stelle einen handlichen Fallschirm. Nur der könne ihr ein Gefühl verschaffen, das Überleben im Zweifelsfall selbst in der Hand zu haben – eine reelle Chance, aus dem Flieger im Alleingang herauszukommen und sicher ohne Flugzeug zu landen. Und wenn das auch nur einen Placeboeffekt hätte – sie findet das keineswegs zu viel verlangt.

Normale Flugneurotiker, die am liebsten unterwegs aussteigen würden, hat das Bordpersonal auf dem Zettel. Man rechnet fest mit vielen Formen von Widerstand. Kaum ein Reisender, der nichts von den Mühen und Belästigungen mitbekommen hätte, die unangenehme Passagiere den geplagten Stewards und Stewardessen bereiten. Da hören einige doch einfach nicht auf zu telefonieren, obwohl das Flugzeug schon anrollt. Ist das nicht lebensgefährlich? Wer will schon sterben, nur weil jemand noch seinen Freund nach dem Fußballergebnis fragt. Manche Reisende werden schon pampig, wenn nicht genug Tomatensaft an Bord ist, andere brüllen herum, weil sie die Raumtemperatur nicht mögen oder sich partout umsetzen wollen. Wieder andere wollen im Mittelgang beten oder joggen. Es läuft immer auf das Gleiche hinaus: Im Flugzeug bilden Menschen eine Schicksalsgemeinschaft, die das gar nicht wollen. Aber einmal unterwegs, gibt es kein Zurück mehr. Man hängt, buchstäblich, in der Luft. Genau dieses Gefühl macht freiheitsliebende Leute mit ihren Ticks und Spleens schnell zu Hyänen.

Wenn Gérard Depardieu angetrunken in den Mittelgang der Businessclass pinkelt, weil er im Landeanflug nicht aufs Klo durfte, dann ist das Stoff für internationale Meldungen. Immer öfter müssen Flugzeuge notlanden, weil befehlsgewohnte Reisende, meist Unternehmer aus Staaten mit rabiaten Sitten wie Russland oder Indien, sich weigern, den Mindestanforderungen des Comments und den Anweisungen des Personals Folge zu leisten. Manchmal ist es das offene Feuer beim Anzünden einer verbotenen Zigarre. Zuweilen werden von betrunkenen Männergruppen ganze Sitzreihen zerlegt. Nach einem Handgemenge solcher Dummköpfe mit dem Steward bleibt dem Piloten keine andere Wahl, als die Maschine hinunterzubringen und auf dem Flughafen die Polizei zu rufen. Angenehmer wird ein Flug durch solche Ausraster sicher nicht.

Um sich zu wappnen, greifen viele Reisende zu allerhand Beruhigungsmitteln. Das macht für das Personal die Flüge nicht angenehmer. Stewardessen erzählen von Komplikationen, die in keiner Statistik vorkommen: Bei fast jedem Interkontinentalflug gibt es einen Passagier mit Kreislaufkollaps, denn viele nehmen einen heiklen Medikamentenmix zu sich: Erst Aspirin gegen eine drohende Embolie, denn Aspirin verdünnt das Blut. Das Aufputschmittel, eventuell noch verstärkt durch zwei, drei Nervositätsespressi am Flughafen, kontert man dann mit dem Gratiswein, der vor allem in den teureren Klassen reichlich fließt. Kommt dann noch das obligatorische Schlafmittel zum Überbrücken des Jetlags hinzu, kippen vor allem alternde Männer gerne mal um. Kreislaufmittel, stabile Seitenlage, Riechfläschchen – alles ist für solche Fälle an Bord. An schlimmere Komplikationen wie einen Herzinfarkt oder eine Embolie sollte man lieber nicht denken. Als katastrophiler Mensch gebe ich keine Ruhe und habe Flugpersonal nach dem Extremfall einer Leiche an Bord gefragt. Man antwortet da nicht gerne und weicht lieber aus, doch natürlich kommen solche Todesfälle über den Wolken gar nicht so selten vor. Schließlich begeben sich auch immer ältere Menschen auf immer längere und abenteuerliche Fernreisen, das bekommt nicht jedem.

Im Normalfall hofft das Personal, dass sich der oder die Tote mit einer Decke unauffällig vor den Augen der anderen Passagiere verbergen lässt. Das geht natürlich nur in der Businessclass, womit das Privileg des teureren und bequemeren Flugs wenigstens ein bisschen geschmälert ist. Wer liegt schon gerne eine ganze Nacht neben einer Leiche? Dass Tote auf der Toilette in einem Plastiksack gelagert werden, ist wohl eher die Ausnahme. Die Fluggesellschaften finden das nicht pietätvoll. Und die Toilette wird ja auch gebraucht. Doch gibt das Personal zu, dass eine

Zwischenlandung im Regelfall vermieden wird, denn die ist teuer, und Tote zahlen nicht.

Eine andere Kalamität des weiten und häufigen Fliegens hat erst sehr spät die Aufmerksamkeit der Kunden und der zuständigen verkehrspolitischen Stellen erregt: das aerotoxische Syndrom. Es äußert sich vor allem bei Piloten und Bordpersonal in Müdigkeit, in Extremfällen Bewusstlosigkeit und in schlimmen Lähmungserscheinungen in den Extremitäten. Es konnte nachgewiesen werden, dass dafür Organophosphate verantwortlich sein dürften, die dem Kerosin zugesetzt werden, damit es nicht entflammbar wird. Die Organophosphate haben allerdings auf den menschlichen Stoffwechsel denselben Effekt wie Insektengifte. Eigentlich dürften sie auch beim Fliegen nicht in unseren Kreislauf kommen, doch fatalerweise wird in fast allen Flugzeugen die Kabinenluft aus der Hitze der Triebwerke gewärmt. Diese eigentlich praktische Idee hat bei hohen Minusgraden in großer Höhe gefährliche Folgen, wenn sich die Triebwerksluft über Risse und defekte Ventile mit der Kabinenluft direkt vermischt. Dann atmen vor allem »Frequent Flyers« gefährliche Gifte ein, weshalb neue Flugzeugtypen wohl auf die bequeme Heizung durch Triebwerke verzichten. Der Zweifel, ob Vielfliegerei nicht ungesund sein könnte, bleibt bestehen. Dass man in der dünnen Höhenluft ziemlichen Dosen von Radioaktivität ausgesetzt wird, dass der Jetlag mit der dazugehörigen Umstellung des Biorhythmus in häufiger Folge alles andere als ein Wellnessprogramm, auch für die Psyche, darstellt – das ist eigentlich allen Reisenden bewusst. Doch kommen die Beschwernisse und Gefahren einfach nicht an gegen die praktischen Vorteile des Reisens durch die Luft. Nicht nur Geschäftsleute, Politiker, Militärs, bei denen Langstreckenflüge zum

Berufsbild gehören, auch ganz normale Strandurlauber auf dem Weg in die Dominikanische Republik oder nach Kenia nehmen die Misslichkeiten des Fliegens ganz selbstverständlich in Kauf.

Dass privilegierte Menschen sich all die Mühsal mit viel Geld vom Hals schaffen können, ist ein naheliegender Gedanke. Schließlich sieht man im Fernsehen den amerikanischen Präsidenten in seiner fliegenden Suite mit Internet, Fernsehen und Fitnessstudio. Der Papst hat einen bequemen Sessel, und sogar noch Hollywoodschauspieler leisten sich Privatjets, um dem Aufsehen in einer neugierigen Menge zu entkommen. Verringern sie dadurch tatsächlich die Mühen und Gefahren des Fliegens? Kleine Maschinen sind keineswegs sicherer und weniger wacklig als große, sie bieten nur mehr Privatsphäre. Auch ein gecharterter Privatflug kann von der Flugsicherheit quer durch ein Gewitter dirigiert werden, und dann fliegen die Fetzen. Sehr reiche Touristen zeigten mir neulich, wie es nach einem solchen Horrorflug in ihrer Kabine aussah: Flaschen flogen durch die Luft, Taschen leerten sich in sekundenlangem freiem Fall, das Kreischen der Kunden und die ausgestandene Angst veranlassten den Piloten zu keiner Entschuldigung. Offenbar hat sich der schneidige Ton und die Coolness der Männer in ihren fliegenden Kisten seit den Zeiten der Doppeldecker und des Barons von Richthofen gar nicht grundsätzlich geändert: Vielleicht verachten uns, dieses hasenfüßige Völkchen von erdgebundenen Touristen, die Piloten, die gerne einmal einen Looping fliegen würden, um vorzuführen, was ihre Maschinen wirklich könnten.

Egal ob First Class oder Charterjet, ob Mallorcabomber oder Ryanair-Dumping – wer fliegt, hat die Verantwortung für das eigene Leben in andere Hände gegeben. Wir schnallen uns rituell und ohne große Nutzanwendung an ans mitleidlose Schicksal, eine stärkere Gewalt katapultiert uns in eine Anderswelt jenseits unseres Alltags. Das kommt wirklich einer Art religiöser Läuterung mit dem Versprechen aufs schnelle Paradies nahe. Man befördert uns in ein Jenseits, das keinen Tod und keine Moral als Preis kennt, sondern nur die Überweisung der Flugkosten plus Flughafensteuer plus Kerosinzuschlag. Ein verlockender Pakt, den wir da mit der Technik schließen. Wir müssen nur loslassen und fest an sie glauben. Flugzeuge mit ihrem Krach und Gestank für die Menschen unten auf der Erde, mit ihren fatalen Gefährdungen für Ozonschicht und Kohlendioxidhaushalt der Erde bieten die ultimative Beschleunigung und machen uns den Planeten erst wirklich untertan, wie dies die Weltreligion des Tourismus als Versprechen und Dogma preist: Ein Traum vom rasenden Stillstand wird wahr, denn wir können in Windeseile überallhin, ohne dass sich in unserem Leben irgendetwas maßgeblich ändert.

Dann setzt der Sinkflug ein und wird unmerklich zum Landeanflug. Bitte stellen Sie Ihre elektronischen Geräte aus, klappen die Tische hoch und stellen Ihre Rücklehne gerade. Die Anspannung des Flugs löst sich langsam, weil man gewahr wird, dass man ihn auch diesmal allen Gefahren zum Trotz tatsächlich überlebt hat. Der Blick geht aus dem Fenster, die Erde kommt näher, man erkennt bereits die Radartürme und Landebahnen des Flughafens. Wir sind gelandet. Hat da jemand geklatscht? Nein, das wäre angesichts der ausgestandenen Gefahren mehr als angebracht, aber wir sind cool und nicht unterwegs zum Ballermann. War doch alles gar nicht so schlimm. Draußen liegt die weite Welt und wartet auf uns. Bald geht das Gedrängel wieder los wie beim Einsteigen, obwohl deshalb kein Mensch schneller ans Ziel kommt. Niemand ist durch den Flug weiser oder entspannter geworden, die Welt ist, was sie war. Bald darf ich wieder eine Nagelfeile mit mir tragen, ein Parfümfläschchen oder eine Tube Handcreme. Das muss die grenzenlose Freiheit unter den Wolken sein. Eigentlich, sage ich mir, während mir die plötzlich so sympathische Flugbegleiterin beim Aussteigen strahlend einen schönen Tag wünscht, muss die ganze Fliegerei doch nicht sein. Es gibt doch auch schöne Ziele ganz in der Nähe, ohne all diesen Aufwand, Krach und Umweltschaden. Eigentlich muss ich ja gar nicht, will ich doch nicht mehr fliegen. Bis zum nächsten Mal.

Sigmund Freud übrigens hat in seiner analytischen Arbeit den »Traum vom Fliegen« messerscharf entschlüsselt. Wenn jemand vom Abheben und vom Abstürzen träume, dann gehe es da eigentlich um Sex und um die Angst vor der Impotenz. Klare Sache um 1900: ein Absturz der erotischen Phantasie. Denn wer fliegt schon da oben herum wie ein Vögelchen? Was waren das doch harmlose Zeiten vor der Economyclass, als alle Welt festen Boden unter den Füßen hatte, als das Fliegen noch ein echter Traum war und als Metapher für einen ganz anderen Albtraum dienen durfte. Heute fliegen wir wirklich, und wir notorischen Träumer werden immer weiter rätseln, ob dies nun die Lösung ist oder nicht doch eher das Problem.

ZU GAST BEI FEINDEN –
IM HOTEL

Ein Hotelzimmer zu beziehen ist eine intime Angelegenheit, nur meistens keine sehr angenehme. Schließlich überantworten wir uns mit Haut und Haar einer Alltagswelt, die andere für uns gestaltet haben, deren Regeln andere für uns bestimmen. Noch so viel Tourismusreklame, dass wir uns im Hotel ganz wie daheim fühlen können, dass wir nach Strich und Faden verwöhnt würden und letztlich eine behaglichere Zeit verbringen können als zu Hause, ändert nichts am Ausgeliefertsein in fremden Betten. Das fängt schon beim Check-in an, für das ich ein Axiom entdeckt habe, das von der Naturwissenschaft bisher übersehen wurde: das Hotelzimmer-Gesetz. Es ist vielleicht nicht ganz so augenfällig und mathematisch beweisbar wie andere Leitsätze der Physik. Sicher ist, dass das Hotelzimmer-Gesetz etwas mit einem Defekt der Fliehkraft zu tun hat: Beim Hotelgast, der ja als Bittsteller auf ein Obdach angewiesen ist, setzt der Reflex zum Fliehen aus. Wohin soll er auch sonst? Ist doch alles furchtbar unbequem und unsicher. Das weiß der Gastgeber, im Idealfall ein sadistischer Portier, natürlich ganz genau. Und daher gibt er dem Gast immer das schlechteste aller verfügbaren Hotelzimmer. Von diesem Axiom gibt es – wie bei jedem Naturgesetz – keine Ausnahme.

Ich habe die Entdeckung dieses touristischen Grundprinzips mit vielen Menschen diskutiert, und schnell kommen Erlebnisberichte ans Licht, die einem das Herz zerreißen. Freunde, die von einem Hochzeitstag an der Riviera erzählen; sie haben sich eine prächtig wirkende Villa direkt am Meer aus dem Prospekt ausgesucht, haben früh gebucht und angezahlt. Und dann hocken sie mit einer Flasche lauwarmem Champagner in einem Kabuff nach hinten mit Blick auf den Parkplatz und ein Fabrikgelände im Halbdunkel. Wer kennt nicht die Gespräche zu solchen Anlässen? Na ja, man hat eben mal Pech gehabt. War wohl sonst alles schon vergeben. Man muss auch mal Kompromisse machen. Immerhin ist das Badezimmer doch ganz nett gekachelt. Mein sehr mild gestimmter Freund entschloss sich in dieser Situation, seine Scheu zu überwinden und mit grimmiger Miene zur Rezeption zu schreiten: Wenn nicht zackzack ein besseres Zimmer geboten werde, müsse man eben ausziehen. Dabei hätte er gar nicht gewusst wohin. Und wie durch ein Wunder saß das Hochzeitstagspaar ein paar Minuten später in einer herrlichen Suite mit Blick auf die mediterranen Fluten auf einem Balkon. Mit geringschätziger Miene hatte der Portier gesagt, nun denn, woher habe er denn wissen sollen, dass ihnen dieses Zimmer besser gefalle. Und in der Tat: Nach dem Hotelzimmer-Gesetz, das am Anfang seiner Ausbildung stand, hatte er sich vollkommen korrekt verhalten.

Nächtelang habe ich in miesen Zimmern wach gelegen und mich verflucht. Einmal, in der Toskana irgendwo im Umland von Lucca, ging das eine ganze Woche so: Morgen früh gehe ich zum unverschämt abweisenden Personal und frage wenigstens mal nach. Warum liegen wir in dieser Hinterkammer und werden jeden Morgen um vier von der dröhnenden Dieselheizung geweckt? Sind wir die schlechteren Menschen? Haben wir Strafe verdient? Jeden Tag mussten wir miterleben, dass irgendwelche

Durchreisenden fidel das viel schönere Zimmer auf unserer Etage bezogen, Blick über die weite Landschaft mit Zypresse und Ölhainen, viel Sonne, kein Heizungskrach. Immerhin hatte ich das erspähen können, als ich illegal ins andere Zimmer eindrang, während dort eine übellaunige Putzfrau saubermachte. An der Rezeption gab es für schüchterne Nachfragen nur eine gebellte Antwort: Unser Zimmer sei nun mal unser Zimmer. Gewechselt wird nicht. Immerhin waren wir schon morgens um halb fünf wach genug, um uns über die Strategie solcher Zimmervergabe Gedanken zu machen. Die Hoteliers haben das Glück des schönen Aufenthalts letztlich utilitaristisch vermehrt: Sieben mal zwei Gäste konnten sich an ihrem Haus erfreuen und den Ruhm des Hotels in die weite Welt tragen. Wir zwei dummen Deutschen dagegen, die sowieso nie mehr in diesem Winkel der Toskana vorbeischauen würden, waren mit dem Lärmkabuff gut bedient. Vielleicht hätte es mit jedem anspruchsvollen italienischen Schnösel Geschrei wegen der fehlenden Aussicht oder wegen des Lärms gegeben. Das immerhin hatte man sich an der Rezeption gespart, indem man uns – den charakterlich schwächsten und hilflosesten – die Abstellkammer gegeben und dafür gleich für eine ganze Woche kassiert hatte. Eigentlich genial. Vielleicht dringt man in solchen Momenten ein wenig in die opake Hoteliersseele ein: Die Leute versuchen sich als Soziologen und schlagen gnadenlos zu, wenn sie eine Schwäche erkennen. Und sie sind ebenso rückhaltlos unterwürfig, wenn sie Ärger fürchten.

Ein andermal, in einem luxuriösen Barockpalast in Antwerpen, kam kurz nach uns und unserem Mittelklassewagen ein älteres deutsches Paar im dicken Mercedes in die Tiefgarage gerollt. Auf den ersten Blick war zu merken, dass die – ebenfalls deutsche – Besitzerin mit diesen sehr hochnäsigen Leuten, die in ihren Augen so viel achtbarer wirkten als wir zwei jüngeren Gestalten in einem reichlich verdreckten und unaufgeräumten Auto, deutlich unterwürfiger und entgegenkommender umging. Während uns von einer Hilfskraft gerade einmal eine Teppichbodenhöhle unterm Dach aufgeschlossen wurde, trug die Chefin persönlich das Gepäck der besseren Gäste in den Salon mit Marmorboden. Zwar waren wir der Landessprache mächtig, kannten uns aus in der Stadt und hatten der Besitzerin Komplimente für ihr erlesenes Interieur gemacht. Doch das kam nicht an gegen den arroganten Blick des missmutigen Ehepaars, das auf Stilmöbel und Ölbilder so schaute, als wollten sie sagen: Bei uns in Düsseldorf-Meerbusch ist alles noch viel doller. Habt euch hier bloß nicht so. Am anderen Morgen wunderte es mich darum nicht, dass die einzig verfügbare deutsche Tageszeitung – zufällig die, bei der ich selber beschäftigt bin – am Türgriff des anderen deutschen Paares hing. Was sollten denn zwei Banausen mit so viel unnützer Information, während der mürrische Herr Doktor, Anwalt, Geschäftsführer doch sicher noch vor dem Frühstück die Börsenkurse kontrollieren musste. Als die Hoteliersfrau uns im Frühstücksraum noch den besten Tisch verweigern wollte, den sie naturgemäß für die anderen Deutschen vorgesehen hatte, platzte mir der Kragen, und ich setzte mich einfach dorthin, wo eigentlich mein Rivale hätte thronen sollen. Die Chefin verzieh uns das auch die kommenden Tage nicht, als die Banausen schon längst wieder abgefahren waren. Es blieb ein sehr kühler Aufenthalt, offenbar weil wir nicht dem Auftreten, Aussehen und Herrenmenschenniveau entsprachen, das die Dame für ihr Haus eigentlich angemessen fand. Das Fazit, dass man nur wie ein fieser Schnösel durch die Welt reisen muss, um immer in den Genuss der besten Räumlichkeiten und des unterwürfigsten Service zu kommen, ist traurig. Doch offenbar wird in diesen Dienstleistungszusammenhängen Dreistigkeit, Unhöflichkeit und militärisch-hierarchischer Ton nur belohnt. Sollte man sich das also aneignen oder sich wenigstens beim Einchecken verstellen? Lange habe ich mich geweigert, aber ich erwische mich immer öfter bei autosuggestiven Übungen, wie man ein mürrisch-verwöhntes Gesicht zieht. Wie man niemals zu kameradschaftlich zum Personal ist. Wie man misstrauisch jeden Schritt im Hotel überwacht und sich keinesfalls zu einem persönlichen Wort oder gar zu einem Lob hinreißen lässt. Das Leben ist schließlich ein Kampf; aber das Leben im Hotel ist ein Krieg. Man kann das auch an Mitreisenden erleben, die für ihre Nettigkeit und Schüchternheit regelmäßig bestraft werden.

»Kann ich«, fragte eine liebenswürdige alte Dame einmal in einem überteuerten Hotel an der Nordsee, »mir etwas vom Frühstückbuffet mitnehmen, weil ich ja heute wegen meines Ausflugs die Vollpension gar nicht nutzen kann?« Ein hartes, kaltes Nein vom Kellner reichte, um die Dame einzuschüchtern. Und solch eine Antwort ist doch für die Betreiber viel praktischer, als sich um die Bedürfnisse ihrer Kunden zu kümmern. Wahrscheinlich hat der halbe Staff schon genug damit zu tun, irgendeiner anspruchlichen Kundin alle möglichen Sonderwünsche zu erfüllen, damit sie nicht weiter herumkreischt. Wie soll man sich dann noch um die berechtigten Bitten der netten Gäste kümmern.

Wie aber erklärt sich die Allgemeingültigkeit des Hotelzimmer-Gesetzes, wenn es in anderen Fällen überhaupt nicht darauf ankommt, angemessen und kompetent im Hotel aufzutreten? Einmal, bei einem wichtigen Geschäftstermin, musste ich aus Bologna wieder abreisen, weil – so der komplett indolente Portier – sich der vorherige Gast weigerte, mein Zimmer freizugeben. Er habe sich entschieden zu bleiben, da könne man leider nichts machen. Aber – so ich – die Stadt ist doch voll wegen einer Messe. Gibt es nicht ein anderes Zimmer? Schließlich bin ich sehr weit angereist. Nein, so der coole Bescheid, mi dispiace. Und um die Demütigung komplett zu machen, kommt aus Schwaben ein Trüppchen durchreisender Strandurlauber in der Badehose an, die selbstredend kein Wort Italienisch sprechen, und bekommt vom Portier umstandslos die Zimmerschlüssel hingestreckt. Warum bekommen diese Leute ein Zimmer – und nicht ich, der ich doch früher da war und das doch verdient habe? Über solche Sonderfälle des Hotelzimmer-Gesetzes muss die Wissenschaft noch gründlich forschen. Die Empirie jedenfalls lässt keinen Zweifel offen. Nie werde ich das österreichische Thermenhotel vergessen, in dem wir als werdende Stammkunden schon bei der Reservierung am Telefon eines der fünfzig Zimmer nach hinten, weg von der Straße und von diesen furchtbar klimpernden Fahnenmasten bestellt hatten, unter denen wir letztes Mal so gelitten hatten. Wir reisten an, es war keine Hochsaison, es war nicht voll – und wir bekamen ein Zimmer direkt über dem Parkplatz und direkt neben den im Winde klimpernden Fahnenmasten zugewiesen. Ein Missverständnis – natürlich. Doch an der Rezeption erklärte man uns ungerührt, es sei kein anderes Zimmer frei, nichts zu machen, von einem Reservierungsvermerk keine Spur. Erst auf mehrfaches Nachfragen gab es dann einen zweiten Versuch, wie zum Hohn noch näher an den Lärmquellen. Der schöne Erholungsaufenthalt war so bereits zerstört, doch während wir noch im Foyer saßen und uns darüber klar wurden, kam ein anderes Paar hereinspaziert, hatte keine Sonderwünsche, war nach eigener Aussage zum ersten Mal hier zu Gast – und bekam vor unseren Augen den Schlüssel mit der geraden Zahl fürs Zimmer zum Park hingestreckt, im selben Preisniveau wie unseres, ohne Bitten und Betteln und wahrscheinlich ohne jedes Bewusstsein für dieses Privileg. Hatten die Damen an der Rezeption vorher als Dominas gearbeitet? Gehört die Demontage und das unsanfte Vertreiben von Kunden zum Geschäftsmodell? Wollten da Österreicher nach alter Väter Sitte ihre genetisch codierte Deutschfeindlichkeit ausleben, obgleich das Haus vorzugsweise von deutschen Kunden lebte? Wir zogen schimpfend ab – und werden es nie erfahren.

Bisher ist mir für solche Hotelkleinkriege noch keine Gesetzmäßigkeit nach Geografie, Geschlecht oder Preisklasse aufgefallen. Es muss sich um eine universale Tatsache handeln, die seit der Verteilung der Schlafplätze in den Steinzeithöhlen tief in unseren Genen ruht. Wie anders ließe sich erklären, warum wir ausgerechnet in einem Graubündner Luxushotel zum zehnten Hochzeitstag eine unrenovierte Kaschemme mit Blut- und Weinflecken an Tapeten und Teppichen zugewiesen bekamen. Wir hatten uns von einem guten Freund des Hoteliers empfehlen lassen, wir hatten auf unseren persönlichen Feiertag hingewiesen und eine teure Zimmerklasse gebucht. Zur Belohnung war das uralte Bett so ausgeleiert und quietschte, dass wir die Matratzen lieber auf den stinkenden Teppichboden legten. Es war hässlich, es roch unangenehm, und es war sehr teuer. Umso größer unser Erstaunen, als wir in der Sauna Schweizer Mitgäste kennenlernten, die besonders die frisch renovierten Zimmer im Stockwerk unter unserem rühmten. Sie zeigten uns stilvolle, nagelneue Räumlichkeiten ohne Dreck und dafür im besten nachgemachten Art-déco-Stil. Zu unserer Überraschung bezahlten die Schweizer nur die Hälfte von unserem Preis. Beim Abschied beschwerten wir uns noch zünftig beim völlig ungerührten Hotelbesitzer, der sich danach noch anbot, uns weitere Zimmer zu zeigen. Sie standen schon tagelang komplett leer und waren noch großartiger. Offenbar wollte er uns zum Komplizen seiner Strategie machen, und wir sollten uns mit ihm freuen, dass er dumme Kunden hatte, die seine schrittweise Renovierung – er klagte über die Handwerkerpreise – für ihn finanzierten. Und sich dafür mit den alten Stuben begnügen mussten – denn die neuen Räume sollten selbstverständlich für anspruchsvollere Gäste oder am besten gleich für kommende Generationen geschont werden.

Das Prinzip, Kunden ganz offen schlecht zu behandeln, funktioniert schließlich seit über hundert Jahren auch in Wiener Kaffeehäusern, die sich ihrer frechen, schlecht gelaunten Kellner auch noch rühmen und dafür in Reiseführern Extralob bekommen. Warum sollte diese Taktik nicht auch im Hotelgewerbe funktionieren? Auf einer deutschen Nordseeinsel erlebten wir das Musterbeispiel eines höherklassigen Hotels, dessen Besitzer offenbar eine Art Züchtigungs- und Erziehungsprojekt an seinen Gästen durchführte. Überall im Haus fanden sich hässliche Plastikschilder mit unwirschen Befehlen: »Fenster nur öffnen, wenn vorher Heizung abgestellt wurde!« Oder: »Nach dem Duschen Duschkabine mit Handtuch trockenreiben!« Der rüde Ton gehörte hier offenbar dazu, denn das Haus war gut ausgebucht und lebte offenbar von – rein deutschen – Stammkunden, denen es beim Militär besonders gut gefallen hatte. In der Sauna gab es detaillierte Handlungsanweisungen, nach wie vielen Durchgängen, mit wie wenigen Handtüchern und wie langer Aufenthaltszeit man das Etablissement wieder zu verlassen hatte. Dass abends das Licht nicht zentral gelöscht wurde, war das einzige Zugeständnis an den Individualismus der Gäste. Frühstück gab es – in einem Strandhotel und nicht in einer Kaserne – von sieben bis neun. Und als wir um Viertel vor neun schlaftrunken am Tisch saßen, waren alle Brötchen schon aufgegessen. Strafe muss sein.

Augenscheinlich unterschätzt man, wie viele Menschen auf Reisen gehen, um sich für ihre Existenz als Reisender bestrafen zu lassen. Gäste im Hotel stören nämlich nachhaltig den Tagesbetrieb und dürfen deswegen allerhöchstens mit Nachlässigkeit, wenn nicht besser mit Feindseligkeit behandelt werden. Im Brüsseler »Métropole«, einem der herrlichsten Belle-Époque-Hotels, das bis in unsere Zeit überlebt hat, wurde jedenfalls bei meinem letzten Besuch das Frühstück nicht in den wundervollen Sälen mit Holzmobiliar, Wanduhr und Telefonkabine serviert, sondern in einem Kellersaal. Schon lange vor Ende der Frühstückszeit fuhr das Personal mit riesigen Teewagen umher, räumte das Buffet leer und klimperte ohrenbetäubend mit dem Geschirr herum. Die Botschaft: Wer zu spät kommt, den bestraft das Leben und der stört die eigentlichen Nutznießer des Hotels, nämlich das Personal. Noch deutlicher wurde mir das in einem kroatischen Haus, wo man mich unsanft zur Beendigung des Frühstücks um zehn aufforderte – nun gebe es nichts mehr. Als ich später wieder in die Räume zurückkam, weil ich eine Zeitung liegengelassen hatte, sah ich den Grund: Mit den besten Leckereien des Buffets saß das Personal an den Tischen und frühstückte ausgiebig. Bei diesem täglichen Vergnügen würden die zahlenden Kunden natürlich nur stören.

Den Profis am Willkommtresen sind solche Zusammenhänge natürlich in Fleisch und Blut übergegangen.

Sie taxieren die Ankömmlinge und kalkulieren, wie man das Störungspotential der Gäste so klein wie möglich halten kann. Das ist wohl ein Hauptgrund, sie gleich in die abgelegensten und miesesten Räumlichkeiten zu entsorgen. Sind die Gäste dumm genug, keinen Aufstand zu machen, ist man sie los – und die schlechten Zimmer ebenfalls. Gut möglich, dass später anspruchsvollere oder wehrhaftere Kunden eintreffen, dann hat man wenigstens für sie noch ein paar nettere Räume in petto.

Aus der Perspektive von Eignern und Personal gleicht ein Hotel eher einer Festung, die es gegen die anstürmenden Eindringlinge zu verteidigen gilt. Gäste wollen immer mehr, als die Gastgeber bieten können: Mehr Platz im und mehr Ruhe außerhalb vom Zimmer, mehr Essen, mehr Service – und das für möglichst wenig Geld. Weil aber Dienstleistungen mit Personal ihren immer höheren Preis haben, weil der globale Tourismusmarkt immer neue Länder mit ausgebeuteten Billigarbeitern im Katalog anbietet, müssen gerade in Mitteleuropa die Hoteliers alle Erwerbsquellen ausnutzen. Daher darf es einen nicht wundern, wenn ausgerechnet im stillen Erholungshaus mitten im Wienerwald plötzlich nachts um drei wildgewordene Investmentbanker aus London über die Flure turnen und endlos Radau machen. Schließlich haben sie hier einen netten Incentive-Aufenthalt in der Gruppe gebucht, haben dem Barmann einen nicht gerade mickrigen Schein zugesteckt – und nun können die Kollegen einmal ihre Menschenverachtung, die ihrem Job ohnehin inhärent ist, so richtig ausleben. Dass hinter den Türen verängstigte und aufgebrachte Gäste sitzen, die eigentlich zur Erholung und zum Ausschlafen hergefahren sind, das schert die Londoner Asozialmillionäre natürlich nicht, aber auch die Hoteleigner können sich da nicht durchsetzen, denn an solch einer Geschäftstour verdienen sie das Mehrfache, das die freundlichen stillen Rentner aus dem Umland in ihrem kleinen Standard-Doppelzimmer entrichten. Man muss daher immer damit rechnen, dass Teile des Hotel zweckentfremdet sind oder sonstwie die Profitmaximierung auf die Spitze getrieben wird. Es gibt immer öfter Hotels, deren ganzen Service vom Frühstück bis zum Pool Dauergäste als Eigentumswohnung nutzen, die aus Teilen des Altbaus abgezweigt wurden oder gleich neu auf dem Gelände entstanden. Mit diesen Platzhirschen, die ihre festen Sitz- und Liegeplätze haben, müssen sich die Durchreisenden erst einmal auseinandersetzen. Gerade in Servicebereichen wie Schwimmbädern und Saunen haben oft ortsansässige Abonnenten das Sagen, die wöchentlich hier das große Wort führen und auf die Hotelkunden wenig Rücksicht nehmen. Ein Hotel kann klein und familiär wirken, und in der Nebensaison ist der Gästeparkplatz fast leer. Aber plötzlich sitzen abends im Restaurant grölende Großgruppen von Hochzeitsgästen, die nur essen, tanzen und singen wollen. Der Zimmergast wird von der Bedienung kaum mehr wahrgenommen. Oder das Hotel wirbt auf Fotos im Internet mit seinem grünen Badestrand – so erging es mir am Thuner See –, doch es stellt sich heraus, dass genau hier ein Gastgarten mit Tischen angelegt wurde, und es ist nicht einmal erlaubt, in der Badehose durch den Biergarten zu marschieren. Baden verboten! Das Sahnegrundstück zum See erwies sich als verpachtet, und den Gästen bleibt nur der sehnsüchtige Blick aufs Wasser und ein paar abgezäunte Quadratmeter zur Schnellstraße.

Oder das Hotel spart sich das Aufsichtspersonal und die Verantwortung fürs Baden, obgleich es direkt und herrlich am Achensee in Tirol liegt. Da müssen die Gäste eben über einen absichtlich unbequemen Bootsanleger ins Wasser steigen und hinterher mühselig wie die Frösche wieder an Land kriechen, denn eine Leiter gibt es in der Verbotszone ja nicht. Die Leute baden hier ja massenhaft auf eigene Gefahr und ganz freiwillig, ohne dass ihr Hotel drei Meter weiter irgendetwas damit zu tun hat. Ich nenne so etwas Outsourcing von Verantwortung und Verweigerung von Service, wobei man sich dann wundern kann, warum das nicht zu niedrigeren Zimmerpreisen führt. Irgendwo zwischen der Vollnutzung der Immobilie, die auf Einzelschicksale von Reisenden keine Rücksicht nehmen kann, und den gedrückten Bedürfnissen aller muss sich dann wohl die Gewinnspanne der bemitleidenswerten Gastgewerbler befinden. Ich zöge es in solchen Fällen vor, über etwaige Nutzung meines Hotels als Badeanstalt, Standesamt oder Betriebssportgelände vorher unterrichtet zu sein – oder eben notfalls mehr zu bezahlen. Doch wahrscheinlich geht die Rechnung nur auf, wenn sich immer auch ein paar ahnungslose Individualtouristen mit an Bord befinden – und blechen – und sich stillschweigend aufs Zimmer verziehen.

Nicht, dass damit die Nöte beendet wären. Im Gegenteil – das Hotelzimmer, unser aller persönlicher Rückzugsort beim unbehausten Reisen, setzt jeden von uns der Willkür von Architekten und Designern aus. Man könnte ja meinen, nach Millionen Umfragen zur Zufriedenheit der Beherbergten, nach soziologischen Studien, nach Gesprächen der Gastgeber mit ihren Kunden, nach Gerichtsprozessen um Nachlässe und Stornierungen wegen mangelnder Qualität würde sich eine Art erträglicher Standard für jedermann einpendeln. Hotelzimmer müssten doch immer besser, immer bewohnbarer werden. Aber das ist nicht der Fall.

Schauen wir uns ein altes Grandhotel in den Alpen an, das einen Holzboden, einen kleinen Eingangsbereich mit Tür zum Zimmer (wegen der Geräusche auf dem Hotelflur), große Fenster zum Lüften, vielleicht gar einen Balkon mit stilvollen Flechtmöbeln und schlichte, aber solide Sessel aufwies. Solche Zimmer sind selbst in den raren Bauten, die von außen denkmalgeschützt erhalten sind, nur noch an den Rudimenten zu erkennen: Hier war einmal die Zwischentür, jetzt ist sie weg, und ich höre jeden Schritt und jedes Wort auf dem Flur. Warum hat man die alte Badewanne, die eigentlich hereinpasst, durch diese enge Dusche ersetzt? Hätte nicht ein Duschvorhang gereicht? Aber nun habe ich da eine winzige Plexiglaswand, die nicht verhindert, dass das ganze Wasser ins Bad spritzt. Das moderne Isolierfenster kann ich nur kippen, was die Lüftung in herrlichen Sommernächten fast verunmöglicht. Und auf dem Boden müffelt eine unangenehm gemusterte Auslegeware vor sich hin. Der ganze Verfall des Stils und des Wohnkomforts in der Moderne, den wir uns auch noch klaglos bieten lassen, ist am Standard heutiger Hotelzimmer abzulesen. Doppelbetten sind oft so schmal, dass sich daheim kaum ein Einzelner hereintrauen würde – und man verlange nicht nach zwei Deckbetten. Einmal ein großes, unpraktisches Plumeau beziehen ist doch viel zeitsparender fürs Personal. Dafür hängt in jedem noch so winzigen Raum ein Fernsehgerät, das aber im Ausland keinen ordentlichen Sender empfängt, sondern von Geisterhand auf obskure Werbekanäle programmiert wurde. Oder das Gerät setzt sich automatisch in Gang und beschallt mich mit einem musikalisch-ordinären Begrüßungsprogramm, das sich mit der Fernbedienung nicht abschalten lässt.

Unweit vom Fernseher steht dann die Minibar, die sich

zuverlässig alle zwanzig Minuten mitten in der Nacht anschaltet und mir mit ihrem Brummen keinen Schlaf lässt. Das ist auch mit Minibars der Fall, in der aus Sicherheitsgründen nur ein Fläschchen überteuerten Mineralwassers steht. In ganz bös designten Zimmern ist die Minibar auch noch nach außen beleuchtet, und will man das Licht loswerden, kann man den Stecker nicht herausziehen, weil der fest in der Wand verankert wurde. Wäre ja noch schöner, wenn die Gäste hier das Regiment über Licht und Krach übernähmen. Den Tiefpunkt meiner Hotelgastlaufbahn erlebte ich im Chianti-Gebiet, wo in einem ohnehin kaum geheizten Zimmer mitten im Winter nachts um drei – technisches Versehen – die Klimaanlage Eisluft verströmte. Um nicht zu erfrieren, musste ich die Sicherung herausnehmen, nachdem ich den Sicherungskasten nach einer halben Stunde endlich gefunden hatte. In genau dem Moment schaltete sich allerdings das grelle, vom Gesetz vorgeschriebene Notlicht direkt über dem Bett an. Gegen vier Uhr morgens, ich sehe es heute noch, stand ich völlig durchgefroren auf einem Stuhl und versuchte, ein Handtuch über das Notlicht zu werfen. Wann ich am Ende aus Erschöpfung einschlafen konnte, weiß ich nicht mehr – nur dass man mir am anderen Morgen ungerührt und ohne große Entschuldigung den vollen Zimmerpreis abverlangte.

Licht ist überhaupt eine ganz heikle Frage bei der Gestaltung von Hotelzimmern. Eigentlich scheint die Antwort sehr leicht: Ein großes Licht an der Decke, ein kleines Leselicht am Bett – das reicht. Aber da hat man die Rechnung ohne die Lichtdesigner gemacht, die mit jeder Generation mehr Macht im Herbergsgewerbe übernehmen. Heute gehört eine komplizierte Lightshow mit farbigem Tastensystem zum Standard sogar in Mittelklassehotels. Drückt man länger, wird der Dimmer aktiv. Drückt man den falschen Knopf, geht sogar im Kleiderschrank und auf dem Flur das Licht an – und nichts nimmt diesen fatalen Befehl wieder zurück. Eigentlich müsste man für solche Lichtanlagen eine ausführliche Unterweisung erhalten, aber eigentlich will der Gast doch nur schlafen. Wie kann er das, wenn eine in den Boden eingelassene Lichtspur – wie ein strahlender Ariadnefaden – den Weg ins Badezimmer weist – und gerade dann den Raum schummrig erleuchtet, wenn endlich alle anderen Lampen abgewürgt werden konnten. Ich habe diesen Irrsinn am schlimmsten in Barcelona in einem sogenannten Designhotel erlebt, wo man die komplizierteste Lichtregie für einen Spielfilm im Zimmer einstellen konnte – nur dunkel wurde es nicht. Wer schwätzt den Hoteliers solchen Quatsch auf, der ihre Gäste erwiesenermaßen nur nervt?

Dafür sollte jedes Hotel am Bett über eine Leselampe verfügen, denn Licht macht sie sowieso und gibt zivilisierten Menschen obendrein die Möglichkeit, vor dem Einschlafen noch etwas zu lesen. Doch solche Menschen gibt es ja nicht mehr – denken jedenfalls immer mehr Hoteliers und stellen ans Bett riesige Vasenlampen mit dreißig Watt. Oder irgendwelche Dimmer schummern aus der Wand, in deren Schein man nicht einmal den Wecker findet. Wer lesen möchte, der wird gerade in modernen Hotels als Sonderling betrachtet. Wofür gibt es denn den schönen großen Fernseher? Haben Sie keinen Computer am Bett? Als ich einmal in einem Skihotel in den Dolomiten die ohnehin defekte Nachttischlampe auswechseln und durch ein Leselicht ersetzen ließ, kam der fluchende Hausknecht nach Stunden mit einem Vorkriegsmodell von Lampe. Solch eine Extravaganz hatte er noch nie erlebt.

Besondere Unsitte unserer Zeit – und von kommenden Generationen gewiss kopfschüttelnd der finsteren Jahrtausendwendezeit zugeschrieben – ist das Badezimmer mit Glaswand. In Extremfällen steht eine Panoramadusche aus Glas mitten im Raum, und das Klo ist mit herrlichem Durchblick an den Schlafbereich angeschlossen. Abgesehen von der nicht mehr existenten Diskretion ist dieser Dauerdurchblick quer durch Bad und Zimmer auch nachts sehr störend, denn bei jedem Gang ins Bad ist automatisch auch der Restraum hell erleuchtet. Wenn es denn tollkühne Hotelarchitekten gibt, die früher Bordelle entworfen haben und deren Kunden mit Macht in möglichst unabgetrennte Badezimmer treiben mussten – warum hat sich deren koprophile Mode dann auch in stillen, vorzugsweise von Familien und Rentnern genutzten Landresorts durchgesetzt? Ein Hotelgast hat heute nicht mehr das Recht, in seinem Badezimmer ganz normal eine Tür hinter sich zu schließen. Was soll so erregend oder urlaubsgerecht daran sein, dass den Mitreisenden ein Spähblick auf die Wanne oder das Klo gewährt wird? Genau das ist offenbar gewollt, denn ich komme in kein einziges renoviertes Hotelzimmer – ob in einer Vertreterherberge an der Durchgangsstraße im Schwarzwald oder ein von EU-Sondermitteln denkmalgeschütztes Luxusresort in den Wäldern Mährens –, wo nicht das Bad nur noch mit einer legeren Glasscheibe abgetrennt wurde. Es gibt auch sehr teure Varianten, in denen es nur mehr eine gemauerte Trennwand bis zur Bauchnabelhöhe gibt. Oder eine halboffene Schiebetür. Habe ich da etwas verpasst? Ist das sexy? Oder gibt es eine geheim gehaltene Umfrage, derzufolge die Menschen sich auf dem Klo zunehmend isoliert und klaustrophobisch fühlen und sich dringend nach Gesellschaft sehnen? Dazu dienen Bad und Toilette immer mehr als Spielwiese für durchgeknallte Designer, die futuristisch-spritzende Duschköpfe anbringen lassen oder Waschbecken, die zwar gläsern und quadratisch trogförmig sind, aber das Wasser nicht ablaufen lassen. Oder der Wasserhahn ist mit Bewegungsmelder ausgestattet und irgendwo in der Wand verborgen, so dass das Händewaschen erst einmal zur Rätselstunde wird: Ob das feuchte Nass wohl aus dem Löchlein links strömt? Nein, das ist nur der Seifenspender? Schließlich schießt ein Wasserstrahl aus einer unscheinbaren Ritze in der Wand, der man das nie und nimmer zugetraut hätte. Freude kommt auf. Einmal in der Gegend von Rimini rühmte sich ein Hotel in einer Villa seiner frischen Designerbäder eines berühmten Modeschöpfers, was mir gleich verdächtig erschien. Die Toilette sah nicht nur so aus wie ein überdimensionales Rasiermesser aus Keramik, sie schmerzte auch so. Ich zog dann das Behindertenklo bei der Rezeption vor.

Immer öfter beschleicht mich auf Reisen das Gefühl, dass biederen Gastgebern, die selbst ja nicht viel herumkommen, von einer Sekte hinterhältiger Gestalter Gesamtpakete durchgeknallten Designs als Zeichen von metropolitanem Schick aufgeschwätzt werden. Vor allem teuer und geschmacklos muss es sein. Und das ahmt die ganze Zunft dann nach. Unlängst in einem Alpenhotel bekamen wir per Upgrade ganz unverhofft die nagelneue Riesensuite unterm Dach zugewiesen. Nun fanden wir uns reichlich perplex mit zwei Personen auf über hundert Quadratmetern mit zwei Schlafzimmern und zwei Bädern, mit Kamin, Sprudelquelle und einem Panoramabalkon in Wohnungsgröße auf die Zugspitze wieder. Doch jedes der beiden Kingsizebetten war direkt und ohne schließbare Tür mit den beiden Bädern nur durch eine halbhohe Wand verbunden – also keinerlei Intimität auf 120 Quadratmetern. Gibt es wirklich Menschen, die bei sich zu Hause so leben wollen? Was man in Studentenzeiten ironisch »Wohnklo« nannte, ist im Luxushotel traurige Wirklichkeit geworden. Zusätzlich gab es in unserem Alpenresort noch eine Kuschelbadewanne mitten im Wohnraum, was die Gemütlichkeit der Kaminecke auf unter null reduzierte. Oder soll man mit dem Badewasser bei Bedarf die Flammen löschen? Wahrscheinlich wissen die Innenarchitekten der Hotels mit dem Wohnraum von Suites gar nichts anzufangen. Alles muss zugestellt werden. Dass Raum auch einfach nur Platz zum Atmen und damit Komfort bedeutet, kann kleinbürgerlicher Horror Vacui nicht begreifen. Daher steht hier noch eine nutzlose Kommode herum, dort wird noch eine Badewannenfalle neben die überflüssige Treppenstufe eingelassen, hier noch ein Trinkbrunnen am Nachttisch angebracht, dort noch ein Flachbildfernseher ins Bad gezwängt. Aber wenn ich die ebenerdige Fensterschauwand nachts schließen möchte, damit nicht jedermann in mein Luxuszimmer spazieren kann, wenn ich mich nach einer noch so kleinen Badezimmertür umschaue, wenn ich Schutz gegen Mücken oder Sonnenlicht suche, lässt mich der Architekt mit seinem Transparenzfimmel im Stich. Wer aber auf dem Klo oder unter der Dusche unbedingt das Matterhorn oder den Ortler bewundern möchte, der kann sich, finde ich, am besten in der Natur unter einen Wasserfall stellen.

Natürlich sind die Geschmäcker beim Zimmerkomfort verschieden. Italienische Freunde wundern sich, wie es die Deutschen mit ihren sonderbaren Federbetten aushalten, während sie sich aus Gewohnheit mit den rauhen, in Leintüchern gewickelten Pferdedecken zufriedengeben. Dort aber, sagen sie, kann man die Füße hineinstecken, denn das Leintuch ist in die Matratze gestopft. Genau das aber geht den meisten Deutschen auf die Nerven. Wenn ich mir die Bemerkung erlaube, dass das italienische System im Winter ziemlich kalt ist, schauen mich die Italiener gewöhnlich verständnislos an: Im Winter verreist man ja auch nicht. Solche nationalen Verschiedenheiten bescheren dem Reisenden etwa in Frankreich gerne einmal Orgien von Plüsch und Bommeln, alles mit Betthimmeln, Dreifachvorhängen, Blümchenmustern, extra dicken Teppichen gedämpft wie ein Tonstudio – und für Allergiker eine lebensgefährliche Staubhöhle. Je teurer ein Hotel in alten Schlössern oder Gutshöfen ist, desto größer die Chance, in eine solche Plüschfalle zu geraten. Was sagt man dann beim Blick auf eine angeschimmelte Louis-Quatorze-Ästhetik? Monsieur, packen Sie Ihren alten Gobelin von der Wand und werfen Sie ihn auf den Sperrmüll? Madame, entfernen Sie bitte sofort die hundert Bömmelchen von meinem Himmelbett? Ich habe für solche gar nicht so unvorhersehbaren Fälle immer ein paar Cortisontabletten im Gepäck. Aber muss man sich unbedingt krank machen, bloß um zu hüsteln und zu hecheln wie Gott in Frankreich?

Kommt das Hüsteln und das Hecheln aus dem Nebenzimmer, gehen die Probleme weiter bis tief in die Nacht. Es gibt eine wundervolle Oper von Nino Rota mit dem Titel »La notte di un nevrastenico«. Die Nacht des Neurasthenikers im Hotel soll – so die Handlung – eigentlich ruhig verlaufen; dafür hat sich der super geräuschempfindliche Mann eigens die beiden Nachbarzimmer mitgemietet. Doch wie das in Italien so geht: Der Portier ist bestechlich und vergibt den einen Raum an ein wild streitendes und wild liebendes Paar und den anderen an einen Vertreter,

der die ganze Nacht seine Schuhkollektion auf dem Holzboden auf Trittfestigkeit überprüft. Der nervöse Hotelgast
wird fast verrückt, und der letzte Ton der Oper ist das
Schrillen des Weckers nach einer schlaflosen Horrornacht.
Wer selbst je in einem schlecht isolierten Hotelzimmer lag,
in das aus dem Nebenraum der Dauerhusten eines Aller-
gikers drang, wird Nino Rota gut verstehen. Und Husten
ist meist zäher als jeder Liebesakt, der irgendwann dann ja
doch sein erschöpftes Ende findet.

Und gibt es das überhaupt – gut isolierte Hotelzimmer?
Gewöhnlich dringen alle noch so unangenehmen Laute
aus den umliegenden Badezimmern durch die Rohre.
Doch nicht nur die. Autostraßen in der Nähe zählen schon
gar nicht mehr zu den Lärmquellen, die eigens genannt
werden müssen. Doch muss man gerade in der Stille der
Nacht jedem Einparken und Türenschlagen, jedem vor-
beidonnernden Motorrad bösen Tribut zollen: Ein paar
Sekunden Lärm können einen ganzen Tag Wohlbefinden
kosten. In einem besonders ruhigen Hotel im besonders
dünn besiedelten Wendland schreckten wir einmal nachts
um halb drei aus dem Schlaf hoch, weil ein Irrer im Nachbarzimmer mit voller Lautstärke Radio hörte. Klopfen,
Schreien, Anrufen – nichts half. Und auch an der Rezeption des Landhotels lag nur mehr eine Telefonnummer für
Notfälle. Bevor ich die wählte, bekamen wir heraus, dass
hier irgendein Sadist den Radiowecker auf mitten in der
Nacht programmiert hatte. Nach einer halben Stunde
schaltete sich das Gerät wieder aus, aber die Nacht war
ruiniert.

Es gibt aber Schlimmeres. Wer in der Spitzenzeit an
den Adriastrand fährt, der weiß schon vorab, dass er sich
über Karaokeübungen und Diskothekenlärm mitten in
der Nacht nicht beschweren kann. Das gehört dazu. In

wonnigen Frühjahrsmonaten vor allem empfiehlt es sich immer, bei der Reservierung zu fragen, ob nicht vielleicht im Hotel eine Hochzeit mit Ringelpiez veranstaltet wird. Falls ja, sollte man sofort stornieren. Denn meist heißt es dann, dass ab allerspätestens Mitternacht strengste Bettruhe herrscht. Wenn dann die angeheiterte Gesellschaft um drei zur zehnten Polonaise durch den Hotelgarten antritt, klingt einem dieses Versprechen gewöhnlich noch im Ohr. In Termoli, einem kaum sehenswerten Nest an der südlichen Adria, strandete ich einmal im einzigen Hotel – und gegen elf ging direkt neben meinem Bett, nur durch eine dünne Wand getrennt, die Ortsdiskothek los. Das war so dröhnend, dass nicht einmal dicke Wachsohrstöpsel halfen. Alles Mobiliar wackelte. Als ich den coolen Portier anderntags auf diesen Skandal aufmerksam machte, versprach er mir hoch und heilig, das sei eine große Ausnahme gewesen. Abends um elf ging es natürlich wieder los, aber der Portier, dem ich gewiss irgendetwas angetan hätte, hatte da bereits Dienstschluss. Noch lauter war es eigentlich nur im Dresdner Villenviertel »Weißer Hirsch«, wo sich die vermeintliche Pension im Grünen als Annex der Ortsdiskothek herausstellte – und die kannte keine Gnade. Was für ein unvergesslicher Moment, wenn dann morgens um sechs die Musikanlage plötzlich schweigt und man endlich den ohrenbetäubenden Vogelgesang mitbekommt. Doch was soll man gegen solche Zumutungen, die naturgemäß in keiner Hotelwerbung, in keinem Internetauftritt erwähnt werden, unternehmen? Großflächig die Umgebung absuchen? Vorher Späher schicken? Auf die Erfahrungsberichte von Reisenden im Internet gebe ich da nicht viel. Böse Kommentare können von der Konkurrenz geschrieben worden sein; überschwängliches Lob hat der Chef gleich selbst verfasst. Gewissheiten gibt es da leider keine. Auch in einem Landhotel in der Einöde von Rom kann das Zirpen der Zikaden mitten in der Nacht urplötzlich in Musiklärm übergehen, weil sich die Jugend des Ortes den einsamen Feldweg hinterm Haus für eine Spontanparty ausgesucht hat. Oder die Katzen paaren sich mit ausgiebigem Gekreisch. Oder die Hunde heulen. Früher dachte ich, wenn ein Hotel die schallisolierten Fenster eigens anpries: Da wird es aber laut sein, ich gehe lieber woanders hin, wo so etwas nicht nötig ist. Heute denke ich, mit isolierten Fenstern habe ich immerhin etwas Ruhe.

Besonders unangenehm wird der Hotelaufenthalt, wenn die Gastgeber selbst mir das Leben schwermachen. Klassisch sind die Zimmerdamen, die ab morgens um sechs mit großem Hallo die Putzstube aufschließen und gleich einmal im Flur staubsaugen – nicht ohne zu vergessen, vorsorglich immer schon einmal in das eine oder andere Zimmer (gewöhnlich meines) einzudringen, um nachzuschauen, ob man hier bereits mit der Turbo-Generalreinigung loslegen kann. Ob man selbst im Zimmer ist oder nur nebenan – an Schlaf ist da nicht mehr zu denken. Lange vorbei die Zeiten, da kultivierte Menschen den Rundum-Service eines Hotels einer Wohnung vorzogen. Wenn ein Genie wie Joseph Roth seine Romane in zugigen Durchgangshallen billiger Hotels schrieb oder monatelang ein Zimmer in Paris zu seiner Residenz machte, dann konnte er zwar nicht auf Stille und Intimität, die er offenbar entbehren konnte, rechnen. Aber zu seiner Zeit bot ein Hotel vom Schuheputzen bis zum Anzugbügeln, vom täglichen Dreigangmenü bis zur Poststelle noch den besten Service, den die jeweilige Zeit zu bieten hatte. Heute schleppt man seine Koffer gefälligst selbst und hätte in den meisten Mittelklassehotels Probleme, auf dem Zimmer das kleine Frühstück einzunehmen, weil außer einem winzigen TV-Tischchen und einer kleinen Kofferablage nur noch der schmale Schreibtisch zur Verfügung steht. Diese Abwesenheit von Personal für Dienstleistung beklage ich nicht unbedingt – im neunzehnten Jahrhundert hätte ich wahrscheinlich selbst zu den Zimmerkellnern und nicht zu den Kunden gehört. Doch wenn man schon alles selber machen muss, warum lässt einen der Service nicht auch bis zur Abreise in Ruhe? Warum müssen die Gärtner draußen unbedingt um sieben – und nicht um elf – mit dem Rasenmähen anfangen? Warum repariert der Mr. Fix-it, der den ganzen Tag in der Hotelhalle herumlungerte, die losen Fußleisten ausgerechnet zur Mittagszeit, wenn ich etwas ausruhen möchte, und nicht etwas später?

Lärmempfindlich darf man nicht sein, wenn man sich auf Reisen begibt. Ein Hotel bedeutet die krachige Nachbarschaft von viel mehr Menschen, als es jeder Plattenbau bieten würde. Man mache sich nichts vor: Sogar noch im waldigen Naturschutzgebiet hat der Großstadtmensch im Hotel mehr Leute direkt um sich als daheim, wo ihm doch alles so bevölkert vorkommt. Hotelwirtschaft ist Massentierhaltung. Und die Hoteliers sind nun mal keine Philanthropen, die mir meine schönste Zeit versüßen, sondern Geschäftsleute, die mit all den mehr oder weniger anspruchsvollen Gästen keinen leichten Job haben und übers Jahr schwer genug auf ihren Schnitt kommen. Doch gar nicht in die feindselige Welt reisen, ist weder für die Gastgeber noch für die Gäste eine echte Alternative. Es hilft schon viel, sich über das Pragmatische der Urlaubsunterkunft keine Illusionen zu machen. Es geht um eine Zweckgemeinschaft, keine zweite Heimat. Seit ich mir nichts Außergewöhnliches mehr von der Zeit, die ich im

Hotel verbringe, erwarte, bin ich immer öfter ganz zufrieden. Es ist nie ein Paradies, aber es ist oft ganz in Ordnung. Und es ist zwar manchmal die Hölle, aber immerhin eine Hölle auf Zeit.

SPEISEN AUF REISEN

Wie sorgfältig man eine Reise auch plant – irgendwann ist immer der fatale Moment gekommen, da es etwas zu essen gibt. Hunger ist der treueste Reisebegleiter, und sogar bei einer Fastenkur wollen die Rituale des Essens und des Verzichtens, des Trinkens und der Abstinenz genau bedacht sein. Nirgendwo kann man als Tourist so viel falsch machen wie beim Essen, und zwar in vielerlei Hinsicht. Wir können uns durch falsche oder voreilig gewählte Gerichte fürchterlich den Magen verderben, in schlimmeren Fällen sogar Gesundheit und Leben gefährden. Wir können andererseits unsere Gastgeber übel beleidigen, indem wir den komplizierten Comment beim Speisen nicht beachten oder indem wir uns leichtfertig über Tabus hinwegsetzen. In beinahe jedem Fall erweist es sich im Moment des Bestellens, ob wir bereit sind, uns auf die Gebräuche eines Landes einzulassen, ob wir uns pflichtschuldig vorbereitet haben auf unser Reiseabenteuer – oder wir irgendwann als kulinarische Banausen wieder die Heimreise antreten. In jedem dieser Fälle wird deutlich, wie heikel fern vom heimischen Herd die Nahrungsaufnahme ist.

Italienische Freunde sind derart auf ihre regionalen – zugegeben: köstlichen – Pastagerichte eingeschworen, dass sie im Ausland nicht einmal auf die Speisekarte blicken. Sie falten noch so reichliche Menüpläne lächelnd zusammen, suchen Blickkontakt mit dem Kellner und bestellen mit fester Stimme immer das Gleiche: »Mixed Grill«. Indem sie sich sicher sind, dass außerhalb von Bella Italia die Barbaren eine Ernährungsweise pflegen, die ihre Vorfahren seit Julius Cäsar hinter sich gelassen haben, verweigern sie von vornherein jeden kulinarischen Kontakt mit ihrem Reiseland. Sicher ist sicher. Und sollte auf dem gemischten Grillfleisch oder -fisch eine undefinierbare Sauce sich befinden, dann kratzen sie diese angewidert ab, greifen zu einem Stück möglichst geschmacksneutralem Brot und mümmeln ihre Reisespeise mit Todesverachtung in sich herein. Eine andere italienische Bekannte, die viel mehr von der Welt gesehen hat als ich, kann man völlig aus der Fassung bringen, wenn man ihr die verschiedensten Spezialitäten, etwa aus Deutschland, beschreibt. Da gibt es Leute, die ein tiefschwarzes Brot mit Butter bestreichen, mit Schinken belegen und sich dazu ein Glas Bier genehmigen. Da gibt es Menschen, für die Blutwurst ein Hauptgericht ist. In anderen Regionen stürzen sich die Menschen auf gekonnt vergorene Heringe mit rohen Zwiebeln. Schon die umrisshafte Erwähnung solch einer Barbarei verzerrt das Gesicht meiner Bekannten zu einer Abwehrfratze: Impossibile. Kann man solch einen Exzess überleben? In Essig eingelegter Sauerbraten, womöglich mit Preiselbeermarmelade, Salzkartoffeln mit Sauce, Apfelpfannkuchen, Erbsensuppe mit Rippchen, mit Butter abgeschmeckte Saucen – wenn sie vorher schon gedacht hatte, dass nördlich der Alpen ein bemitleidenswerter Volksstamm im ewigen Schnee ungenießbare Schweinereien kaut und verdaut, dann wird ihr Vorurteil durch die Erwähnung glorreicher deutscher Gerichte nur mehr zementiert. Könnt ihr so etwas tatsächlich essen? Sie selbst geht in Deutschland ausschließlich zum Italiener, notfalls ist ihr da sogar eine Pizza recht, solange sie nur keine »cucina tedesca« essen muss.

So geht es wechselweise. In jedem von uns haust ein kleiner kulinarischer Chauvinist, der nicht frisst, was er nicht kennt. Ich beispielsweise kann die chinesische Küche nicht vertragen. Alle Kenner der fernöstlichen Kulinarik belächeln meine Abwehrhaltung milde und bemerken allenfalls wissend, dass man diese unendlichen Köstlichkeiten eben in China selbst gegessen haben muss. Schließlich gehöre die chinesische Kochkunst zum Raffiniertesten und Ausgefeiltesten, was sich Menschen in Jahrtausenden ausgedacht haben. Seit einer längeren Chinareise habe ich da meine ganz persönlichen Zweifel. Wir saßen als einzige Europäer, kundig geführt, auf dem Land in tatsächlich sehr authentischen Lokalen fernab der Metropolen. Eine große Reisschüssel kam in die Mitte und dann in schneller Folge diese vielfältigen Tellergerichte, die ich schon daheim nicht ausstehen konnte: süßsaures Schweinefleisch, faseriges Huhn, schwer zu kauende Bambussprossen, frittierter, kaum ausgenommener Fisch und horribel undefinierbare Suppen mit diesem unverwechselbaren Glutamatgeruch, den ich bereits von chinesischen Lokalen aus dem Ruhrgebiet oder im Frankfurter Bahnhofsviertel kannte. Ich konnte und kann keinen Unterschied zwischen den entfremdeten Chinesen in Mitteleuropa und den authentischen Spitzenchinesen in China selbst feststellen. Bis dann leckere frittierte Häppchen kamen, die so stark gesalzen und eingewickelt waren, dass ich mit Appetit und Genuss hineinbiss. Das waren, wie mir mein vergnügter Nebenmann lautmalerisch klarmachte, Bienen. In der Tat mein Favorit, doch wenn ich das nun wieder daheim erzähle, blicken mich die Europäer angewidert an. Wie kann man nur Bienen essen. Sitzt da noch der Stachel dran? Willst du keinen Honig essen? Musst du jetzt schon Insekten vertilgen? Dabei waren die Bienen durchaus lecker, schmeckten irgendwie nach Scampis. Und sie kommen mir viel weniger eklig vor als etwa Würmer, die Ernährungsphysiologen dem überbevölkerten Erdball als eiweißreiches Grundnahrungsmittel der Zukunft anpreisen, weil sie keine Feldfrüchte verzehren und kein CO_2 erzeugen. Und tatsächlich dürfte man in Ostasien, wo die meisten Menschen wohnen, mit dieser ökologischen Speise keine Probleme haben, schließlich kommen hier auch haarige Spinnen und Tausendfüßler in den Wok.

Das Vorurteil, dass Chinesen alles äßen, was fliegt, schwimmt und vier Beine hat (außer dem Tisch), pflegen sie selbst genüsslich. Unsere westlichen Idiosynkrasien können sie nur schwer verstehen. Hunde und Katzen kommen in China mancherorts in die Pfanne – und schon beim Gedanken schreien Tierschützer voller Verachtung gegen die chinesische Kultur auf. Laufen im Fernsehen Dokumentationen über einen chinesischen Wochenmarkt, müssen vorher Warnhinweise für Zartbesaitete eingeblendet werden. Und Touristen versuchen immer wieder, die angeketteten Leckereien zu befreien. Andere Länder, andere Tischsitten. Menschen in froher Runde, die einem noch lebenden Affen das Hirn aus dem angesägten Schädel löffeln, sind in der Tat eine gewöhnungsbedürftige Vorstellung. Oder lebende Fische genüsslich hinunterschlucken. Da würde sogar ein Allesprobierer wie ich passen. Doch wo liegt denn nun der Unterschied zwischen geschlachteten Schweinen, die überaus intelligente und sensible Tiere sind, und geschlachteten Hunden oder Katzen, zumal wenn diese halbwild zu einem Problem für die öffentliche Ordnung werden und in Fernost darum auf der Speisekarte landen?

Reisende haben an den kulinarischen Sitten eines Landes noch nie etwas ändern können, sie haben höchstens das Anrecht, sich den Magen zu verderben und sich zu ekeln. Sie müssen dabei penibel darauf achten, dass sie nicht selbst unabsichtlich Speisen zu sich nehmen, die für sie selber tabuisiert sind. Will man nicht mit einem harmlos klingenden »Mixed Grill« von Pudel und Siamkatze schwer danebenliegen, empfiehlt sich die angebrachte linguistische Vorbereitung. Es ist ja auch daheim kein Fehler, wenn man sich beim Kochen auskennt und in etwa weiß, was man da zu sich nimmt. Und es ist gerade die Schwierigkeit, die Zutaten hinterher noch auseinanderzuhalten, die mein persönliches Misstrauen immer wieder aufflackern lässt.

Jedes gute Reisebuch enthält ein kleines Diktionär für Küche und Keller, damit man auf Reisen einigermaßen sicher sein kann, dem Missliebigen zu entgehen und trotzdem das Leckere zu probieren. Echte Feinschmecker sollten zusätzlich noch ein richtiges Wörterbuch mit sich führen, denn Menüs enthalten mehr dolmetscherische Hürden, als man den Kurztexten auf den ersten Blick zutraut. Nach einigem Blättern kann man allerdings vor ganz neuen Problemen stehen. Die Empfehlung des Chefs erweist sich möglicherweise in der Übersetzung als »atlante Zahnbrasse«, ohne dass man in dem Moment mit der deutschen Vokabel auch das passende Tier vor Augen hat. Sind das diese platten, glubschäugigen Fische mit dem breiten Maul? Nein, diese roten, zierlichen mit den spitzen Flossen. Oder doch diese langen glitschigen, die aussehen wie ein Hai? Und ein Wrackbarsch ist sicher keine Unterart vom Karpfen, doch sollte man nun unbedingt wissen, ob diese Biester groß oder winzig, voller Gräten oder gar giftig sind. Die Weltmeere sind groß und trotz aller Mühen der Menschen immer noch recht artenreich, man verliert schnell jede Übersicht. Das kann fatal werden. Steht in Japan Kugelfisch auf der Speisekarte, sollte man vorher sein Testament gemacht haben. Schneidet der Koch auch nur Winzigkeiten von der Leber nicht penibel heraus, dann stirbt immer mal wieder ein Feinschmecker. In Japan gilt das als kulinarischer Heldentod, aber bei uns doch eher als eine Dämlichkeit.

Eine ganz ordinäre Fischvergiftung kann natürlich auch schon reichen. Misstrauische Gemüter schauen dem Fisch, den sie essen wollen, daher immer erst tief in die Augen. Ist das Tier – womöglich seit Tagen oder Wochen – schon zubereitet oder erwidert es unsere Neugier mit tieftrübem Blick, dann ist ein Hamburger oder ein Schnitzel immer noch die sicherere Wahl. Mit Meeresgetier kann man ohnehin auf Reisen ganz viel falsch machen. Etliche Fische, die man als ausgefuchster Biologe unter ihrem Gattungsnamen als Seeteufel, Scholle oder Heilbutt blind erkennt, tragen auf Okzitanisch, Neapolitanisch oder Andalusisch plötzlich ganz andere Bezeichnungen. Da hilft dann kein Wörterbuch weiter. Schon gleich über die Grenze in Österreich, wo ja auch fast alles Grünzeug in Form von Erdäpfeln, Paradeisern, Kukuruz, Marillen und Dirndln auf exotische Namen hört, kann man gleich einmal am klassischen Donauwaller scheitern. Wer weiß schon, dass hier der Wels gemeint ist? Muss man nicht Biologie studiert haben, um sich unter einem Fogosch oder einem Huchen etwas vorstellen zu können? Wo und in welcher Gestalt schwimmen bei uns daheim die Reinanken umeinander? Der heiklen Unterwasserwelt en bloc auszuweichen ist in Österreich auch keine Alternative. Was mag nur, abseits von allen Gewässern, mit Schlutzkrapfen, Salonbeuscherln, Krautfleckerln, Frittatensuppe und all den anderen merkwürdigen Nationalgerichten gemeint sein? Lungenbraten beispielsweise enthält überhaupt keine Lungen, sondern ist eine Art Filet. Bestellt man dann Kartoffeln (und keine Erdäpfel) dazu, ist ohnehin im Restaurant die Laune verdorben, weil das in Österreich nur die Kinder sagen, die zu viel deutsches Privatfernsehen schauen. Deutsche hingegen sind jenseits von Donaugrenze und Fernpass mit einem Verbot deutscher Ausdrücke für österreichisches Essen belegt, das natürlich meist lecker ist, aber nie so genannt werden darf, sondern donaumonarchisch korrekt stets: gschmackig. Wenigstens diesen Begriff sollte man aus dem Wörtersee fischen, bevor man es wagt, sich dort an einen Tisch im Restaurant zu setzen. Aber unsere Ohren sind so viele Begriffe nicht gewohnt. Vogerlsalat etwa klingt schlimm, ist aber in der Mischung mit Erdäpfelsalat die klassische Beilage zum Wiener Schnitzel; nur sollte man in diesem Zusammenhang bloß nicht von Feldsalat sprechen – dann bringt einem der grausame Kellner womöglich zur Strafe Zeller mit Schlagobers. Doch noch bei allerbester Vorbereitung kann uns das notorisch sadistische Personal in Österreich den Genuss verderben, indem es die Sprachlosigkeit kultiviert und immer noch eins draufsetzt. Da glaubt man sich trotz norddeutschen Akzents auf der sicheren Seite, weil man die Hausaufgaben gemacht hat und sich auf den Verzehr von Tafelspitz mit jenen eigentümlichen Saucen aus Kren (um Gottes willen nicht: Meerrettich) und einem Rösti (pardon: Gröstl) freut. Dann erwischt einen eiskalt die Frage, ob es nun, gnädiger Herr, etwas vom Schulterscherzel oder doch lieber Beiried sein darf. Natürlich weiß hier außer einem k.u.k.-Amtstierarzt niemand mehr weiter, was den Triumph des Servierpersonals komplett macht. Österreicher erzählen sich mit diebischer Freude, dass der Kellner nach solch einer linguistischen Verwirrung im Dienste altösterreichischer Sonderstellung in die Küche schlurft und dem (in der Regel deutschen) Koch zuruft: »Zweimal Fleisch!« Ein Piefke ist nach solchen Erfahrungen beständig furchtsam, die lieben alpinen Nachbarn könnten ihm wegen des Abgrunds an Freundsprache womöglich alpine Köstlichkeiten wie Murmeltier in Form von Beuscherln oder Steinadler im Vogerlsalat auftischen. Und bestellt am Ende wie immer sein Wiener Schnitzel.

Wenn schon im selben Sprachraum ungeheure Missverständnisse an der Tagesordnung sind, dann steigert sich die kulinarische Verwirrung im echten Ausland ins Unermessliche. Auch auf dem Fischmarkt in Venedig und auf vielen Speisekarten dieser internationalen Touristenstadt sind »Moli«, »Bisoti« oder »Moèche« im Angebot – allesamt Tiere, die selbst ein Meeresbiologe nur schwer mit irgendwelchen deutschen Vokabeln in Einklang bringen kann. Würde man im Lexikon nachschauen, käme noch am ehesten so etwas wie »Maultier« heraus. Also ist jeder Tourist zur Expedition ins Tierreich verdammt, will er die wahren Köstlichkeiten einer Region ergründen. »Gò« etwa ist ein grünschleimiger Kleinfisch, den es nicht einmal im Nordseewatt gibt. »Gò« steht naturgemäß in keinem italienischen Diktionär – höchstens als »Coffee to go« – und gleicht vor der Zubereitung einem unappetitlichen Schlammspringer. Damit er seine Form verliert, genießt ihn die lagunare Bevölkerung im Risotto und seiht die grätenreiche Kost am liebsten durch einen ausgedienten Damenstrumpf. Um sich auf solche Feinheiten einzulassen – oder eben auch bewusst nicht –, reicht nicht einmal das Verständnis der Speisekarte. Aber wer kann schon einen Kochkurs absolvieren, bevor er ins betreffende Land abreist? Ist man nicht losgefahren, um zu lernen? Und doch muss man in Kauf nehmen, als Banause abgekanzelt und als Rohling bewirtet zu werden, wenn man es authentisch haben will. Tierfreunde, die knapp dem quälend zu Tode gesottenen Hummer entgangen sind, landen womöglich bei frittierten Strandläuferkrebsen – das sind übrigens die mysteriösen »Moèche« – und wissen nicht, dass man den armen Tieren bei lebendigem Leib die Vorderfüßchen abschneidet, bevor man sie dann zuckend ins Frittierfett wirft.

Essen auf Reisen kann böse politische Unkorrektheit hervorrufen. Leute haben schon den Kontakt mit mir abgebrochen, nachdem ich ihnen vom Geschmack eines Delphincarpaccios erzählt hatte. Nirgendwo anders als in Feinschmeckerlokalen von Reykjavík findet man so ein Gericht, das bei uns gesetzlich verboten ist, auf der Karte. Wal, vor allem aber Delphin steht mit Affenfleisch auf einer Stufe und wäre als Provokation höchstens von Menschenfresserei zu überbieten, vielleicht aber nicht einmal damit. Dabei schmeckt Delphincarpaccio ganz unspektakulär und etwas fade; man sollte viel Zitrone zugeben. Filets größerer Wale, wie ich sie beispielsweise gegen jedes Greenpeacegebot in Norwegen auf der Speisekarte fand, verströmen obendrein noch einen übel tranigen Geruch, sind recht zäh. Und ich kann überhaupt nicht verstehen, warum nordische und japanische Feinschmecker den Ruf ihrer Länder riskieren und die internationalen Fangverbote für Meeressäuger unbedingt lockern wollen, damit mehr Wal ins Angebot kommt. Allenfalls als Sushi ist Wal einigermaßen genießbar.

In Skandinavien lassen sich die kulinarischen Traditionen gut am Meeresgetier studieren. Stockfisch wird etwa auf den Lofoten seit Jahrhunderten erzeugt, indem der fette und vitaminreiche Dorsch des Nordatlantiks auf

Holzgestellen im Seewind getrocknet wird. Die Norweger essen dasselbe Tier, das in Portugal und vor allem Italien seit dem Mittelalter eingeführt und zu köstlichen Suppen, Pastasaucen und Aufläufen verarbeitet wird, mit Vorliebe als knochentrockenes, hartes Kaugummi. Dass an anderen Teilen der Welt ihre Spezialität der Welt so geschätzt wird, wundert die Leute von den Lofoten seit dem Mittelalter, konnte aber ihr eigenes Essverhalten nicht ändern. Sie servieren im Winter gerne Stockfisch in Sauce von Birkenasche – eine Kombination, die nur mit reichlich Aquavit herunterrutscht und die man in Italien nicht einmal als Tierfutter loswerden würde.

Doch gegen sonderbare Essbräuche wie auch den schwedischen vergorenen Hering aus den Schären kommt kein Wohlstand und keine metropolitane Fusionsküche an. Hat man einmal ein Stück von dieser Köstlichkeit der Ostsee genossen und muss den Leichengeschmack des zersetzten Tieres noch tagelang wiederkäuen, hat man ein ganz anderes Verhältnis zur Ernährungsweise unserer Ahnen, die sich lange vor Kühl- und Gefrierschrank beim Haltbarmachen von Speisen offenbar kaum zu helfen wussten. Reisen bildet – auch die Gedärme.

Doch wir Mitteleuropäer, die tierische Nahrung mit Soja aus afrikanischen Elendsgebieten fettfüttern und Käfighühner oder Turbomastschweine bedenkenlos verzehren, haben gegenüber dem Rest der Welt keineswegs das moralische Urteilsrecht. In Island war man über Jahrhunderte so arm, dass hier – und nur hier in der Welt – sogar eine Zubereitungsart für den völlig ungenießbaren Walhai ausgetüftelt wurde. Dieser Riesenfisch hat keine Nieren und scheidet Harnsäure über das eigene Fleisch aus, man isst also uringetränkten Fisch. Wer in Island »haukarl« auf einer Speisekarte findet, sollte deswegen wissen, was da auf ihn zukommt – und am besten einen scharfen Landes-schnaps namens »swarta daudi« (schwarzer Tod) in Reich-weite haben. Das Tier wird übrigens, bevor es genießbar ist, jahrelang vergraben, fermentiert dabei unterirdisch und ist dann nicht mehr akut giftig. Doch muss jeder selbst entscheiden, ob der üble Geschmack dabei wirklich zu ei-ner Delikatesse geadelt wird. Ich habe einmal diesen fer-mentierten Walhai einem Mitreisenden als unvergesslich empfohlen – und das stimmt nun wirklich. Doch der hat mit gelbem Gesicht den Rest der Gruppentour kein Wort mehr mit mir gewechselt. Wenn man nicht gerade Vegeta-rier ist, gibt es in Island übrigens landestypische Alternati-ven zum scharf riechenden »haukarl«. Lammkopf, vor al-lem die Augen, gehören mit diversen Walgerichten zu den Nationalspeisen, und ich kann den Isländern nicht ver-denken, dass sie sich da von Gästen aus Ländern der mit-teleuropäischen Massentierhaltung keine Vorschriften er-teilen lassen wollen.

Reisende müssen einfach mit sich selbst ausmachen, auf welche kulinarischen Abenteuer sie sich unterwegs einlassen wollen oder können. Ist der Bärentatzenschin-ken in einem Feinschmeckerlokal in Tallin nun politisch korrekt, wenn in Mitteleuropa nur mehr ein paar Dutzend Bären unter strengstem Naturschutz herumlaufen? Ist der Bär in Estland so häufig oder womöglich eine Landplage, dass ich ohne Gewissensbisse hineinbeißen darf? Wenn wir eine Tierart retten wollen, so lautet ein italienisches Sprichwort, müssen wir diese Rasse auch essen. Doch das gilt wohl eher für Nutztiersorten, die ohne Kunden ganz banal aussterben, als für Wildtiere von der Roten Liste, de-nen mein Hunger vielleicht kollektiv den Garaus macht.

In jedem Fall ist es besser, wenn man gerade auf Reisen nicht zu zimperlich ist. Jeder abgehärtete Fernreisende hat für gemütliche deutsche Abende Horrorgeschichten auf Lager, die mit gegrillten Ratten und frittierten Spinnen, Termitensuppe und Seeigelschleim jedem Anwesenden garantiert den Appetit verderben. Noch in Süditalien gibt es diese gegrillten Kutteln und Nierchen von Lämmern am Spieß, und im Veneto die Adern vom Rind, die »nervetti« heißen. Und in der Toskana serviert man gerne Lammhirn oder Hahnenkamm in einem Gericht, das poetisch klingend »cibreo« heißt. Ganz wichtig ist in diesem Zusammenhang die kundige Bemerkung, dass man solche Delikatessen natürlich niemals abweisen darf. Wer nicht wenigstens zwei, drei Bissen mit dankbarem Blick herunterbekommt, hat es sich auf ewige Zeiten mit dem Schamanen oder Häuptling oder Bürgermeister verdorben, der doch in seiner autochthonen Würde so ungemein stolz ist auf die Kochtradition. Umgekehrt muss man natürlich furchtbar auf der Hut sein, sonst gibt es Überraschungen. Ach, Sie mögen gar kein Erdferkel? Wussten Sie nicht, dass hier gerade Haipenis zu den Spezialitäten zählt? Nein, wenn man etwas geschluckt hat, ist es besser, jede Erklärung stoisch zu ignorieren. Was ich nicht weiß, macht mein Gesicht nicht kreideweiß.

Selber erzähle ich, wenn ich den Abenteurer heucheln will, mit vorhersehbarer Wirkung gerne von der winterlichen Übernachtung in einem Zelt in Lappland. In dem Kessel, an dessen Feuer ich mich bei minus dreißig Grad immer zur Hälfte wärmen konnte, köchelte die Hälfte vom Rentier, das mein Gastgeber gerade vor meinen Augen mit dem Taschenmesser geschlachtet, ausgenommen und zerteilt hatte. Gemüse, so der freudestrahlende Rentierzüchter, komme bei ihm nicht auf den Teller. Und so wusste ich schon abends, dass das Frühstück auch aus den eigens für mich bewahrten Rentieraugen bestehen würde, die friedlich im Kessel gesotten wurden. Ablehnen und ein Marmeladenbrot oder ein Birchermüsli verlangen kommt in solchen Extremsituationen nicht in Frage. Man redet sich in solchen Fällen bis zum Morgengrauen vielerlei ein. Auch Scampi sind ja eine Art eklige Rieseninsekten, vor denen einem aber dennoch nicht graut, sondern die man als Köstlichkeit genießt. Ist ein Oktopus etwa appetitlich? Oder eine Blutwurst? So ein treuherziges Auge vom Rentier, das schon manchen Sami über die karge Jahreszeit gerettet hat, schmeckte am Ende auch nicht viel anders als ein hartgekochtes Hühnerei und war immer noch bekömmlicher als das zähe Elchhaschee, das es dann zum Mittagessen gab.

Manche kulinarische Kultur kann unsere Hochachtung vor anderen Nationen nur steigern. Als großer Freund französischer Lebensart kann ich nur immer wieder staunen, wie die Franzosen ihre mächtige, saucenreiche, fette Küche nur so elegant überstehen. Warum gibt es in Paris oder in der Auvergne nicht mindestens so viele Verfettete wie in Mississippi? Wie schaffen es diese auffallend hübschen Französinnen mit Kleidergröße 34, ihre endlosen Menüs mit tonnenweise Weißbrot, Entenconfit, Braten, Krustentieren und Schoko-Tartes nicht nur zu überleben, sondern auch noch so blendend zu verdauen? Die Lösung muss sein, dass Franzosen, über deren Appetit man sich im Restaurant immer wieder wundern muss, sich danach tagelang in ihre Behausungen verziehen und dort mit einer strengen Nulldiät aus Vittel und Natriumbikarbonat all die vielen Schadstoffe wieder aus dem Körper spülen. Und nur die armen Touristen sitzen schon ein paar Stunden später im Restaurant und blicken mit trübseliger Miene auf die Berge von Pommes frites und Gänseleberpastete, die nun wieder zu bewältigen sind. Um im schönen Frankreich wenigstens ein paar Tage ohne Magenverstimmung, ohne schlaflose Nächte voller Bauchgrimmen, ohne Probleme mit dem Hosenbund über die Runden zu kommen, erlege ich mir da nach vielen schlimmen Erfahrungen eine französische Reisediät auf: Gleich zu Beginn wird ein Pflichtgang in ein Feinschmeckerrestaurant absolviert, nach den zehn Gängen mit Nachtigallenzungen an Schweinskaldaunen bin ich dann so abgefüttert, dass es mir die kommenden Tage nicht schwerfällt, alle Fresstempel zu meiden und es nach dem morgendlichen Croissant mittags wie abends bei einem grünen Salat mit Schafskäse oder allenfalls etwas gekochtem Poulet zu belassen. Eine Diät wie Gott in Frankreich ist geradezu Grundlage für schöne Urlaubstage. Und der Rotwein, da darf sich jeder Tourist ohne Reue bedienen, bietet dann die erforderlichen Bitterstoffe und Tannine, die einen das Ende des Urlaubs bei einigermaßen guter Gesundheit erleben lassen.

Dieselbe Reisewarnung, die dummerweise niemals auf den Internetseiten des Auswärtigen Amtes erscheint, gilt auch für Spanien. Speisen mit Unmengen rohem Knoblauch, in argen Fällen erschwert durch fetten Ochsenschwanz oder Hammelsterz, richten in Mägen, die dergleichen nicht von Kindesbeinen gewohnt sind, arge Verheerungen an. Ich halte mich in Spanien, wenn nicht frische Meerestiere zu haben sind, immer an frugale Schinkenplatten, seit die listige Tourismuswerbung des Landes das Pata-Negra-Schwein zu einem »Olivenbaum auf vier Pfoten« erklärt hat. Mag nun der Fettsäuregehalt auch nicht ganz so gesund sein wie bei Olivenöl, so ist der Schinken doch immerhin ein Garant für ungetrübte Urlaubstage.

Aber warum fahre ich dann zu spannenden, exotischen, teuren Destinationen, wenn ich nicht die Küche des Landes auf mich einwirken lassen möchte? In Amerika kann man sich gut mit täglichen Besuchen im Schnellimbiss aus der Affäre ziehen. Doch gibt es Feinschmecker, die gerade wegen des Essens über den Atlantik fliegen und hinterher weniger vom New Yorker Flair und den Wolkenkratzern und dem Indian Summer schwärmen als von den Riesensteaks mit einzigartigem Aroma, von den Hummern aus New England und diesen unnachahmlichen Barbecuesaucen. Erst wer das probiert hat, wird seine Vorurteile über MacDonald's und Kentucky Fried Chicken los.

Leute, die eigens wegen des Essens auf Reisen gehen, nennt man auf Neudeutsch Topfgeldjäger. Ihre Limousinen oder Geländewagen stehen im November / Dezember vor ausgesuchten Osterien in Piemont, wenn dort der weiße Trüffel von Hündinnen aufgespürt und von Profis aus der Erde gegraben wird. Reisende Feinschmecker haben keinen Kunstreiseführer, sondern den Guide Michelin auf der Ablage im Autofenster liegen und können sich stundenlang über ihre Leidenschaft austauschen. Nein, ins Restaurant Tour d'Argent in Paris gehen sie nicht mehr, seit da dieser blutjunge Molekularkoch seine Fusionsgerichte im Marais zaubert. Und zu Bocuse in Lyon fährt man ja nicht mehr, weil der zu einem Konzern mutiert ist und die Restaurants halbdutzendweise auf seinen Namen hören. Da empfiehlt sich doch eher die ehrliche Küche in einem abgeschiedenen Dörfchen in den Nordvogesen, wo immer öfter auch Pariser Gourmands sich ein Stelldichein geben.

Das kulinarisch eher unbeschriebene Landkartenblatt Katalonien wurde vor und nach der Jahrtausendwende zum Pilgerziel von Essreisenden, weil hier im Kielwasser von Ferran Adria die Molekularküche zur Mode wurde und die Michelinsterne rund um Barcelona wie Schnuppen vom Himmel fielen. Heute liegen Destinationen wie Holland oder Dänemark, wo man lange schwer nach Spitzenküchen suchen musste, im Trend. Bald dürften es nach dem Gesetz der hungrigen Spürnasen sogar kulinarische Wüsteneien wie Polen, Tschechien oder Schweden sein. Ich selber habe mit dem Abgrasen der Spitzenküche meine Probleme, weil mich solches Essen von den bodenständigen Traditionen eines Landes ablenkt. Schließlich erfährt man sehr viel mehr von den Erzeugnissen, von den Lokalgerichten, von den heimischen Traubensorten, wenn man in einer guten Osteria in den Marken oder in Umbrien sitzt, wo noch die Oma die Gnocchi rollt und der Schwager am Herd steht. Eine Feinschmeckerküche kann und soll man ruhig am Düsseldorfer Flughafen oder bei den Frankfurter Messehallen oder in der Wolfsburger Autostadt aufziehen, denn da gibt es lange Abende für Geschäftsessen und wenig Ablenkung. In Catania oder Marseille sitze ich lieber beim Fischmarkt und lasse mir den Tischwein im Krug bringen, weil mir jede Form von raffinierter Feinschmeckerei zu ortlos wäre.

Belgien, wo die französische Kochtradition mit burgundisch-nordischer Völlerei zusammenkommt, war und ist völlig zu Recht ein Ziel des kulinarischen Tourismus. Das liegt nicht nur daran, dass in Brüssel die Europäischen Institutionen jede Woche Millionen Euro von Steuergeldern zu Spesenessen verdauen. Hier merkt man, dass zum wirklichen Verständnis eines Landes auch der Genuss seiner Speisen gehört. Das fängt schon bei hunderten von Brauereien an, die alle ihr regional, saisonal, nach Volumenprozenten, Farben, Säuregraden oder Malzgehalt unterschiedliches Bier produzieren. Angesichts einer Menükarte belgischen Biers muss man wirklich fachlichen Rat hinzuziehen, sonst verliert man sich in den Unterschieden zwischen Brüsseler Gueuze und klösterlichem Trappist, das nicht zu verwechseln ist mit den weniger exklusiven Abteibieren. Unvorbereitete Deutsche, die ganz verwirrt sind von Biersorten namens Mort Subite oder Delirium Clemens, resignieren da schnell und bestellen kleinlaut ein Pils. Und wissen nicht, was sie damit alles verpassen. Ein belgisches Biermenü, bei dem Kaninchen ebenso mit Gerstensaft zubereitet wird wie das Dessert, gehört zu jeder Reise nach Belgien. Und man kann angesichts der Qualität und der Bodenständigkeit der Gerichte kaum etwas falsch machen. Dass der Mechelner Kuckuck oder auch Kuckucksperber ein besonders autochthones Haushuhn meint und dass in Kroketten hier keine Kartoffeln, sondern in der Regel Krabben verarbeitet werden – das sind Informationen, mit denen man als lebenskluger Reisender wieder in die spezifisch deutsche Kulinarik zurückkehrt.

Mit dem Mechelner Kuckuck hätte meine Biologielehrerin keine Probleme gehabt. Sie führte aber eine Kampagne gegen das Verzehren von Singvögeln und setzte dabei den Tourismus als Waffe ein. »Kein Urlaubsort wo Vogelmord« stand auf Aufklebern, die sie im Klassenzimmer verteilte. Ich weiß nicht, ob der deutsche Tourismus in Südfrankreich und Italien nennenswert durch solche Maßnahmen gelitten hat. Jedenfalls ist mir in Italien nie ein Restaurant untergekommen, in dem Rotkehlchen, Blaumeisen und Zeisige auf der Speisekarte gestanden hätten. Die Geschichten meiner Lehrerin, von sadistischen Jägern, die unsere Piepmätze mit Netzen fangen und dann mitleidlos verspeisen, sind mir jedenfalls noch in Erinnerung. Solche kulinarischen Traditionen können geradezu asterixhafte Reflexe freisetzen, wenn sich widerspenstige Köche und Kunden ihre Leckereien vom europäischen

Mainstream nicht verbieten lassen möchten. Das sandige Buschland südwestlich von Bordeaux ist berühmt für den Ortolan, eine höchst seltene Singammer, die manchen Ornithologen in die Gegend beim Atlantik zieht. Die Tierschützer haben denn auch dafür gesorgt, dass Jagd und Verzehr des Vögelchens strengstens verboten sind. Bei den französischen Feinschmeckern hingegen gehört der Ortolan zu den absoluten Delikatessen. Das wilde Tier wird gefangen, gemästet, in Cognac ertränkt und gerupft, dann im Ganzen frittiert und mit Schnabel und Innereien heruntergeschluckt, wobei Puristen sich eine große weiße Serviette über den Kopf legen, um keine Ablenkung vom uniquen Geschmack zuzulassen. Der einstige Präsident Mitterand liebte es, Ortolane gleich reihenweise zu verspeisen, und inszenierte den eigenen Tod, indem er nach diversen Vögelchen bis zu seinem Ableben keine andere Speise mehr zu sich nahm. Ich bin einmal durch die Ortolan-Gegend, in der man immerhin phantastischen Armagnac findet, gereist und habe natürlich nirgendwo das Fabelgericht angeboten bekommen. Dafür muss man ein Eingeweihter oder wenigstens ein erfahrener Reisender sein. Wenn ich aber die Gelegenheit hätte, das arme Tier zu kosten, ich weiß nicht, ob ich tatsächlich verneinen würde. Wann hätte man daheim schon die Gelegenheit?

Dasselbe gilt für »datteri di mare«. Anders, als der fruchtige Name Meerdatteln verheißt, handelt es sich hier um rare Mittelmeer-Muscheln, die unterseeisch mit Meißel oder Presslufthammer abgebrochen werden, wodurch Flora und Fauna des ohnehin leergeräumten Mittelmeers massiv geschädigt werden. Am besten, man informiert sich vorher über solche Missstände, sonst merkt man – wie ich – erst hinterher, dass das Mittagessen womöglich zur Vernichtung eines Lebensraums beigetragen hat, nur um die ökologische Nische im eigenen Magen zu füllen. Meerdatteln schmecken übrigens nicht viel anders als gezüchtete Muscheln – vielleicht sind sie etwas fester. Nach dem Essen sagte mir der italienische Gastronom kennerisch, der die Tiere anbot, es gebe eben noch Länder am Mittelmeer außerhalb der EU. So lange wolle er die Gesetzeslücken auch noch nutzen.

Dabei gibt es auch ohne Verbot Gerichte genug, die auf Reisen für Ärger sorgen können. Manche Leckerei scheitert bereits an simplen biochemischen Gesetzen. Chinesische Reisegruppen bekamen von stolzen deutschen Gastgebern in Baden-Württemberg lange kollektiv das Nationalgericht der Schwarzwälder Kirschtorte vorgesetzt. Erst als ganze Gruppenreisen lahmgelegt wurden, kamen die Veranstalter darauf, dass ein hoher Prozentsatz von Chinesen Laktose nicht verträgt. Solche Intoleranzen sind auch der Grund dafür, warum viele Asiaten bei Reisen nach Europa sich nicht zu Schweinshaxe oder Pasta Bolognese niederlassen, sondern lieber in Restaurants ihrer Landsleute absteigen. Nicht jede Verweigerung von fremder Kost ist ein Zeichen von Engstirnigkeit und Provinzialität. Es kann schließlich auch ganz praktisch sein, in der Fremde sich nicht auch noch übers Essen Gedanken machen zu müssen.

Ich gestehe, dass ich eine längere Flusskreuzfahrt den Nil hinunter sehr genossen habe, ohne auch nur ein einziges ägyptisches Gericht anzurühren. Es war eine archäologisch grundierte Nilfahrt auf dem Passagierschiff eines italienischen Eigners, auf dem vorzugsweise italienische Neuvermählte ihre Flitterwochen begannen und sich vor Tempeln und Pyramiden gegenseitig fotografierten, bevor es dann weiterging an den Strand von Sharm-el-Sheich. Weil diese Kundengruppe keineswegs gewillt war, sich an den schönsten Lebenstagen mit Minztee, Couscous, Hummus und Tahina abspeisen zu lassen, gab es nach Belieben alle Arten von Pastagerichten, Tiramisu und dazu feinen Pinot Grigio aus dem Friaul und guten Chianti, was der Prophet gewiss nicht gerne gesehen hätte. Es war der pure Genuss. In der Ferne glitten unter Palmen Fellachendörfer vorbei, man konnte freudig aus der Ferne winken, doch aus den Lautsprechern dröhnten italienische Schnulzen, und man durfte sich fühlen wie in einer Osteria auf dem Nil. Keine Gedanken musste ich mir machen über unbekömmliche Zutaten, über ungewaschene Früchte vom Markt, über undefinierbare Säfte und Heißgetränke. Banausischer Tourismus kann sehr sanfter Tourismus sein. Und ich verstand bei einer gnädigen Minestrone kurz vor Assuan immer besser die lange belächelten Zeitgenossen, die am Strand von Spanien ihr sauerländisches Pils und ihren rheinischen Sauerbraten nicht missen wollen, die in Kenia lieber fränkische Bratwürste mit Sauerkraut als Grillkrokodil oder Antilope zu sich nehmen. Reisen ist oft schon mühselig genug, da darf man dem Magen ruhig ein gewisses Heimatgefühl zugestehen.

Genau dieses Ansinnen bringt viele Reisende dazu, den Kofferraum oder gar den ganzen Campingwagen mit heimischen Konserven vollzuladen, das tiefgefrorene Brot im Süden aufzutauen und deutsches Dosenbier allemal den unübersichtlichen Tropfen anderer Anbaugebiete vorzuziehen. Ich kenne sogar Leute, die verreisen nur mit dem eigenen Joghurtpilz und rühren sich ihr Müsli mit diesem liebsten aller Haustiere an. Wenn es rundherum frühlingshaft sprießt und grünt und die Vögel piepen, ist es wohl ein wohliges Gefühl, wenn bei der Darmflora drinnen alles bestellt ist wie daheim. Der persönliche Mix von Mikroben reist schließlich immer mit und will in schwer verdaulichen Breitengraden auch ein wenig verwöhnt werden.

Ein weiteres entscheidendes Kapitel zum Speisen auf Reisen machen die Tischsitten auf. Selbstbewusste Franzosen haben es da nicht schwer, sie gehen jedes Gericht an wie daheim, und wenn es wie fast überall anders ist, dann verziehen sie angewidert das Gesicht, verlangen auf Französisch Gewürze und Spezialbesteck, Baguette und Digestif und tun einfach in allem, als wären sie daheim. Das macht sie in der Welt nicht sonderlich beliebt, doch es vereinfacht vieles. Wie viel schlimmer steht der besorgte Reisende, sagen wir mal aus Deutschland, vor einem Restaurant im Urlaub, weil er doch partout nichts verkehrt machen möchte.

Dass in einem japanischen Lokal vor dem Bestellen gerne heiße Frotteelappen gereicht werden, mit denen man sich wohlig das Gesicht abreiben kann, das kann man notfalls bei anderen Gästen abschauen. Und dass in Fernost geschmatzt, gerülpst und gespuckt werden darf, muss man ja nicht gleich hemmungslos imitieren. Doch schon bei einer eigentlich vertrauten Küche wie der italienischen gibt es Gebote und Gesetze, die unbedingt zu respektieren sind. Kein Brot zur Pasta! Das lehrt die Mama schon die Kleinkinder und ist deshalb bei Reisenden ein Fauxpas, mit dem gerade Deutschen das unterläuft, was sie unbedingt vermeiden wollen, nämlich als Banausen zu gelten. Sie wollen nach dem Essen noch einen Cappuccino bestellen? So eine hinterhältige Frage steht auch in Reiseführern zu lesen – und es wird sogleich dringend abgeraten: Dann ist man für immer als Barbar gebrandmarkt. Fischgerichte sind nie mit Käse zu bestreuen, zu den Spaghetti nimmt nicht einmal ein wackliger Greis einen Löffel zu Hilfe. Das sind so die Verhaltensmaßregeln für Ristorante und Osteria. Jeder deutsche Reisende ist dankbar für den Warnhinweis, dass Latte macchiato im Mutterland dieses Getränks eine Leckerei für Kinder und kein Trendmix für Börsianer in der Mittagspause darstellt. Doch sind solche Benimmregeln immer nur die erste Lektion in Italianità. Sitzt man öfter und aufmerksam in einem italienischen Restaurant, traut man den eigenen Augen kaum. Jeder dritte Italiener kaut fleißig Brot zur Pasta und schert sich kein bisschen um den vermeintlichen Comment. Einen Löffel zu den Spaghetti. Ohne mit der Wimper zu zucken, bringt der Kellner das Besteck für die Kinderlein, während sich Opa noch einen Cappuccino als Nachtgetränk genehmigt, nachdem Mama sich diese süditalienische Spezialität bestellt hat, bei der Unmengen Pecorino mit Schwertfisch vermischt werden. Alle Anwesenden würden sofort bestätigen, dass es beim italienischen Essen feste Regeln gibt. Doch die eigentliche Kultiviertheit fängt an, wenn alle diese Regeln genüsslich brechen.

Darum lasse ich mich auf Reisen nicht mehr einschüchtern. Schließlich ist es viel bequemer, die Rolle des touristischen Idioten zu spielen, als überall genau Bescheid wissen zu wollen – und sich als Besserwisser erst recht unbeliebt zu machen. Ich bestelle liebend gerne Rotwein zum Fisch, wenn mir danach ist. Ich greife mir das sperrige Geflügel mit der Hand und pule mit der Hummergabel auch in unerlaubten Extremitäten des Tieres. Kein noch so arroganter Kellner kann mich mit Blicken oder Worten abhalten, Zitrone auf seinen wundervollen Grillfisch zu träufeln. Bei uns tut man das nicht, denn der Fisch ist frisch – hat mir mehr als einmal ein Gastronom auf meine Frage nach Zitrone maßregelnd geantwortet. Ich sage dann, ich hätte trotzdem gerne Zitrone, weil ich den Geschmack von Fisch mit Zitrone mag. Schließlich bin ich hier der zahlende Kunde, und ich bin im Urlaub und nicht in der Benimmschule.

Esstempel, in denen das Speisen zelebriert wird wie bei einem Gottesdienst, können mir die ganze Anreise verleiden. Vorsicht ist geboten in Restaurants, in denen auf dicken Teppichen das livrierte Bedienungspersonal auf Zehenspitzen schleicht, in denen nur flüsternd gesprochen wird und mein Essen mir zeremoniell und unter andächtigem Schweigen unter einer Metallglocke enthüllt wird – siehe da, das Wunder ist geschehen! Man hat in solchen Fällen sofort Lust, das Brot auf den Teppich zu krümeln oder einen lauten Witz zu erzählen, nur damit endlich die weihevolle Stimmung verfliegt. Essen ist ein Ritual, aber ein alltägliches, lockeres, befreiendes. Nie werde ich den wundervollen Landgasthof in Burgund vergessen, wo man uns wirklich mit Köstlichkeiten abgefüllt hat, bis ich kaum noch abwinken konnte. Am Ende kam die Patronin, die uns die ganze Zeit charmant und aufmerksam in Schlappen mit Hühneraugenpflaster aufgewartet hatte, mit neuen Tellern und Besteck und meinte, bei ihr dürfe niemand vor einem ungedeckten Tisch sitzen. Wir schafften es ja kaum noch bis zum Auto, aber solch eine lockere Gourmandise hat Stil. Genau wie der spaßige Kellner in Antwerpen, der bei meinem gar nicht abwertenden Staunen über eine winzige Nachspeise schlagfertig bemerkte: »Bei uns sind nur die Preise groß, aber nicht die Portionen.«

Weil es selten um größere Beträge geht, gehe ich auch meist die Rechnung nicht durch. Will man mich als dummen Touristen massiv übers Ohr hauen, stimmt schon der ganze Betrag nicht, dann kann ich immer noch nachschauen. In Neapel habe ich dann, schon wegen der anregenden Filoustimmung im Restaurant, genau nachgezählt und fand einen Betrag um die zehn Euro, der weder mit Servizio noch mit Coperto zu erklären war. Der Kellner war nur einen ganz kurzen Moment um die Antwort verlegen und verwies auf die vielen besonders kleinen Fische in meinem Fritto misto di mare. Die seien nun mal so selten zu haben, dass es da immer einen besonderen Aufpreis gebe. Ich finde, diese Antwort war mindestens zehn Euro wert.

Natürlich gibt es auf Reisen regelmäßig Fälle, da man nicht nur übers Ohr gehauen, sondern absichtlich schlecht behandelt wird, da verdorbene oder missratene Gerichte dreist dem Fremden vorgesetzt werden. Ich habe die Erfahrung gemacht, dass gerade in solchen Lokalen das Personal besonders aggressiv und unverschämt ist und jede Verantwortung ablehnt. Schließlich wissen die Leute ja genau, dass sie Betrüger sind, und haben allen Grund, es nicht zu Diskussionen kommen zu lassen. Lasse ich einen schlechten und sauren Wein stehen, zahle und gehe mit kurzem Gruß – so ist es mir immerhin passiert –, dann kommt der Patron auf die Straße gelaufen und droht mir Prügel an. Beschwere ich mich nicht einmal, wenn man mir gerade die Gerichte auf der Karte verwehrt, die später meine Tischnachbarn, allesamt Freundes des Hauses, mit Genuss verspeisen dürfen, sondern erwähne nur kurz die Tatsache, dass hier wohl mit zweierlei Maß gemessen werde, dann überschüttet mich der Chef mit Beleidigungen, sobald er kassiert hat. Weise ich auf den penetranten Salmiakgestank in den kaum angerührten Scampi meiner Frau hin, erhalte ich die patzige Antwort, das sei marktfrische Ware und müsse in jedem Fall voll bezahlt werden. Solche schlechten Erfahrungen gehören leider zum Reisen. In besonders touristischen Destinationen sind die

Marktgesetze außer Kraft gesetzt, denn hier gilt nicht mehr der Bezug von Angebot und Nachfrage, welche die Restaurateure durch stets erneuerte gute Ware immer wieder hervorlocken müssen. In Touristenlokalen zwischen Venedig und Amsterdam, Florenz und Paris hat sich stattdessen ein Räuber-Beute-Verhältnis etabliert. Man betritt die Lokalität, um finanziell schamlos ausgeweidet zu werden. Schließlich ist es in der Savanne dem Löwen, der ein Gnu frisst, auch egal, ob das Gnu mit dem Service zufrieden war. Denn morgen ziehen wieder neue Herden von Kunden am Restaurant vorbei, die aufs Ausgenommenwerden warten. Und mich armes Opfer wird der gastronomische Betrüger niemals wiedersehen.

Gegen solche Behandlung hilft höchstens, aber nicht immer, eine gute Vorbereitung. Doch auch die Hinweise in Essensratgebern und Restaurantführern können fehlgehen, denn oft wechselt die Leitung schnell, und die neuen Patrone müssen die hohe Ablösesumme durch schlechte Produkte wieder einspielen, was umso einfacher ist, wenn der Laden noch in allen möglichen ausländischen Feinschmeckerjournalen empfohlen wird. Daher sollte man stets von den persönlichen Empfehlungen von Anwohnern Gebrauch machen, doch wer kann schon nach Belieben Feinschmeckerfreunde in Gent oder Lyon, Prag oder Piräus aus dem Ärmel schütteln.

Darum bleibt gerade beim Essen auf Reisen allzeit der zweifelhafte Reiz des Abenteuers bestehen. Wir betreten ein Restaurant und liefern unser Innerstes, nämlich den Verdauungstrakt, einem Fremden auf Gedeih und Verderb aus. Was dann passiert, ist Glückssache. Bei Tisch können die beglückendsten Lektionen in Gastfreundschaft und Landeskunde auf uns warten, aber auch die tiefsten Demütigungen, Betrügereien und Magenverstimmungen. In manchen kulinarischen Ratgebern sind auch die Dankes-formeln zu finden, die in keiner Kultur fehlen. Das war ja köstlich. Smakkelijk eten, sagen die Holländer. Tak for mad die Dänen. Buon appetito, heißt es bei den Italienern. Und dann mille grazie, c'était délicieux. Und so weiter. Ich warte noch auf das kluge Buch, das mir die Übersetzungen liefert für weitere nützliche Phrasen: Das war ja ein übler Fraß. Wollen Sie mich vergiften? Wo kann ich mich hier übergeben? Jedenfalls sollte man mit dem gebotenen Misstrauen die Möglichkeit des Schiefgehens bei jeder Mahlzeit vor Augen haben, ob nun beim leergeplünderten Kaltbuffet im All-inclusive-Urlaub oder im Dreisterne-Re-staurant. Essen ist ein sehr intimer und darum heikler Kulturkontakt, der reiflich vorbereitet und überlegt absol-viert werden sollte. Ein kleiner Trost: Früher oder später sind wir wieder daheim und können das Erlebte verdau-en.

DIE MENSCHENDEPONIE AM MEER –
STRANDFREUDEN

Stelle ich mir Wesen vor, die dicht an dicht gedrängt an der Meeresküste in der Sonne herumliegen, dann sehe ich Seelöwen vor mir oder Walrosse. Was sollen sie auch anderes machen, als sich zu ihresgleichen in der Kolonie zu gesellen, selbst wenn da kaum Platz zum Herumdrehen bleibt? Schließlich können sie nicht immer nur schwimmen, müssen wenigstens für die Geburt und erste Aufzucht der Nachkommen aufs Festland. Dasselbe gilt für Seevögel, die Millionen von Trottellummen, Papageientaucher, Albatrosse und wie sie alle heißen. Ihre Brutkolonien auf steilen Klippen kommen der sonderbaren menschlichen Lebensform des Strandurlaubs noch am nächsten: Alles überfüllt, jederzeit Geschrei und Gekreisch, die allgegenwärtige, zuweilen verloren gegangene Brut wird behütet, gefüttert, gemaßregelt. Ein Kommen und Gehen zwischen Sonnen- und Meeresbad. Kurz: Es ist die Hölle.

Anders als so manche Tiere haben Menschen durchaus die Wahl. Sie könnten tun, was sie immer tun. Arbeiten, im Bett liegen, fernsehen, spazieren, in die Disco oder die Stammkneipe gehen. Aber sie gehen, kommt auch nur eine etwas wärmere Jahreszeit, wie die Lemminge zum Strand, um da die schönsten, kostbarsten und kostspieligsten Wochen des Jahres zu verbringen. Weil viele Millionen von Strandurlaubern von niemandem zu diesem

Ritual gezwungen werden, muss mehr dahinterstecken als purer Herdentrieb. Immerhin hat unsere Spezies den Strand hunderttausende von Jahren gemieden. Karg, gefährlich und windig, war er höchstens zum Muschelsammeln gut, aber ansonsten eine menschenleere Wüste. Im Meer drohten ohnehin Seeungeheuer, gefräßige Fische und ein nasser Tod durch Ertrinken. Keinem vernünftigen Menschen bis etwa 1850 wäre eingefallen, freiwillig in die Wellen zu steigen. Danach ging es aber steil bergauf mit der Sommerfrische am und im Meer. Natürlich ist es am Saum der See etwas erfrischender und kühler, doch leidet in unseren Breiten von Britannien bis Frankreich, Österreich bis Polen ja eigentlich niemand am sommerlichen Verdorren – und doch zieht es die Mehrheit der Urlauber wie magisch an den Strand.

Statusfragen spielen da mit – nämlich überhaupt erst mit dem Sozialstaat die zeitliche und finanzielle Möglichkeit zum Wegfahren bekommen zu haben. Da taten es Millionen dann den wenigen privilegierten Bourgeois und Adligen gleich, die den Sommer im Sand zu verdämmern pflegten. Statt einer gesunden weißen, also vor Feldarbeit und Fußmärschen geschonten Haut wurde plötzlich die sonnengegerbte Pelle der Seeleute modern, ja unerlässlich. Und einmal derart sozialisiert, fällt der Mehrzahl aller Urlauber einfach nichts Sinnvolleres ein als die Seelöwenexistenz auf dem überfüllten Quadratmeter Strand, das rituelle Hintrotten zum ganz persönlichen Handtuch oder Sonnenschirm unter Millionen Gleichgesinnten. Es hat etwas von existentieller Fron.

Ich persönlich erinnere mich bei den Urlauben als junger Mensch am Strand nur an ungeheure Hitze und Langeweile. Nicht gerade ein Spaß, doch der wurde am Ende auch noch mit Sonnenbrand bestraft. Seit man weiß, wie

gefährlich die ultravioletten Schädigungen des Sonnen-
lichts für unsere Haut sind, wird jeder einzelne Strandurlaub noch widersinniger. Doch dem Erfolg dieser Ur-
laubsform hat weder der Stress an übervölkerten Küsten
noch die Gefahr von Hautkrebs nennenswerten Abbruch
getan. Ist von Urlaub die Rede, stellt sich eine Mehrheit
von unseresgleichen Sand, Sonne, Meer vor.

Mag sein, dass das alles auf eine Regression erwachse-
ner Menschen hinausläuft. Denn für Kinder, sehr kleine
Kinder, ist das Spielen im mehr oder weniger natürlichen
Sandkasten noch am ehesten eine Beschäftigung. Kleinkinder – noch empfindlicher gegen Sonneneinstrahlung
als Ältere – schaufeln idiotische Löcher, legen Kanäle und
Burgen an, werfen mit Sand, graben sich im Sand ein oder
stolpern plattfüßig übers Terrain. Vor Autos und scharfen
Kanten müssen sie die Erzeuger nicht bewahren, aber vor
den Gefahren der See umso mehr. Vielleicht schaufeln
und baggern deshalb so viele Väter mit ihrem Nachwuchs
im Sand herum. Was soll man am Strand auch anderes
tun?

Schlafen, den Egobraten in der Sonne wenden, infan-
tile Ballspiele, etwas harmlose Lektüre und ab und an ein
Bad im Salzwasser – das ist der Alltag am Urlaubsstrand
und verheißt gehetzten und müden Mitteleuropäern immerhin eine Erholung von der leidigen Arbeitswelt.

Doch auch das kann es nicht sein. Arbeitsmedizin und
Soziologie sind sich einig in der Diagnose, dass den meisten Menschen bei der Büroarbeit Bewegung fehlt, ein pri-
vater Rückzugsraum und Ruhe. All das ist am Strand aber
auch nicht zu haben. Dicht an dicht gehen sich die Menschen auf die Nerven, jeder Quadratzentimeter an der
Adria oder an der Kanalküste ist bewirtschaftet, wird auf
Zeit teuer verpachtet. Die Leute begutachten sich gnaden-

los: Wer hat den schönsten, schlankesten Körper? Wer leistet sich teure Strandkleidung, Accessoires, gewagte Piercings und Tattoos? Nirgendwo werden so viel fatale Schönheitsoperationen fällig wie in Kulturen, wo das Strandleben zum Alltag gehört, etwa in Brasilien und Venezuela. Gepresst und genauestens überwacht wie nicht im Großraumbüro, werden die Strandurlauber auch noch beschallt von einem unerbittlichen Unterhaltungsprogramm. Am Mittelmeer dröhnt oft das Radio mit Schlagern und Konsumspots, es gibt laute Werbeveranstaltungen, Kinderbelustigungen, alle paar Minuten kommen illegale Händler mit Speiseeis und Nippes vorbei und rütteln noch die resistentesten Rentner wach. Und das allgemeine Karaoke, Gerenne und Gehüpfe setzt sich bis nachts rund um die Hotels, die Spielhallen, die Diskotheken fort. Dass die Baulichkeiten an der Küste meist aus unerträglich hässlichen Betonkästen bestehen, ist angesichts der Enge und der Bodenpreise ohnehin selbstverständlich. Wo Strandurlaub im großen Stil und industriell angeboten wird, ist die Küstenlandschaft ruiniert, denn anders wären die Massen gar nicht unterzubringen und zu verköstigen.

Die Menschen werden mit magnetischer Sicherheit also nicht zum Strand gezogen, weil hier die sommerliche Alternative, das große Andere ihrer Ganzjahresexistenz auf sie wartete – es geht vielmehr in denselben Bahnen weiter. Strand simuliert Urlaub auf eine angenehme Weise: Das Ritual ist uniform, so dass niemand nachdenken oder lernen muss. Es ist bequem planbar und verlangt keinerlei besondere Qualifikationen und Handlungen. Und es kostet eine Menge Geld, so dass die finanziellen Überschüsse der Urlauber – vorzugsweise aus den Industriegebieten Mittel- und Nordeuropas – bei den darbenden Bewohnern abgelegener und unfruchtbarer Küstengegenden der Ägäis, der Adria, der Balearen oder Festlandspaniens wieder abgegeben werden. Das fördert den Geldkreislauf, den die Europäische Union ohnehin vorgesehen hat, so dass Strandurlaub, zumal im Süden, als durch und durch patriotische Beschäftigung durchgeht: Man tut durchs Nichtstun Gutes fürs allgemeine Sozialprodukt.

In der konkreten Ausführung des Strandlebens erinnere ich mich an gehörigen Stress. Meine Mutter überwachte das ordnungsgemäße Sonnen und Wenden und Einreiben, damit die Familienhaut hinterher auch die neiderregende Dunkelbräune zeigte. Drückte sich jemand beim Sonnen, gab es Vorwürfe: Geh doch mal aus dem Schatten, du bist ja immer noch blass! Alles drehte sich um die passende Ausgestaltung der paar zugemessenen Quadratmeter im Sand: Wohin die Badetücher, wohin die Kühltasche mit Kotelett, Kartoffelsalat und Frikadellen? Endlos die Zeit, bis es nach Stunden der Langeweile ein Getränk oder ein Eis aus einem überteuerten, hässlichen Küstenshop zu holen gab. Der ritualisierte Strandspaziergang auf und ab der zugebauten Küste durchs Gekreisch der Mitinsassen war schon am zweiten Urlaubstag öde, doch es mussten noch viele, viele folgen. Die Nordsee ist dann aber oft kalt, so dass das Bad gar keinen Spaß macht. Oder der Sand am Mittelmeer ist zu heiß, so dass man sich schlimm die Füße verbrennt. Entscheidend: Es gibt kein Entrinnen und keine Alternativen. Schwer ist die Tristesse und die Hohläugigkeit der Urlauber an der Adria zu beschreiben, wenn es tatsächlich einmal regnet und stürmt. Die Hotels, pickepackevoll und ohne Fluchträume, bieten kaum für den Frühstückskaffee Räumlichkeiten, so hocken dann die vom Strand Vertriebenen auf den Treppen, zwischen zähen Grünpflanzen herum, kommen von der unbequemen Bettkante nicht los, bis sie endlich bei besserem Wetter wieder auf ihr Strandareal zum Sonnen ins mehr oder weniger Freie dürfen.

Die große Menschendeponie an Nord- und Mittelmeer hat Europas Kultur in der Wohlstandsepoche so stark geprägt wie sonst nur das Fernsehen – das naturgemäß meist als Abendbeschäftigung nach dem beschäftigungslosen Strandtag herhält. Alles soll so bleiben wie daheim, damit die Panik der leeren Zeit einigermaßen einzuzäunen ist. Deutsches Bier, deutsche Würstchen, Bildzeitung auf den Balearen, sauber abgegrenzt von den Besatzungszonen etwa der Briten mit ihrem speziellen Ale, The Sun und den Rundum-Fußballübertragungen in den Pubs, damit nicht allzu viel Fremdheitsgefühl aufkommt. Sonderbar und unifizierend dennoch, dass so unterschiedliche Völkerschaften beim Drang zum Strand dann wieder grundsätzlich einig sind. Vielleicht sind doch immer noch mehr Gene vom Walross oder von der Trottellumme in uns, als die Biologie wahrhaben möchte.

Nicht dass ich mich über Strandtouristen ernsthaft aufregen könnte. Suaden gegen die übermäßige Hässlichkeit von verbranntem, welkem, fettem Fleisch sind für mich so wenig ein Thema wie Klagen übers Fernsehprogramm. Es muss ja niemand hinschauen und schon gar nicht hinfahren. Im Gegenteil – erlebe ich irgendwo einen Strand, ist das immer auch ein Anlass für gelinde mitleidige Stimmung. Irgendwie finde ich sie, ganz persönlich und ohne Hochmut, auch bedauerlich, diese Mitmenschen, wie sie in leichter Sportkleidung ohne Sportabsichten schnurstracks zur Küste pilgern, in einer Hand die Badetaschen voller Sonnenöl und Spezialtücher, in der anderen eine Klappliege und einen wackligen Schirm unter den Arm geklemmt. Wie unelegant diese Bemühungen, sich ohne

intimes Entblößen vom nassen Badeanzug in den trocke-
nen zu zwängen, wie zwanghaft die Parade der eingezo-
genen Bäuche und der eingeölten Gesichter, die mit ko-
matöser Ruhe den besten Einfallwinkel für die Sonne
suchen. So richtig freudig wirkt das alles nicht, das sage
ich mir jedes Mal, wenn ich selbst am Meer herumtappe.
Denn natürlich gibt es kaum ein Entrinnen, auch ich habe
ein Segment vom Strandurlaub, das ich durchaus mit-
mache: Die Wanderung entlang der Wellen, wenn ich da
auch zuweilen mit nassen Füßen über Strandgut holpere
und mich über Schmutz und Ölreste ärgere, vor der Bran-
dung ausweiche und über Muschelbänke eiere. Ich bin ja
auch nicht besser. Am Strand werden so gut wie alle von
uns zu Rittern von der eher traurigen Gestalt.

Macht man die große Bilanz der sommerlichen Mons-
terstaus bei den Völkerwanderungen zur Ostsee oder zur
Adria, schaut man auf die campierenden Fluggäste in
Turnkleidung vor Chartertouren nach Antalya oder Dom-
Rep, dann kann man eigentlich ganz froh sein, dass so
viele dieser Menschen, denen nichts Besseres einfällt, an
diesen abgelegenen Orten für den Urlaub geparkt sind
und dann nicht weiter stören. Nicht auszudenken, man
käme den Strandurlaubern unversehens auch andernorts
in den Weg.

KOPFÜBER INS TAL –
SCHNEEKANONEN
UND PISTENBLITZE

Gönnen wir uns eine kleine Zeitreise, hundert
Jahre zurück irgendwo in ein abgelegenes Dorf in einem
abgelegenen Alpental mitten im Winter. Das Vieh steht im
Stall, das Heu liegt im Schober, und bei strengem Frost
hockt die Bauersfamilie am warmen Kachelofen, Mutter
spinnt, der Hund döst, und abends werden gemeinsam zur
Zither uralte Lieder im Dialekt gesungen oder unheimliche
Märchen über Hexen und andere Bösewichte erzählt. Wäre
nun irgendein Wundermännlein in die alpine Bauernstube
eingetreten und hätte den Ansässigen einen Blick in die
Bergkristallkugel gestattet, um die Wirklichkeit ihrer Sied-
lung in hundert Jahren zu bestaunen, man hätte den Zau-
berkünstler sicher als üblen Betrüger mit Knüppeln aus
dem Dorf gejagt, Schneetreiben hin oder her. Dass Anfang
des dritten Jahrtausends nach der Heilandsgeburt in unserem abgelegenen Alpenkaff riesige Betonhotels stehen
würden, konnten sich die Bauern um 1900 vielleicht sogar ausmalen. Das gab es bereits, allerdings für die Lun-
genkranken hier und da zwischen Davos und Cortina. Die
armen Tuberkulösen sollten auf dem Berg klare Luft atmen und wurden sogar dann und wann gesund, und die
Kranken waren den Blicken ihrer Mitmenschen auf zwei-
tausend Meter Seehöhe weitgehend entzogen. Doch dass
neben großen Zimmerpalästen für Sommerfrische und

143

Lungenkliniken im ganzen Alpenraum viele tausende Hotels hochgezogen sein würden, ausgestattet mit Zentralheizung, Satellitenfernsehen in sechs Sprachen, Swimmingpool und Sauna – und das allein für den tiefen Winter, in dem der Bauer früher nicht einmal die renitente Katze aus der Stube gejagt hätte –, das wäre für die Phantasie der Älpler ebenso zu viel gewesen wie das Bild gigantischer Stahlpfähle, an denen im Schneewetter tausende von Irren an Drahtseilen in die eisige Gipfelhöhe befördert werden. Skifahren – das war vor hundert Jahren ein gar nicht so alpines Vergnügen, ausgeübt von ein paar bourgeoisen Spinnern am Bergesrand, also am Semmering bei Mürzzuschlag durch Wiener Sportlehrer oder Freiburger Studenten auf kurzen Schwarzwaldabfahrten. Höchstens in Skandinavien hatte die Fortbewegung auf Holzbrettern von einem Fjord zum nächsten Fjell eine gewisse Tradition, doch dort wohl nur, um den Arzt oder den Pfarrer in Notlagen heranzuschaffen oder um verlaufene Schafe irgendwie aus dem Schneesturm zu retten. Ein Vergnügen war das Skifahren lange nicht.

Könnten unsere Alpenbauern von 1910 auch noch die gigantischen Beschneiungsanlagen sehen, mit denen in wenigen Tagen der kostbare Inhalt ganzer Stauseen auf Breitschneisen quer über die eigenen Berge verteilt wird, wüsste er vom riesigen Energieaufwand, von Heizkraftwerken, unterirdisch verlaufenden Turbinenrohren, von endlosen Tunnelröhren mit Kosten in Milliardenhöhe, damit Millionen Menschen quasi überdacht im unwirtlichen Januar, Februar in den Alpen aus Groningen, Hamburg oder Bochum anreisen können, sogar im Bus – dann würden dem armen Mann gewiss die Augen übergehen. Wozu der ganze Aufwand? Wozu müssen ein paar Privilegierte auf einer exklusiven Skihütte nach der Abfahrt frische Dorade an Kräutersauce zu einem gschmackigen Puilly-Fumé serviert bekommen? Von Kellnern in Livree auf 2200 Metern Höhe? Warum können gschuckte Millionäre mit dem Hubschrauber von Berggipfeln durch die gezackte Einöde rasen und werden im Schadensfall von der Bergwacht, ebenso mit Hubschraubern, geborgen? Warum musste immer mehr Landschaft mit riesigen Liftstangen, mit Pfeilern für Großseilbahnen und hingeklotzten Bergstationen samt Aussichtsterrasse verschandelt werden? Warum eigene Gipsabteilungen in den überforderten Krankenhäusern von Kitzbühel oder Sankt Moritz, nur weil untrainierte Flamen oder Westfalen täglich zu Dutzenden ihre Haxen in überschneller Abfahrt brechen? Warum Edelboutiquen mit Luxuskleidung italienischer und französischer Marken für irres Geld in Gstaad oder Cortina, wenn man das Zeug – vor allem die Schuhe – doch erst ab 15 Grad Außentemperatur und ohne Glatteisgefahr überhaupt ohne Nebenwirkungen tragen kann?

Drehen wir die Betrachtung um. Kein Bürgermeister oder Schullehrer aus dem Defereggen- oder Antholzer Tal, der die erbärmliche Armut früherer Generationen mit den Möglichkeiten und dem Lebensstil der skifahrenden Jetztzeit vergleicht, käme auf die Idee, in Nostalgie zu verfallen. Armut, geistige und materielle Rückständigkeit, Mangelkrankheiten, Inzucht, fürchterliche Plackerei auf Äckern und in Ställen – es war nie gemütlich im Hochgebirge. Jetzt findet sich in jedem Alpendorf eine Schule, Transport auf besten Straßen ins Gymnasium ist für Kinder garantiert und gratis, es gibt Spaßbäder, subventionierte Trachtenkapellen, Ärzte, Altersheime – und das an der Baumgrenze, nur wegen der Mode, auf einem paar gebogener Bretter übern Schnee zu rutschen. Schon verrückt.

Der Wintertourismus ist, phänomenologisch betrachtet, die sonderbarste Völkerwanderung unserer Zeit, denn er transportiert Menschen aus recht bewohnbaren, bequemen Zonen wie der Norddeutschen Tiefebene in recht unbewohnbare, nämlich an die steilsten Abhänge des Wallis, der Dolomiten oder des Kleinwalsertals. Das geschieht unter großen Mühen, nämlich bei miesen, ja gefährlichen Wetterbedingungen wie Glatteis, Dunkelheit, Dauerregen oder Schnee über immer engere und gewundenere Straßen. Und es kostet ein Schweinegeld, denn die immense Energie der Hotel-, Wellness- und Ski-Anlagen, die Dienstleister vom Skilehrer über den Liftwärter bis zum Hochgebirgskellner oder -koch sind ja nicht umsonst zu haben. Nehmen wir noch die teure Ausrüstung mit Snowboards oder jährlich wechselnden Skiklamotten, atmungsaktiver Unterwäsche, klobigen Sicherheitsstiefeln, schicken Mützen, Skibrillen und wasserabweisenden Wechseltemperaturjacken und taillierten Fleecepullovern hinzu – alles Dinge übrigens, die man daheim in Kassel und Emden überhaupt nicht gebrauchen kann –, dann läppert sich das für ein paar Wintertage aber gehörig. Der Schneetourismus hat nicht nur dem gesamten Alpenraum einen unverhofften Wohlstand beschert, er ist an und für sich eine geniale Geldpumpe vom reichen industrialisierten Flachland in die hoffnungslos strukturschwachen Gebirge, womit zur Not wegen der besseren Reisewege auch rührende Mittelgebirgsarenen bei Willingen in Hessen oder am Feldberg im Schwarzwald gemeint sein können.

Schaut man sich an, wie ein gewöhnlicher Tag Skiurlaub verläuft, wird deutlich, dass es hier gar nicht so sehr um Urlaub geht, sondern um die Fortsetzung der disziplinierten Schinderei im Arbeitsleben – nur mit anderen Mitteln.

Sonderbar, doch was sich als Urlaub ausgibt, beginnt schon in der Wintermorgendämmerung mit einem straffen Programm. Kein langes Ausschlafen wird gestattet, selbst wenn wie üblich der ganze Körper vom Muskelkater nach dem ungewohnten Hocken und Stemmen brennt. Denn es gilt ja, die teuren Liftkarten, den Skikurs, den kostspieligen Urlaub irgendwie abzuarbeiten. Also wird noch im Morgendunst gefrühstückt, es beginnt das große Packen des Zubehörs. Wer hier wie ein unbesorgter Urlauber trödelt oder schlampt und nicht ganz genau plant, der ist verloren. Merkt man auf 2200 Meter Höhe an der Bergstation, dass der Handschuh noch im Hotelzimmer liegt, die Skibrille oder die Creme gegen den Gletscherbrand vergessen wurde, dann kann man den Tag vergessen.

Und überhaupt: Bergstation – kein Skivergnügen ohne die Nutzung der modernsten Transporttechnik. Da ist es auch nicht anders als bei einem Metropolenbewohner, der nur mit U-Bahn oder ICE zum Arbeitsplatz kommt. Im Urlaub steigt man dann eben auf surrende Massenseilbahnen oder gar in den Berg gehauene Transportröhren um, um dann in luftiger Höhe mit tausenden drängelnden Mitstreitern auszusteigen und sich in die perfekt abgeholzte, begradigte, gewalzte, künstlich besprayte und mit WC wie Imbiss ausgestattete Alpenwildnis zu stürzen.

Bevor es dort die Kost gibt, die mit Bratwurst und Tütensauce verdächtig an die Kantine daheim erinnert (und in den Bergen nur viel teurer ist), ist auch der Skitag geprägt vom Konkurrenzkampf der Mitspieler. Wer ist schneller unten? Wer kann den elegantesten Schwung? Wie sieht die Haltung in der Hocke aus? Bei der Abfahrt fühlt der Urlauber dann Herausforderungen, wie er sie nicht mal gegenüber den Stinkstiefeln und Mobbern im

Büro zu überstehen hätte, denn die zerschlagen ihm die Knochen oder das Rückgrat nur im übertragenen Sinne. Am glitschigen Skihang hingegen sind diese Gefahren ganz real. Horden bedröhnter Jungspunde rasen um den verschüchterten Neuling herum, nutzen ihn ruchlos als Slalomstange, dieweil sie – mit Kautabak, Marihuana oder Alkopops angeturnt – den doch eigentlich der Erholung dienenden Urlaub in ein gefährliches Spießrutenlaufen verwandeln. Doch wie im Arbeitsleben gilt es, keine Schwächen oder gar Ängste zuzugeben. Übergewichtige Angestellte, die sonst sogar für eine Etage treppab den Lift nehmen, stürzen sich mit fatalen Folgen schwarze Hänge hinab und beschleunigen in Sekundenschnelle auf Haubitzentempo, das sie selbst nicht mehr stoppen können. Da ist aus dem Konkurrenzwettbewerb bereits eine Art Winterkrieg geworden, bei dem es nur mehr darum geht, mit heiler Haut aus der Sache wieder herauszukommen. Wer das zugibt, hat unter den Hasardeuren und Angebern vollends den Respekt eingebüßt. Wer will schon als Hasenfuß gelten und traut sich, an einer steilen Stelle lieber die Ski abzuschnallen und den Hang im demütigenden Seitwärtstrippeln zu Fuß zu bewältigen? Skifahren ist auch erfunden worden, um dem mitteleuropäischen Stadtmenschen, der ein Alltagsleben in erzwungener Bewegungslosigkeit führen muss, die Illusion eines biegsamen Naturburschen vorzugaukeln. Diese Illusion endet jede Saison tausendfach in Gips.

In den Niederlanden richten die Krankenkassen in den Wintermonaten offizielle »Gipsflüge« ein, mit denen die Zerschellten und Zerschundenen dann retour in die allzu flache Heimat expediert werden. Holländischer Dreikampf heißt dieser traurige Triathlon im Alpinjargon: Mit dem Auto von Rotterdam nach Kitzbühel, mit dem Lift auf den Hahnenkamm, dann mit dem Flugzeug wieder in den Polder.

Warum nur tun sich so viele Leute diese Gefahren an, die selbst dann kein Vergnügen bedeuten, wenn die Anfänger oder Selbstüberschätzer ohne schwerste Blessuren davonkommen? Von den jährlich mehreren Dutzend Unfalltoten auf den alpinen Skipisten wollen wir ebenso wenig reden wie die Medien und die Werbekampagnen für den Winterurlaub. Kämen ebenso viele Menschen beim Schach oder Bocciaspielen um – diese liebenswerten Sportarten wären längst verboten worden.

Doch weil hier eine Art Herdentrieb den Massengeschmack der Städte in verschneite oder beschneite Kunstlandschaften transferierte, ist gegen das Riesengeschäft des Skitourismus kein Kraut mehr gewachsen. Ganzen Regionen hat das Business Wohlstand gebracht, doch um den Preis, dass sich die Bewohner nolens volens als Naturburschen der Berge aufspielen müssen, um als Skilehrer, Sportartikelverkäufer oder Hotelier ihr Brot verdienen zu können. Die Frauen haben sich in grelle Dirndl zu zwängen, obwohl ihnen Jeans und Pullover viel lieber wären. Doch die Show muss gespielt werden. Nur so fühlen sich die Gäste aus Wuppertal oder Aarhus angekommen, wenn dann nach dem Pistenvergnügen die passende Oktoberfestmusik zu allerhand Dudeltrünken aufgetischt wird – Dauerparty im Schneewinter, Ballermann am Berg.

Da kann nur die Flucht ergreifen, wer im Winter eine Jahreszeit des Innehaltens, der Meditation, der Innerlichkeit sieht. Wie wir von den holländischen Gemälden des kalten 17. Jahrhunderts mit Schlittschuhfahrern, Spaziergängern und kindlichen Puckschlägern lernen können, wäre gegen eine gewisse Betätigung im Freien nichts einzuwenden. Schließlich will man in der dunklen Jahreszeit nicht den ganzen Tag drinnen sitzen. Und wie bei unseren Vorfahren während der »kleinen Eiszeit« ab 1650 tut auch uns etwas Bewegung an frischer, trockener Eisluft gut. Doch nur spazierenzugehen oder etwas auf dem Eis herumzurutschen, bedeutet für die Wintersportindustrie nicht denselben Reibach wie das Geschäft mit der hochkomplexen, alljährlich innovierten und teuren Skiausrüstung. Wer nur wie Thomas Manns Lungenkranke aus dem Zauberberg den ganzen Tag in dicke Tücher gehüllt auf dem Balkon des Berghotels die gute Luft inhaliert, ist kein Gewinn fürs Bruttosozialprodukt.

Dabei zeigen Evolutionsbiologen gnädiges Verständnis mit dem umgekehrten Herdentrieb auf die Almen und Gipfel, wenn die im Sommer dort weidenden Kühe und Schafe längst wieder im geheizten Stall stehen und wiederkäuen. Die Skifahrer, sagen einige Biologen, leben nur den Traum unserer ältesten Ahnen nach, die vor über dreißigtausend Jahren via Kleinasien aus Ostafrika nach Europa auswanderten. Der Haken an diesem neuen Lebensraum: Damals herrschte dort Eiszeit, also trockenes Wintersportklima mit viel Sonnenschein sogar im Winter. Ski und Rodel gut beim Pistenvergnügen mit dem Neanderthaler. Leider hat sich das Klima stark verändert, als es für Homo sapiens bereits zu spät war, über eine Rücksiedlung ins milde Savannenklima nachzudenken. Viele Millionen Menschen sitzen seither schniefend und depressiv im winterlichen Matschwetter in der Falle und träumen von der klaren Schneeluft, von Rutschpartien auf weiß leuchtenden Hängen, vom Lagerfeuer ohne Wolkenbruch, vom Schneetreiben, das die Feuchtigkeit endlich einmal aus der Sturmluft zieht. Es könnte also sein, dass der Skiurlaub nichts anderes ist als eine individuelle Wiederholung der Eiszeit, die unseren Bronchien und Nasenschleimhäuten einfach guttut. In Form des aufwendigen Skivergnügens mit sehr hohen Kosten für einen Familienetat konnte diese verborgene Sehnsucht aus unseren Genen dann zur Industrie werden – von den Winterreifen auf den Autos mit Vierradantrieb bis zum atmungsaktiven Overall in den modischsten Neonfarben. Vom militärisch organisierten Skikurs für Heranwachsende bis zur Nachsorge in mitteldeutschen Thermalbädern für die gebrochenen Knochen. Es kommt allerhand zusammen bei diesem innereuropäischen Kulturaustausch: Geld gegen Freizeitpark, Schnee gegen Regen, Berglandschaft gegen Betonwüste.

Weil so umgekehrt aber auch die städtischen Bräuche, das städtische Sexualverhalten, die städtischen Konsumgewohnheiten, die städtischen Jargons und Kleidermoden ins früher rückständige Gebirge transportiert wurden, hat die Mode des Wintersports wohl mehr für die Angleichung der Lebensverhältnisse in Mitteleuropa getan als alle EU-Strukturprogramme.

Im Gegenzug hängen die Alpen heute am Schnee, und das während einer fatalen Klimaerwärmung, die den Mitteleuropäern noch mehr Winterregen, noch mehr Schnupfen, noch mehr Depressionen zu bringen verspricht, während die Skilehrer auf lange Sicht ähnlich auf der Roten Liste landen könnten wie die Eisbären. Ski in der Halle in Oberhausen oder Abu Dhabi ist keine ernsthafte Alternative zur schwarzen Piste, selbst wenn die Energie für solche Späßchen im Überfluss zu haben wäre.

Wie immer müssen jetzt technische Hilfsmittel den natürlichen Wärmetod des Winterurlaubs aufhalten. Ich erinnere mich an die erste Nacht in einem Hotel auf 1500 Metern Seehöhe in Südtirol. Zuerst nahm ich nach ausgiebiger Sauna und gutem Rotwein das Dauerrauschen draußen gar nicht wahr, aber es wollte nicht mehr aufhören. Ein Blick aus dem Fenster bewies mir dann, dass ich nicht in einem Naturidyll, sondern in einer durchorganisierten Industrielandschaft gelandet war. So weit das Auge reichte – Schneekanonen kondensierten Millionen Liter kostbares Wasser zu Kunstschnee und bliesen das Zeugs mit Heidengetöse auf alle einsehbaren Hänge. Mitten in der Nacht zogen oben am Berg in heftiger Schräglage Pistenraupen ihre Strecken glatt, ausgestattet mit Flutlichtscheinwerfern. Das Hotel vibrierte regelrecht von der fabrikmäßigen Winterherstellung outdoor, in welche dann tagsüber abgezählte Hundertschaften pro Minute per Shuttle in die Bergstationen geschossen werden. Könnte man die Alpen noch überdachen, könnte man von unten wie in einer Eishalle kühlen – das Wintervergnügen wäre erst wirklich perfekt. Und wie angenehm ruhig und beschaulich war es daheim in der Großstadt doch noch am Vorabend gewesen: Leichter Nieselregen, in der Ferne gewohnte Autogeräusche, der Wind wehte durch die Bäume im angrenzenden Park, irgendwann war sogar der Fernseher der Nachbarn aus. Doch nun, am Ende der zivilisierten Welt am Talschluss einer verwickelten Alpenregion mit einem noch verwickelteren Dialekt – da holt einen dann die technisierte Welt mit Nackenschlag ein: Die Kohletransportbänder der Zechen und Stahlwerke bei uns hat man großflächig geschlossen und rückgebaut. In den Alpen, wo einst der Geier und der Steinbock sich ein Stelldichein gaben, da steht jetzt in eisigen, unwirtlichen Höhen der stolze Triumph unserer Zivilisation: digitalisierter Vertikalverkehr, Wasserpumpen, Stahlbetontürme, Kraftwerke, Drahtseile, Parkgaragen. Es ist wie daheim, nur noch viel moderner und reibungsloser und teurer und hektischer. Ski Heil.

IN DER KAMPFZONE:
EIN HOCH AUF DEN
MASSENTOURISMUS

Touristen, das wissen wir ja, sind immer die anderen. Aber Massentouristen, das sind die ganz, ganz anderen. Wer will da dazugehören? Am Ballermann auf Mallorca wie die Sardinen den Suff im Sonnenbrand ersticken? Oder in langen Schlangen vor dem Petersdom herumstehen, umringt von Menschen in ausgebeulten Bermudahosen, grellbunten Hemden, in Geschrei und Gedränge? Niemals. Aber so einfach liegen die Dinge nicht. Dem Massentourismus entkommt niemand so leicht. Nie werde ich vergessen, wie ich einmal morgens gegen neun in der Hadriansvilla unweit von Rom auf eine Gruppe deutscher Reisender traf. An die fünfzig typische Bildungsreisende, Sonnenhüte, graue Anglerwesten, riesige Kamerataschen, nicht einmal die notorischen weißen Söckchen in Sandalen durften fehlen. Frisch aus dem Bus geeilt, hatte die Herde die himmlische Ruhe dieses Herbstmorgens in einer der schönsten Ausgrabungsstätten Europas in Sekundenschnelle zerstört. Sie eilten quer durchs Grün zur besten Fotoperspektive, stellten den schmalen Weg kategorisch zu, riefen sich laut Anweisungen zu (»Hildegard, hast du die Wasserflasche?«) und schwenkten ihre Kunstführer, bevor sie sich ausgeruht und wissenshungrig um den Reiseleiter scharten. Und der, mit einer Kennermiene, als gehöre ihm das ganze Areal, sagt die unschlagbaren Worte: »Nun aber schnell, bevor die Massen kommen.«

In diesem Satz ist alles enthalten. Die Definition des Massentourismus meint immer die anderen, selbst wenn man gerade mit siebentausend anderen Galeerenhäftlingen aus einem Kreuzfahrtschiff ausgebootet wird, um im Sturmangriff die Zitadelle von Malta zu erstürmen. Wenn man das erlebt, wird einem angesichts der niedertrampelnden Wucht dieser Eroberer angst und bange. Gehört man dazu, sind es allesamt gesittete Individualreisende, die hier zu einem kultivierten Stadtrundgang aufbrechen.

Ich hatte, was die schnäubische Verachtung des Massentourismus angeht, auf einer Terrasse im sommerlichen Brügge mein Erweckungserlebnis. Mit einem herrlichen belgischen Trappistenbier in der Hand hatte ich es mir gerade gemütlich gemacht, als eine Busladung britischer Reisender nach der anderen sich auf der schmalen Gasse an mir vorbeidrängte. Briten, auf Kurzausflug von einem Strand, sind fast noch geschmackloser und selbstgewisser als ihre deutschen Gesinnungsgenossen. Was da innerhalb weniger Minuten an Greisen in zu kurzen Shorts, übergewichtigen Damen im Bikini und schreienden Kinderhorden an einem vorbeiquillt, jeden Widerstand in die Hauseingänge presst und eine Spur von Plastikmüll hinter sich lässt, das kann man sich schwer vorstellen.

Doch gleichzeitig wohnt solchen Riesengruppen in voller Fahrt auch eine bewundernswerte Vitalität inne: Diese Menschen wollten in kürzester Zeit zum Marktplatz vordringen, dort ihre Fritten verzehren und schienen sich am ungemütlichen Gedränge nicht im Geringsten zu stören. Am Strand, wo sie herkamen, in den Vororten von Manchester und Liverpool, wo sie wohnten, waren sie es in Einkaufszonen, Kinos und Fußballstadien sicher auch nicht anders gewohnt. Ich nippte an meinem Bier und zog das adäquat arrogante und angeekelte Kennerlächeln auf. Doch dann kam mir der Gedanke: Und ich? Bin ich besser? Bin ich auserwählt, die kunsthistorischen Schätze dieser wunderschönen Stadt Brügge exklusiv – möglichst ohne Schlangestehen und bestens vom Personal unterrichtet – zu genießen? Sollte mir die Touristenpolizei diese lästigen Horden vom Halse halten? Wer immer auf Massentourismus trifft und eine herbe Abstoßungsreaktion an sich selbst erlebt, sollte den entscheidenden Gedanken nicht verdrängen: Diese Menschen, die mir so zuwider sind, haben denselben Geschmack wie ich. Auch sie haben sich mit Bedacht gerade diesen Ort in Pompeji, in Barcelona, in Paris ausgesucht wie ich mit meinem erlesenen Lebensstil. Damit wären dann die Fronten zwischen den individuellen und den massenhaften Touristen geklärt: Es gibt nämlich keine. Indem man aufbricht, gehört man zum Pulk. Es gibt kein Entrinnen. Den Menschen, die nach ihren eigenen Reisen über überfüllte Strände, Stau-Autobahnen, verstopfte Innenstädte und kitschige Souvenirs allerorten klagen, schlage ich vor, dass sie beim nächsten Mal einfach ihren Urlaub in Wolfsburg, Wanne-Eickel, Eisenhüttenstadt oder Pforzheim verbringen mögen. Da gibt es nämlich keinen Massentourismus. Da gibt es so gut wie überhaupt keinen Tourismus, und das mit gutem Grund. Der Geschmack der feinen Luxusreisenden und der ärmeren Massentouristen ist verdächtig identisch. Das Meeresfeeling, das einige wenige Reiche in einer Lodge auf den Malediven mit Rundumservice und Hotelzimmer auf Stelzen im Indischen Ozean so genießen, das suchen die Millionen Nordeuropäer am Ballermann auch. Sie können es sich bloß auf Mallorca einigermaßen leisten. Und wie die Reichen in einem Golfresort an der Dordogne, abgeschirmt von den Hässlichkeiten der industriellen Gegenwart (an denen sie oft nicht unschuldig sind), blindlings und konformistisch einer Kollektivmode nachgehen und auf kleine Bällchen dreschen, so machen es auch die Prolls in Torremolinos, indem sie ihren heimatlichen Gewohnheiten treu bleiben: in der Kneipe ein Bierchen trinken, ein Sonnenbad inmitten vieler Standesgenossen nehmen, Schlagermusik hören, abends Fernsehen gucken. Die Schnösel, die abends bei Châteauneuf du Pape und Zickleinbraten mit ihresgleichen auf den gelungenen Tag zwischen Bunker und Green zurückblicken und über Eisen Fünf diskutieren, verhalten sich keineswegs individueller, sanfter oder einfühlsamer als die grölenden Mitbürger in der Disco von Ibiza. Sie besetzen nur ein anderes Segment. Genau wie die Busladungen deutscher Bildungsreisender, die nichts anderes tun, als massenhaft vor den Massen davonzulaufen.

Der Ekel gegenüber billigem und massenhaftem Verreisen hat auch einen üblen ethischen Beigeschmack. Es handelt sich um nichts anderes als die Transponierung des aristokratisch-großbürgerlichen Überlegenheitsgefühls auf die proletarische Restgesellschaft. In der Politik, in der Firma ist das inzwischen glücklicherweise politisch inkorrekt, aber am Strand oder auf dem Meer kann man das noch genüsslich ausleben: Wir Auserwählten in der Luxusyacht mit individuellem Service, die anderen als Kreuzfahrttrottel mit der Polonaise zum Buffet. Mit welchem Recht aber steht dem Banker oder dem Anwalt, am besten mehrmals im Jahr, ein perfekter Urlaub am Mittelmeer zu – dem Hausmeister und dem Müllfahrer aber keineswegs? Warum darf sich ein reicher Erbe aus Heidenheim an der Brenz im Kanu durch den Bramaputhra zur Tierbeobachtung rudern lassen, aber nie und nimmer eine Physiotherapeutin aus seiner Nachbarschaft, die für diesen Trip lange gespart hat? Inzwischen ist auch die Fernreise zum Phänomen des Massentourismus geworden, und mich amüsiert das. Die sprichwörtliche Cindy aus Marzahn, die im Bräunungsstudio arbeitet, kennt sich mit Sicherheit besser in der DomRep, in der Wüste von Nevada und am Strand von Bali aus als ich. Und ich, der ich eine große Scheu vor langen Flugreisen habe, sehe in diesem routinierten Abhaken von Zielen wie Kolumbien, Australien, Namibia auch eine unverwüstliche Neugier, die ich nur bewundern kann. Vierzig Jahre Mauer haben die Neugier der Sachsen auf die Sahara nur wachsen lassen, und jetzt lassen sie ihr freien Lauf. Warum immer nur Mecklenburger Seenplatte? Warum nicht am Amazonas herumschippern? Und das Fernweh ist beileibe kein aktuelles Phänomen. Der leider viel zu wenig bekannte habsburgische Schriftsteller Richard Beermann, der unter dem Pseudonym Arnold Höllriegel schrieb, hat schon in den 1920er Jahren in seinem Roman »Das Urwaldschiff« die Pauschalreise eines braven deutschen Schulmeisters in den brasilianischen Regenwald beschrieben. Man konnte das damals schon, all inclusive, bei Thomas Cook buchen und sich nach der Atlantikpassage im Dampfer von Reiseführern ein paar gruslige Meter in den Dschungel führen lassen. Nicht der Charakter eines rundum organisierten Transports an die entlegensten Winkel der Welt hat sich durch den Massentourismus verändert, sondern nur die Zahl. Er ist ein quantitatives, kein qualitatives Phänomen.

Es gibt aber natürlich Gründe, warum die Invasionen von Reisenden im Allgemeinen ein Unbehagen, eine naturwüchsige Ablehnung hervorrufen, oft genug sogar bei denen, die mitmachen. Im Grunde wird durch die Vervielfältigung des Phänomens der Charakter des Tourismus an sich zur Kenntlichkeit verändert: Touristen besuchen nicht nur ein Land, sondern sie verändern es durch die Zurichtung der gesamten Infrastruktur auch massiv. Und sie importieren ihre Laster und Ticks in die bereisten Länder. Der gewalttätige und längst nicht immer kommunikative Charakter des Tourismus wird durch seine Vermassung gnadenlos sichtbar. Das ist der Hauptgrund, warum wir uns davon distanzieren wollen.

In der Tat hinterlässt der Dauertourismus in einer Stadt, in einem ganzen Land eine unübersehbare Schneise der Verwüstung. Wo vorher Metzger, Schuster und Gemüsehändler die Bedürfnisse der Anwohner befriedigten, findet sich nun ein Nippesladen neben dem anderen. Aus ökonomischer Perspektive leuchtet das ein, denn gewöhnlich hat die Durchspülung tausender, womöglich von Millionen Reisenden erheblich mehr frisches Geld zu bieten als die Spargroschen der Omi von nebenan. Reisende, vor allem wenn sie nur auf einen Stadtspaziergang oder eine Rundfahrt vorbeikommen, brauchen dringend ein Souvenir – auch das ein Phänomen der Reisepioniere des achtzehnten Jahrhunderts, als englische Adlige aber Miniaturgemälde oder klug gefälschte Antiken aus Italien mitbrachten. Heute gibt es für diese Bedürfnisse den praktischen Werkstoff Plastik. Wer daheim einen alten Merian-Stich mit einer Stadtansicht aus dem Barock an der Wohnzimmerwand aufhängt und dies stilvoll findet, der wird wenig Verständnis haben für Zeitgenossen, die in Florenz an einem Kiosk eine grellbunte Silhouette mit Domkuppel und Campanile aus hartem Gussplastik erstehen. Besonders schwer darf eine solche Karikatur urbaner Ästhetik für den Transport nicht sein. Ist sie auch nicht, wie man bei einer (womöglich simulierten) Wurfattacke mit der Plastikstatuette des Mailänder Doms auf Silvio

Berlusconi feststellen konnte: Der ostentativ am Kopf blutende Politikermogul trug keine weiteren Schäden davon.

Leicht und klein muss also sogar eine Schneekugel sein – noch so ein überall anzutreffendes Mitbringsel, das das Zerrbild des besuchten Ortes im Wasserbad zeigt; dreht man es um, rieselt weiße Plastikstreu auf die Herrlichkeit hernieder. Wer immer sich das ausgedacht hat, war vielleicht kein Schöngeist. Doch womöglich wissen durch solche schrägen Abbilder weltweit mehr Menschen vom Eiffelturm und vom Weißen Haus, als man sich vorstellen kann. Jüngst habe ich am Seiteneingang der Kirche Santa Croce in Florenz miterlebt, wie ein globaler Nippesmarkt spontan entsteht und zum Geschäftsabschluss kommt. Eine völlig übermüdete Gruppe von Chinesen traf hier, wo nun wirklich niemand ein Interesse an den einzigartigen Giotto-Fresken im Kircheninnern zeigte, auf ein Grüppchen afrikanischer Straßenhändler, die in einer Zeichenmappe ein ganzes Museum abendländischer Veduten hinter sich herzogen – regendicht und fahrradtauglich. Auf den Kirchentreppen wurde den Chinesen nun in Windeseile das Sortiment ausgebreitet: Florenz natürlich, in unangenehmen rosa Himmelstönen und irreal rotblau leuchtenden Hausdächern. Aber auch der Petersdom, der Markusplatz von Venedig und eine Impression vom Comer See waren dabei. Irgendwann blätterten sich die Chinesen aufmerksam bis zum Eiffelturm und zu Schloss Neuschwanstein vor – und kauften, was das Zeug hielt. Fast hätte ich mich voller Bewunderung angeschlossen.

Solche Bilder in ihrer naiven Hässlichkeit und Billigkeit (die sich nicht unbedingt auf den Preis niederschlägt) sollen gar nicht so sehr die Stimmung, die Architektur, den Geist einer Sehenswürdigkeit wiedergeben; das alles haben die Besucher ohnehin nicht mitgekriegt. Und im

Internet kann jeder Halbwüchsige Lagepläne, Detailfotos und aktuelle Blogs aus den jeweiligen Ländern in allen Sprachen herunterladen. Die Kitschproduktion für Massentouristen bedient vielmehr genau den Bedarf, den früher die Heiligenbilder für Pilger gedeckt haben. Es handelt sich um moderne Kultbilder, die – man darf das nicht unterschätzen – das schwer erkämpfte Privileg des Reisens manifestieren. In einer chinesischen Millionenstadt an der Wohnzimmerwand sagt das Kitschbild nicht: Das ist Florenz! Stattdessen beschwört es die Leistung des Familienvaters und seiner Gattin, mit eigenen Mitteln so weit gekommen zu sein. Seht her, dazu habe ich es gebracht! Da spielt es gar keine besondere Rolle, ob dort Rothenburg ob der Tauber oder der Tower in London abgebildet ist. Souvenirs sind Talismane, voller Vitalität in die Welt gefahren zu sein und es womöglich wieder zu schaffen. Vor allem aber sagen sie: Ich bin gesund wieder daheim angekommen.

Aber der moderne Massentourismus mit seinen improvisierten Märkten lässt keine Lücke aus. Gleich neben solchen eher konventionellen Bilderverkäufern stehen in unseren Metropolen inzwischen, gewöhnlich aus Bangladesh und dutzendweise, konditionsstarke Händler von Kinderspielzeug. Mit Gummibändern schleudern sie nachts floureszierende Fallschirmchen an den Himmel. Tags werfen sie auf Pappdeckel schleimige, bunte Bällchen, die sich nach dem Zerknautschen wundersam wieder zusammensetzen. Sie haben quiekende Selbstbewegefiguren ebenso im Angebot wie leuchtende Laserstifte. Und sobald es zu tröpfeln beginnt, ziehen sie – egal ob auf der Île Saint Louis oder vor dem schiefen Turm von Pisa – aus wundersamen Verstecken Kollektionen von praktischen und preiswerten Regenschirmen hervor. Das alles kontrolliert kein Gewerbeaufsichtsamt und keine Polizei, und alle Lieferanten arbeiten an der Steuer vorbei. Aber vielleicht funktioniert die Versorgung gerade deshalb tadellos. Wo Touristen in Massen auftreten, schlendern Afrikaner ohne Aufenthaltsgenehmigung umher und bieten Feuerzeuge, Papiertaschentücher, Wasserflaschen an. Die Mehrheit von ihnen, die es schon weiter gebracht hat, baut indes auf der Straße eine beeindruckende Kollektion nachgemachter Markenhandtaschen auf, mit denen sie im Überfluss bevorratet ist. Wer hat das alles aus den Kinderfabriken in China an eine Straßenecke in Lucca bestellt, expediert und bezahlt? Es ist ein Wunder der Marktwirtschaft. Und die nimmersatte Gier der Bummeltouristen verdaut immer mehr. Pakistanis schleppen riesige Rosensträuße von einem Passanten zum anderen. Und an jeder Ecke hockt ein Straßenmusikant, gewöhnlich vom Balkan, und führt vor, dass bei den Sinti und Roma das sprichwörtliche musikalische Talent auch nicht gleichmäßig verteilt ist: Mal heult die Geige wie ein geprügelter Hund, mal jazzt ein Quartett wie Profimusiker aus Harlem. Stark frequentierte Innenstädte wie die von Nizza, Lissabon, Brüssel, Prag sind so zu einem täglichen Straßenbasar geworden, der oft genug die Anwohner zur Verzweiflung bringt. Aber diese Form von vordergründig anarchischer, in Wahrheit von unsichtbaren Mafiahänden choreografierten Geschäften setzt sich überall durch.

Vor Jahrzehnten sah es nur an den Hotspots des Drittwelttourismus so aus wie jetzt an der globalisierten Kreuzung zwischen Köln und Sevilla: Die Gruppen der Reisenden entsteigen Schiff oder Bus, beispielsweise an einem Tempel irgendwo am Nil, und die Einheimischen fallen bettelnd und wimmernd über sie her, zerren an der Kleidung, manchmal auch am Portemonnaie, fordern ein

Bakschisch oder wenigstens den Erwerb irgendeiner pittoresken Nutzlosigkeit, etwa eines Palästinensertuchs, eines stinkenden Duftwässerchens, einer lächerlichen Mütze. In vielen Winkeln der Welt ist diese geduldig professionalisierte Form des Bettelns die einzige Möglichkeit, wenigstens an Kleingeld zu kommen. Die demografische Entwicklung der Anbieter und das Anwachsen des Tourismus hat diese Form des drastischen Feilschens und überfallartigen Kaufens zur globalen Norm gemacht. Es ist abzusehen, dass in ein paar Jahren solcherart Geschäfte mit Touristen auch im Sauerland oder auf friesischen Inseln gemacht werden. Sie haben es nicht anders gewollt.

Bestimmte Orte haben ihre Symbolprodukte. So ist es schwer, in Holland ohne Holztulpen, Tulpenpostkarten, mit Tulpen bemalten Holzschuhen, Tulpenvasen oder Filztulpen ein Nippesgeschäft wieder zu verlassen. An wenigen Symbolen müssen die Grobdestinationen möglichst noch unterscheidbar sein. In Florenz ist es gerne die Mona Lisa (die in Paris hängt), in Brüssel das Manneken Pis, in Neapel der Vesuv und in Paris der Eiffelturm, der allein schon durch seine symbolische Verwendung vorführt, wie nützlich Gebäude sind, die zu nichts nutze sind: Sie sorgen für die Verbreitung nutzloser Produkte. In Venedig führen hunderte Maskengeschäfte die Schlagkraft einer Nachfrage von Millionen oberflächlich Reisender vor: Das Angebot hat inzwischen die lebensnotwendigen Geschäfte noch aus den entlegensten Winkeln der Gassen der Altstadt fast vollständig verdrängt. Dabei wird das Gros der Pappmachémasken mit Bimmeln und Bommeln in Fernost gefertigt, ebenso wie die meisten bunten Glaswaren, die oft dieselben Geschäfte feilbieten. Inzwischen werden diese Produkte von der wachsenden Schar chinesischer Reisender brav im Flugzeug und individuell wieder in dasselbe

Land zurückgetragen, aus dem sie vor nicht allzu langer Zeit im Schiffscontainer und kollektiv in die weite Welt geschickt wurden. Der Globalmarkt des Tourismus reagiert auf die feinsten Erschütterungen. Ein paar Tage nach dem Auftauchen des Internetpiraten Anonymus finden sich die passenden Masken mit Spitzbart in den Trödelläden von Rom und Paris, ebenso wie die Obamamasken kurz nach dessen Wahl.

Allein schon die Marktmacht der Massentouristen führt uns die Kraft dieser Bewegung vor, gegen die ein paar Einzelreisende in ihren Luxushotels trotz horrender Preise nur eine Nischenökonomie darstellen. Wie anders als mit dem Reisefieber des globalen Mittelstandes von São Paulo bis Kalkutta ließen sich die Billighotels der zahllosen Feriengebiete füllen? Machen sich erst einmal die etwas reicheren Chinesen zu den Stränden Indonesiens und Vietnams auf, werden sich dort Landschaften, Mentalitäten, Gewohnheiten radikal ändern. Es geht letztlich um einen Markt von Milliarden Menschen, der andererseits vielen Millionen aus der Armut und Rückständigkeit hilft. Nicht anders war es in kontinentalem Maßstab nach dem Zweiten Weltkrieg, als die nordischen Industriepopulationen das Mittelmeer geboten bekamen. Zerstörte Landschaften entlang von Adria, Costa Brava und auf griechischen Inseln sind das notwendige Produkt dieser saisonalen Massenwanderung. Wer wissen möchte, wie die Mittelmeerküste ohne Massentourismus aussieht, sollte noch schnell nach Albanien fahren. Dort ist das Meer nicht mit Hotelburgen verbaut, sondern mit Bunkern, geboren aus dem Verfolgungswahn Enver Hodschas. Und man findet keine Souvenirläden, aber leider auch keine guten Cafés und Restaurants.

Was wir an schnellreisenden Touristengruppen so störend finden – jedenfalls wenn wir nicht selber drinstecken –, hat immer auch etwas mit der bloßgestellten Dummheit der Reisenden zu tun. Sie tun gar nicht erst so, als wollten sie ihre Oberflächlichkeit verstecken. Wer in einer Woche zwischen Neuschwanstein, Berlin, Paris, Prag und Rom – und solche Reisen gibt es massenhaft – Europa wegmacht, der kann von unserer unglaublichen Kultur- und Historienvielfalt doch nichts begriffen haben. Wenn hingegen eine deutsche Reisegruppe durch chinesische oder südamerikanische Landschaften düst, ist das natürlich ganz etwas anderes. Reisegruppen haftet eben immer der Ruch des militärischen Konvois an. In der Gruppe fühlt sich der Mensch – wie bei einer militärischen Attacke – sicherer. Die ganze Straßenbreite gehört der Schar – und nicht dem entgegenkommenden Individuum. Darum geben sie sich auch keine Mühe, irgendwie Platz zu machen, und trampeln, einmal in Bewegung, alles nieder. Die Gruppe verstopft alles – vom Klo im Café bis zum Kassenschalter am Museum. Und sie glaubt, immer ein Recht darauf zu haben, dass ihr Reiseleiter die herrliche Stille in Pompeji oder auf einem Campo in Rom per Mikrofon zerfetzt. Gruppenreisende haben immer eine doppelte Angst. Angst, vorne an der Spitze die rudimentären Ausführungen des Leiters nicht mitzubekommen. Und Angst, hinten am Ende der Schlange die Gruppe zu verlieren und im fremden Land tragisch verloren zu gehen. Darum haben sie endlos Zeit, machen sich breit, schauen in jedes Schaufenster und jede Steinritze, wenn sie sich in der Gruppe sicher fühlen. Und sie entwickeln eine staunenswerte Dynamik, wenn sie den Anschluss verlieren oder kollektiv dem Zeitplan hinterherhecheln. Und dabei sind deutsche Rentner eher noch fitter und rücksichtsloser als japanische Jugendliche. Gruppenreisende setzen sich ohne Scham in Hauseingänge und packen die Vesper aus, während sie daheim, wenn sich jemand bei ihnen niederließe, die Polizei rufen würden. Wer in der Gruppe reist, muss nichts vorbereiten, muss nicht einmal denken und ist dabei immer unter Bewachung. Alles ist abgesichert. Niemand muss sich irgendetwas anschauen, wenn er nicht will. Niemand muss eine Fremdsprache sprechen. Einen Stadtplan lesen können. Darum ist diese Form des Reisens die beliebteste. Und Gruppen sind leicht zu kontrollieren und zu lenken. Darum kommen Reiseveranstalter damit am besten klar, aber auch autoritäre Staaten, denken wir an Nordkorea, erlauben ausschließlich Gruppen den überwachten Besuch ihres Territoriums. Sobald, wie in Kuba oder weiland in der Sowjetunion, Einzelreisende zugelassen werden, ist das Ende der schlimmsten Tyrannei nah.

Die Reisegruppe mit ihrem paramilitärischen Charakter kann man mit etwas üblem Willen durchaus auf kriegerische Eroberungszüge zurückführen. In Spanien waren es exakt alte Nazis, die sich beim Francofaschismus in Sicherheit gebracht hatten, die mit ihren Kumpanen den organisierten deutschen Strandurlaub per Charterflugzeug in Gang brachten. Sie kannten die Mentalität ihrer zukünftigen Kunden bestens. Und die alten Kameraden wussten, dass sich diese abgehärtete und abgestumpfte Generation allerhand gefallen lassen würde und man an allen Ecken am Niveau sparen konnte – Hauptsache Sonne, Essensration und straffe Organisation wie einst. Die Wehrmacht war, so betrachtet, die Mutter des deutschen Massentourismus. Nach demselben Muster des Großmanövers mit Geländespiel und Morgenappell hatten die Nazis die Kraft-durch-Freude-Sommerurlaube organisiert; in Prora an der Ostsee steht noch der kilometerlange Zweckbau irgendwo zwischen Kaserne, Wohnheim und Raketenabschussbasis, in dem einst tausende KdF-Urlauber untergebracht werden sollten. Dass ausgerechnet diese flächendeckende Betonierung der Küste Jahrzehnte später beim Massentourismus in Benidorm, Rimini, auf Mallorca oder Sylt architektonisch Schule machen sollte, sagt allerhand über die Durchschlagskraft massenhafter Reiseplanung. Und in der Tat passt da allerhand zusammen. Vorher war der mörderische Eroberungszug der deutschen Soldaten aller Schichten die erste Möglichkeit, etwas von der Welt zu sehen. Oft war sie auch die letzte. Die Überlebenden jedoch hatten den grimmigen Spaß an der – diesmal friedlichen – Eroberung der Welt nicht aufgegeben. Sobald die Kasse stimmte, ging es wieder los. Dass die alte Achsenmacht Italien und das lange faschistische Spanien sofort die Lieblingsländer wurden und Ende der 1960er Jahre das damals ebenfalls faschistische Griechenland bald dazukam, war gewiss kein Zufall. Massenhafter Tourismus gedeiht in genormten und kollektiv geprägten Gesellschaften, auch das ist ein Grund, warum man so wenig allein reisenden Chinesen und Japanern begegnet.

In solchen Reisegruppen entwickelt sich mit soziologischer Gesetzmäßigkeit die immergleiche Konstellation. Es gibt den unangenehmen Besserwisser, der sich immer an den Reiseleiter herandrängt und seinen Senf dazugibt. Es gibt den Blockwart, der immer als erster im Bus sitzt, der alle später Kommenden vorwurfsvoll beäugt und rücksichtslos auf Einhaltung des Programms drängt. Schließlich hat man ja bezahlt. Es gibt den notorischen Anarchisten, der immer in die andere Richtung geht als die Gruppe, sich ostentativ vertändelt und sich gerne mal lächelnd zu spät beim Treffpunkt einfindet. Es gibt die primitiven Herdentiere, die stumpfsinnig alles mitmachen, aber dann im Bus punktgenau eine Flasche Schnaps aus dem Gepäck ziehen und alle mit ihren Gesängen dominieren und nerven. Es gibt die Volltrottel, wegen derer der Bus umkehren muss, weil sie irgendwas im Hotel liegengelassen haben und die sich jedes Mal in der noch so kleinen Altstadt verlaufen. Und es gibt den geschmäcklerischen Schöngeist, der immer am Essen rummäkelt und mit jeder Anregung, man möge doch das Standardprogramm abändern, zu zeigen hat, dass es sich bei ihm eigentlich um einen Individualtouristen handelt, der sich nur missverständlich in eine Reisegruppe verirrt hat. Es gibt den sadistischen Busfahrer, der nie rechtzeitig die Heizung oder die Klimaanlage anschaltet, der das Öffnen der Fenster aus reiner Machtgier untersagt und mit seinem überteuerten Schleichhandel aus Mineralwasser und Schokoriegeln ein Vermögen verdient. Und es gibt natürlich den geplagten Reiseleiter, der im Leben eigentlich etwas anderes, Ordentlicheres hatte werden wollen und nun auf immer gleich dumme Fragen immer gleich geduldige Antworten geben muss. In der Schule würde er solche idiotischen Schutzbefohlenen kujonieren oder mit schlechten Zensuren sitzenlassen; hier muss er, weil sie ja die Tour bezahlen, nett sein und nachts noch einen Zahnarzt fürs zerbrochene Gebiss oder einen Schnürsenkel auftreiben, was eigentlich weit unter seiner Würde ist.

Und sage niemand, er oder sie würde sich niemals mit dieser schnöden Form der Welterschließung abgeben. Es ist nicht so leicht zu entkommen. Will man beispielsweise ein Schloss oder eine abgesperrte Kirche besichtigen, geht das oft genug nur mit einer Gruppenbesichtigung. Schon sitzt man in der Falle. Denn das Wort »Führung« sagt ja schon, in welche Richtung sich die nächste Stunde – selten geht es schneller – dann entwickeln wird. Der »Führer« oder die Führerin hat das Kommando, sobald sich die träge Gruppe durch die Eingangspforte in Bewegung setzt. Ich hasse dieses Ritual, bin aber wegen meiner Neugier immer wieder gefangen im Gruppentourismus. In der Folge kommt alles an die Oberfläche, was man nicht hören will: die langatmige Begrüßung der »lieben Gäste«, die komplizierte Geschichte der Mühen, das Schloss oder die Sakralanlage überhaupt zugänglich zu machen, dann die umständlichen Hinweise, was man alles nicht berühren, betreten, fotografieren darf. Leider orientieren sich die meisten Fremdenführer an dem Wissensstand, den sie ihren Kunden gerade einmal zumessen. Deshalb beginnt eine Erklärung in der Regel mit einem geografisch-historischen Grundkurs des Offensichtlichen: »Wir befinden uns ja hier im Alpenraum, da sind die Winter kalt. Sehen Sie die großen Kamine? Können Sie sich vorstellen, wie viel Holz die Grafen hier früher antransportieren lassen mussten?« Über solch redundantem Geplauder zieht sich die kostbare Besichtigungszeit. Steht man vor einem Schrank, setzt der Führer – alternativ übrigens auch gerne Guide genannt, was die Sache aber nicht besser macht – erst einmal die banausigsten Fragen auseinander: »Wie viele Jahre hat der Künstler wohl an diesem Meisterwerk gedrechselt?« Dann wird geraten und beraten, ein Witzchen soll die Stimmung auflockern, dann müssen die Kinder in der Gruppe einen Blick in den vermeintlichen Geheimgang werfen, der doch nur ein Dienstbotenpförtchen war. So zieht sich das alles hin. »In diesem Bett hat schon Kaiser Joseph geschlafen, als er unsere Burg am 13. Juni 1783 besucht hat.« Zäh dehnt sich die Zeit, und die Marge, in der man wohl die weltberühmten Fresken aus dem Mittelalter im Turmzimmer, derentwegen wir überhaupt auf diese Höllentour eingegangen sind, zu sehen bekommt, wird immer kürzer. Die Gruppe humpelt über Wendeltreppen, drängt sich wegen der schönen Aussicht auf dem Balkon, und die Kinder müssen raten, wie hoch wohl der Turm der Schlosskirche sei. Wird dann endlich das preziöse Freskenzimmer aufgeschlossen, ist es immer das Gleiche. Plötzlich ist die Bräsigkeit vorbei, huschhusch, in achtzig Sekunden wird die Gruppe hindurchgescheucht, die Erklärungen, die angesichts der komplexen Ikonografie ja viel zu umständlich wären, fallen hier ganz kurz aus. Von der subtilen Kunst des Meisters des Schönen Stils ist hinter dem Rücken der anderen drängelnden Mitgeführten kaum etwas zu sehen. Dafür steht dann der unfähige Reiseleiter am Ausgang und hält ostentativ die Hand auf für ein Trinkgeld, das er sich durch seine rustikale Art der Vermittlung verdient zu haben glaubt. Und an der Kasse lungern bereits wieder die bemitleidenswerten Opfer der nächsten Führung herum, noch vierzig Minuten bis zum Abmarsch, die Zeit dehnt sich erneut.

Vor solchen Tagen empfinde ich echten Abscheu, denn um diesen Aspekt des Massentourismus kommt man bei noch so guter Planung nicht herum. Die kleine, aber raffiniert gebaute Barockkirche auf einem abgelegenen böhmischen Hügel kann da zu einem stundenlangen Hindernis werden. Die Abbiegung verpasst, drei Minuten zu spät – und schon ist die Kapelle wieder für eine Stunde zugesperrt. Ist man nach langer Weile endlich drinnen, hat man nach fünf Minuten alles gesehen und ist schon wieder draußen, bevor die langatmige Erklärung in Pidgin-English überhaupt angefangen hat. Wieso dürfen die Reisenden nicht einfach gegen einen Obolus hinein? Was würde es für einen Unterschied machen, die Leute abzukassieren, danach mit lässigem Blick zu überwachen und sich ihre Zeit selber einteilen zu lassen? Ich habe den Verdacht, dass auch hier viele Leute sehr zufrieden sind, wenn man ihnen Nebensächlichkeiten erklärt und sie sich aus keinem Textmaterial selber die Rätsel von Bauwerk oder Gemälde erschließen müssen. Nur mit einer Führung haftet einem Besuch der Geruch an, ein für alle Mal die Sehenswürdigkeit abgehakt zu haben. Und niemand kann sich einbilden, vor irgendeinem Detail länger oder intensiver verweilt zu haben als die anderen. Gruppenführungen sind demokratisch, indem sie alle auf das niedrigste, unbequemste Niveau herunterziehen. Vielen Leuten gefällt das ganz offensichtlich bestens.

Neben der obligatorischen Meditation und Atemtechnik, sich mit dem Schicksal in den kommenden sechzig Minuten ohne Murren abzufinden, habe ich mir einige Verhaltensregeln angeeignet, um diese Abstecher in die Massenreise besser zu überstehen. So erinnere ich mich an einen Besuch auf Schloss Linderhof mit mindestens einer Stunde Wartezeit für ein Ticket in einer Riesengruppe. Schüchtern kam der Ruf von der Kasse, ob sich denn jemand für eine französische Führung interessiere. Franzosen waren offensichtlich keine da, doch vernehmlich riefen meine Freunde und ich »Oui«. Und dann hatten wir als verkappte Franzosen das Schloss einigermaßen für uns allein; ich hätte diese äußerst angenehme Führung auch auf Chinesisch oder Russisch mitgemacht.

In jedem Fall empfiehlt es sich, eigenes Informationsmaterial mitzubringen, um nicht dem Tick des Gruppenführers für Kuckucksuhren oder Häkelarbeiten zum Opfer zu fallen. Solche zähen Minuten kann man sich dann manchmal absondern und den wirklichen Schätzen der Malerei oder Bildhauerei zuwenden. Dann ist es immer gut, sich wie ein Wiesel vorne zu postieren, um wenigstens die kostbaren Sekunden zu genießen, in denen sich der übrige Tross mühsam über kleine Schwellen drängelt. Wenn ich schon weite Fahrten, teure Karten und lange Warterei ertragen habe, dann mag ich die kostbaren Sekunden nicht noch im schweißigen Gedränge ohne Sicht vergeuden. Natürlich weiß ich, dass Touristen wie ich zu den Feinden der Organisatoren zählen und deshalb besonders gemaßregelt und kujoniert werden müssen. Kein Schritt abseits vom Gruppenteppich ist gestattet, kein Absondern von der Gruppe wird toleriert, keine Zusatzfrage wird beantwortet. Keinesfalls darf man hier diskutieren, sonst ist neben der Zeit auch noch die Würde verloren. Chef ist hier niemals der Kunde, man hat sich allen Anordnungen zu fügen und darf nicht murren. In der einzigartigen »Camera degli Sposi«, die im Schloss zu Mantua der Renaissancemaler Andrea Mantegna mit herrlichen Hof- und Höflingsporträts ausgemalt hat, ließ die Gruppenführung einer genervten und fröstelnden Ersatzkraft dem zahlenden Publikum gerade einmal eine Minute Zeit. Es ist fürchterlich, aber ich habe dann die nächste Führung noch einmal gemacht, mich ganz auf diesen Moment konzentriert und mit Mnemotechnik versucht, so viel von der kostbaren Erfahrung festzuhalten wie möglich. In Padua muss man sich vor dem Besuch von Giottos »Arenakapelle«, vor siebenhundert Jahren ausgemalt mit epochalen Bildern für einen Kaufmann aus der Familie Scrovegni, kompliziert entfeuchten und ent-elektrisieren lassen; damit geht über eine halbe Stunde in einem speziellen Entfeuchtungsraum drauf. Als die Führung dann nach viel zu knappen zwanzig Minuten schon zu Ende war und keine weiteren Interessenten nachdrängten, schlug ich vor, dass ich den Kartenpreis noch einmal entrichte, aber – immerhin sachkundig entfeuchtet – einfach in der Kapelle bleibe. Solche Debatten sind nutzlos und ein Zeichen von psychologischer Unkenntnis. Das sei verboten, beschied man mir. Also – heraus aus der Kapelle, erneut eine halbe Stunde Entfeuchtung und dann der ersehnte Zugang zum Allerheiligsten. Über Logik, Praktikabilität oder gar Gerechtigkeit sollte man an Tagen, an denen man in eine Gruppe genötigt wird, einfach nicht nachdenken.

Was allerdings eine Reisegruppe dem Gruppenmitglied außer der Sicherheit und Wärme des Mittrampelns zu bieten hat, ist mir weiterhin schleierhaft. Wenn man berechnet, dass bei allem Hetzen und Drängeln die Eindrücke im Vergleich zu einem Einzelreisenden höchstens zwanzig Prozent (allein schon quantitativ) ausmachen können, verzichten die Gruppierten also freiwillig auf den Riesenanteil möglichen Genusses – ob auf einem Ausflugsboot, in einer Gartenanlage oder einer Kirche. Das lässt sich nur dadurch erklären, dass sie offenbar von einem Besuch allein derart überfordert wären, dass sie individuell nicht einmal die zwanzig Prozent Genuss mitbekämen, die ihnen die mühselige Gruppentour gewährt. Darin liegt das Geheimnis des Massentourismus: Es geht gar nicht um eine beglückende, vielleicht gar meditative Aneignung des Gesehenen, sondern um ein Abhaken ohne Risiko. Wer einmal miterlebt hat, wie Reisegruppen von Kreuzfahrtschiffen im Schweinsgalopp durch die Ermitage in Petersburg oder durch die Vatikanischen Museen gescheucht werden, den beschleicht nicht so sehr Wut wie Mitleid. Diese Menschen haben nicht die Ruhe, sich auch nur ein einziges Bild anzusehen. Alles ist hier Hektik, Oberflächlichkeit, obgleich die Teilnehmer in dem Wahn leben, eine Kunst- und Kulturtour zu unternehmen. Einmal in Ruhe einen Bildband mit den Meisterwerken des Museums durchzublättern würde den zehnfachen Erkenntnisgewinn bedeuten. Doch schon trampelt von hinten die nächste Gruppe heran und droht, alles über den Haufen zu laufen. Rentner humpeln an Krückstöcken gequält hinterdrein. Kinder schreien in Panik. Aus Lautsprechern schnarren die Kurzhinweise der Reiseleiter und übertönen sich gegenseitig. Wer vor der Mona Lisa im Louvre steht (wenn das Bild hinter dickem Panzerglas denn überhaupt das Original ist) und mitbekommt, wie hier für etwa zehn Sekunden viele tausende Reisende aus Fernost sich drängeln und mit Blitz gegen jedes Verbot das spiegelnde Panzerglas abfotografieren und für diesen Moment schätzungsweise drei Stunden geduldig in der Schlange gestanden haben – der begreift schlagartig, dass es hier nicht um Leonardo da Vinci, um Malerei der Spätrenaissance, um Sozialgeschichte von Florenz oder die Freude an herrlich abgetönter Menschenfigur geht. All das könnte man gleichzeitig an hunderten anderen Gemälden im Louvre, ja keine zehn Schritte neben der Mona Lisa stundenlang erkunden – vor denselben Kunstwerken, an denen die vielen tausend Tempotouristen blicklos vorübergeeilt sind. Nein, es geht um einen Reliquienkult wie im Mittelalter. Die Menschen möchten einem Gegenstand nahe sein, den sie für heilsbringend, schützend halten – und diesen Moment irgendwie persönlich dokumentieren. Daher nehmen sie klaglos jede Demütigung, jede Belastung auf sich und sind nicht im Geringsten an einem Kunstgenuss interessiert, den sie sich persönlich gar nicht zugestehen würden. Ihnen reicht die Teilhabe qua Anwesenheit. Ich war da. Man darf diese Sichtweise nicht barbarisch finden, denn ein Barbar würde das Museum ja gar nicht erst betreten, sondern es höchstens abbrennen oder mit allem unschätzbaren Inhalt explodieren lassen. Im Gegenteil – auf ihre Weise lieben die Massentouristen ihr mythisches, zur Reliquie gewordenes Leonardo-Bild ja inniger als ein Kunstgeschichtsprofessor oder eine Museumsdirektorin, die niemals vergleichbare Mühen für so wenig Ertrag auf sich nähmen. Ich habe im Saal der Mona Lisa, im Gedränge von Santa Maria delle Grazie in Mailand vor Leonardos missglücktem Abendmahl oder in der Ermitage kein unglückliches Gesicht gesehen, höchstens konzentrierte, angestrengte, ernste Blicke. Schließlich absolvieren diese Menschen eine Wallfahrt, und zwar mit großem Erfolg.

Hat man andere Ziele, ist der Massentourismus gar nicht so lästig. Selbst in den Louvre kommt man morgens um acht außerhalb der Hauptreisezeit ohne endloses Warten herein. Vor den Uffizien muss man stundenlang anstehen, doch wer zur Karnevalszeit nach Florenz reist, wenn es in Mainz und Venedig und Rio unerträglich voll ist, der erlebt eine stille Stadt im unangenehmen Regenwetter und kann ohne Anstehen durchmarschieren wie in einem verlassenen Heimatmuseum in Ostfriesland. Wer sich antizyklisch verhält und etwa im Winter nach Dubrovnik oder Malta fährt, wenn die Kreuzfahrtschiffe die Karibik verseuchen, der erlebt nicht nur viel ruhigere und angenehmere Orte, sondern auch noch das bessere Klima ohne Schwitzen und Sonnenbrand. Bei genauer Planung existiert keine Destination, welcher der Massentourismus den Garaus gemacht hätte. Venedig im wunderschönen Januar oder einfach nur die Vatikanischen Museen nachmittags um halb vier, wenn die Kreuzfahrer bereits wieder im Bus sitzen – das sind simple Alternativen, die keinen Frust aufkommen lassen. Es ist nicht unmöglich, morgens um halb neun als erster an der Kasse von Schloss Fontainebleau zu stehen und die manieristische Galerie mitten in der Ferienzeit ganz für sich allein zu haben. Man kann beim Frühgottesdienst einen verlassenen Dom von Pisa samt Schiefem Turm genießen oder mit gutem Schuhwerk und festen Regenschirmen dem Charme eines stillen Brügge im Februar erliegen. Sogar auf Mallorca leben in den menschenleeren Gebirgen des Nordwestens an die hundert Geier, die sich gewiss nicht am Ballermann ernähren. Wer über Massentourismus klagt, der hat seine Reise eben schlecht geplant, hat keine Phantasie zum Aufspüren unscheinbarer Traumziele oder der mag keine kleinen Unbequemlichkeiten, um den großen zu entgehen – allesamt Anzeichen für einen ausgemachten Massentouristen eben. Nein, jammern gilt nicht, zumal es sich da ohnehin um ein Luxusproblem handelt. Wer Paris zu Ostern partout zu voll findet, dann aber doch unbedingt hinfahren musste, wäre doch besser daheim in Heiden- oder Hildesheim geblieben.

Die einzige Grundregel, die es um jeden Preis zu beachten gilt, wenn man damit Probleme hat: Dann eben keine Gruppenreise, niemals. Selbst wenn das Angebot so verlockend, das Ziel auf anderen Wegen unerreichbar ist. Denn dann gibt es kein Entrinnen mehr. Hat man doch einmal etwas Längeres gebucht, braucht man stählerne Nerven. Eine Gruppenreise, die ja gewöhnlich mit ausgiebigen Touren im Reisebus einhergeht, ist ein therapeutischer Encounter mit gefährlichen Nebenwirkungen. Nach drei Tagen von vierzehn haben alle den Koller. Nach sechs haben sich Grüppchen gebildet, die einander hassen oder sogar öffentlich angreifen. Nach zehn Tagen sind alle abgestumpft und nehmen von der Reise und voneinander kaum mehr etwas wahr. Und am Schluss sind alle begeistert, spenden bei einer allgemeinen Sammlung fleißig Trinkgeld fürs Servicepersonal und freuen sich schon auf die nächste Tour. Was immer man aber über diese Gruppendynamik lästern mag – derart intellektuell abgepolstert, häppchenweise abgefüttert und vor den schlimmsten Fährnissen des Reisens behütet, kommt ein Großteil der Touristen überhaupt erst in die weite Welt. Mögen wir sie Banausen schimpfen, aber es sind Banausen mit Hang zu Höherem.

Eine besondere, inzwischen epidemisch auftretende Form des Massentourismus ist die Kreuzfahrt. Vor weit über hundert Jahren wurde diese Form der Welterschließung in Britannien, Frankreich und auch Deutschland bei der Oberschicht populär als vermeintlich friedlicher Ausdruck der kolonialen Flottenpolitik. Britannia rules the seas. Deutschlands Zukunft liegt auf dem Meer, und so weiter. Kaiser Wilhelm machte alljährlich mit einem privaten Dampfer norwegische Fjorde oder griechische Inseln unsicher. So viele Begüterte wie möglich taten es solchen paramilitärischen Entdeckern und Eroberern nach. Weil die diversen Kriege im Gefolge dieser Mentalität auch die Zivilflotten Europas erst fürs Militärische requirierten, dann versenkten und sich auch die Kundschaft erst wieder ökonomisch berappeln musste, kam das Kreuzfahrtgewerbe großen Stils erst kurz vor der Jahrtausendwende wieder richtig auf Touren. Seither gibt es kein Halten mehr. Die Zuwachsraten dieses Tourismussegments stellen alle anderen Erfolge in den Schatten, weil sie in Europa parallel gehen mit der Veralterung.

Dem gewöhnlichen Massentourismus liegt die Idee zugrunde, die Kundschaft so reibungslos wie möglich von einem Hotel zum andern zu befördern und zwischendurch in Restaurants abzufüttern. Bei einer Kreuzfahrt müssen die Reisenden weder Hotel noch Restaurant überhaupt verlassen, weil die gesamte Infrastruktur einer Touristensiedlung selber mitfährt.

Für Veranstalter wie für Kundschaft mit Hang zu einer gewissen Bequemlichkeit – und das sind vor allem alternde Kundenstämme – ist eine Kreuzfahrt daher die ideale Option. Alles ist hier mit einer Akuratesse organisiert, die nicht zufällig der Kriegsmarine entlehnt wurde. Das Gepäck wird wie bei Seekadetten beschriftet, zentral verteilt und landet in der Kabine. Dieses Hotelzimmer, mag es noch so karg sein, muss der Reisende dann nicht mehr wechseln. Bedenkt man, dass es mehrmonatige Kreuzfahrten quer durchs Abendland von Petersburg über Stockholm, Lübeck, Amsterdam, Brighton, La Rochelle, Lissabon, Barcelona, Genua, Civitavecchia quer durch die Levante bis Istanbul und weiter ins Schwarze Meer bis an die Krim gibt, dann wird die Genialität dieser Fortbewegung offenbar. Ich habe einmal in Malta einen älteren britischen Reisenden getroffen, der gar nicht wusste, auf welcher Insel er sich gerade befand: »Es sind so viele.« Er war schon endlos auf See und hatte noch neun Wochen Kreuzfahrt vor sich, Höhepunkt eines Lebens, während dessen die Schätze der abendländischen Kultur sich in seinem Kopf zu einem angenehmen Hintergrundrauschen verdichteten. Ganze Landgänge, vertraute er mir an, ließ er inzwischen aus, auf dem Schiff mit einem Drink in der Hand sei es doch am schönsten.

In Wahrheit nämlich sind es gar nicht Ausbootungen bei Santorin oder Tallin, sind es nicht die mühsamen Bustouren vom Hafen bis Sevilla oder Rom, die den Kern einer Kreuzfahrt ausmachen. Es ist das Flair an Bord. Wissend um die Bedürfnisse ihrer Kunden, haben die Veranstalter die Schiffe ausgestaltet wie eine Shoppingmall mit allen Arten von Restaurationsbetrieben. Denn Einkaufen und Essen sind die Lieblingsbeschäftigungen, zumal in der Freizeit wohlhabender Rentner und solcher, die es bald werden wollen. Also wird auf einem Kreuzfahrtschiff gekocht, was das Zeug hält: asiatisch und italienisch, französisch und arabisch, mit Fusion-Angeboten aller Art vom Käsefondue bis zum Riesengrill, vom Pizza-Ofen bis zum Tandoorispezialisten. Draußen vor den Bullaugen und Panoramafenstern zieht die weite Welt vorbei, drinnen wird sie der Reihe nach aufgegessen. Pompöse Captain's Dinner, organisiert mit Musik und Lightshow, machen den Kern des Geschäfts aus. Wer wird mit wem an welchem Tisch plaziert? Gibt es den Wein umsonst dazu? Wer hat beim Frühstücksbuffet den reichlicheren Schinken? Ist am mittleren Nachmittag noch ein Light Lunch mit Süppchen, Eisbombe und Torte ohne Aufpreis drin? Das sind die entscheidenden Fragen, wenn das Publikum zwischendurch am Pool verdaut und dort denselben Verdrängungswettbewerb um die besten Plätze inszeniert wie sonst im Hotel. Sollte zwischen den Mahlzeiten Begehrlichkeiten oder gar Langeweile aufkommen, bieten die Kreuzfahrtgesellschaften, die sich als gigantische Investoren und Geldumlaufpumpen längst als globale Aktiengesellschaften organisiert haben, Wasserrutschen für die Kleinen oder Kinderkino, Kletterwände für die nervenden Pubertären oder die agilen Vatis. Jogger können über einen Pfad Dutzende Runden ums Deck laufen. Es gibt dasselbe wie in einem Strand- oder Alpenresort: Tischtennis, Billard, Boccia, Hüpfkissen und sogar kulturhistorische Vorträge oder Lesungen mit beliebten Autoren oder Konzerte mit Musikern, bekannt aus Funk und Fernsehen. Doch während man sich vom Hotel mühsam zu den Sehenswürdigkeiten der Umgebung aufmachen muss, kommen sie hier zu den Reisenden frei Haus: heute Agadir, morgen Gibraltar, letzte Woche Kuba, nächste Woche Island. Kreuzfahrten kommen der Utopie des Tourismus nahe, ganze Länder, Epochen, Kulturen bequem und häpp-chenweise konsumierbar zu machen. Und sogar nachts, wenn die Passagiere schlafen, geht die Reise im schwimmenden Hotel weiter. Was solch ein Riesendampfer an Abgasen, Altöl und Müll in den befahrenen Ländern hinterlässt, bekommen die Reisenden ebenso wenig mit wie die Wohnverhältnisse des unterbezahlten Personals unter Deck. Nicht einmal über die politischen und sozialen Verhältnisse müssen sich die Kreuzfahrer Gedanken machen, denn man ist ja komplett ortlos unterwegs. Bricht irgendwo eine Revolution oder ein Hungeraufstand los, sind die Islamisten am Nil mal wieder nicht zu bändigen oder ist auch nur das Wetter in Bilbao zu rauh – dem Schiff ist es egal. Es fährt majestätisch vorbei, der Landgang wird zur Erleichterung aller abgesagt und woanders nachgeholt. Auf einem Kreuzfahrtschiff wird die Reisegesellschaft autark, von den hygienischen, kulinarischen, ästhetischen Bedingungen der besuchten Gegenden komplett unabhängig. Es ist das Ideal jedes Tour Operators, der sich mit Gewerkschaften von Busfahrern und Zimmermädchen nicht mehr herumschlagen muss und keine Klagen über schlechte Baulichkeiten und mieses Frühstücksbuffet mehr kennt.

Und das Publikum ist derart zufrieden, dass die Zuwachsraten der Kreuzfahrer seit Jahren ins Zweistellige gehen – egal ob bei einem Sturm bei Barcelona ein paar Tote nach einem Wellenbrecher quer durch eine Kreuzfahrtlounge zu beklagen sind, ob ein Darmgrippenvirus ein ganzes Schiff in der Karibik lahmlegt oder ob die Costa Concordia von einem unfähigen und feigen Kapitän an Italiens Küste aus Jokus versenkt wurde. Kreuzfahrtgesellschaften bezahlen bis zu sechsstellige Liegegebühren am Tag und haben damit jede Stadtverwaltung in der

Hand. Nehmen sie die andere Kykladeninsel, ist die übergangene ruiniert, selbst wenn das Gros des Geldes für Essen und Trinken, Nächtigung sowieso, an Bord bleibt. Schon das Catering der Schiffe, die Belieferung mit Unmengen an Lebensmitteln und Diesel, das Abpumpen von Fäkalien und das Entsorgen von Müll nährt in den Häfen tausende von Familien. Vor allem in armen Gegenden kommt die Lebensqualität reicher Europäer und Amerikaner mitten in die Slums von Havanna oder der Kapverden gesegelt – ohne dass der Clash der Zivilisationen bei den Reichen sonderlich spürbar wäre. Man bleibt ja, während die Sonne auf alle gleich ungnädig brennt, komplett von der eigenen Pool-Welt umhüllt, mehr noch als in einem umzäunten Luxusresort. Risiken gibt es so gut wie keine – jedenfalls ist bisher noch nie ein Kreuzfahrtschiff von Piraten attackiert worden. Und Terrorismus gegen Tourismusdampfer, der vor Jahrzehnten zu einem Problem zu werden drohte, hat bisher keine Nachfolger gefunden. Dazu kommt der Transport des gesamten Resorts einer reich alternden Gesellschaft ungemein entgegen: Die spießigen Zeremonien der Dinner und das Showprogramm mit blinkenden Spielautomaten und leichter Klassikmusik entsprechen dem Rentnergeschmack prächtig. Zwackt es an der Hüfte oder ist es zu heiß, fällt der anstrengende Landgang eben aus. Wer lieber dem Schiffsclown zuschaut als libysche Ausgrabungsstätten anstarrt, kann sich leicht entscheiden. Es gibt heimisches Satelliten-TV mit den vertrautesten Serien und Nachrichtensprechern in jeder Kabine, es gibt Klimatisierung und Diätküche, Aufzüge, massenhaft gepolsterte Liegestühle, und niemand muss seinen Koffer schleppen. Als luxuriöses Altersheim auf Wellen, bei dem die Restwelt nur mehr das Hintergrundspektakel einer auswechselbaren Kulisse bietet, ist ein

Kreuzfahrtschiff der Triumph des organisierten Reisens. Eigentlich könnte man sogar den sanften Tod an Bord, der im Mittelalter bei den kriegerischen Kreuzfahrten mit dem Segen eifernder Theologen direkt ins Paradies führte, als Krönung eines erfolgreichen Lebens mit inszenieren: Seebestattung im Kreis der Mitreisenden mit einem letzten militärischen Hupensalut und einem Salutieren des Kapitäns in vollem Ornat. Mag sein, dass es so etwas angesichts des überalterten Publikums sogar gibt, aber es wird nicht an die große Schiffsglocke gehängt. Die Kunden sollen unterwegs im Kreise der Mitpassagiere die Gedanken an den Tod schließlich erfolgreich verdrängen. Solange das Schiff sie noch fährt, hat die allerletzte große Reise noch Zeit.

WARUM IN DIE NÄHE SCHWEIFEN,
WENN DAS FERNE SO NAH LIEGT?

»Im Herbst mache ich noch Namibia, aber für den Winter bin ich mir nicht ganz sicher – entweder wird es was in Südamerika, aber in Bolivien war ich ja neulich schon. Vielleicht Peru, mit den Anden und so. Oder aber doch die Malediven, da war neulich eine Kollegin von mir und war ganz begeistert.« So ähnlich lief der Monolog einer offenbar weltkundigen älteren Dame mit schwäbischem Akzent, den ich neulich am Nebentisch in einem Restaurant belauschen konnte. Es ging da noch länger um Abwägungen einer Abenteuerkreuzfahrt in die Antarktis gegenüber den Vorzügen von Karibikstränden oder die Frage, was man so alles an Ausrüstung für eine Tour im Geländewagen durch den Outback von Australien benötigt. Fernreisen, so viel war sicher, gehörten zu den Hobbys der Dame. Sie sprach über die Welt und lauter Orte, an denen ich nie gewesen war und die ich im Leben niemals sehen werde, mit einer beiläufigen Vertrautheit, als wäre die Rede vom Erzgebirge oder der Lüneburger Heide. »Letztes Jahr habe ich Venezuela gemacht« – solch eine Formulierung enthält eigentlich schon das ganze Wunder und den ganzen Schrecken einer Fernreise.

Denn eigentlich ist es ja wunderbar und zeugt vom Triumph des modernen Sozialstaates, wenn ganz normale Leute, die bei der Post arbeiten oder als Physiotherapeuten ihr Brot verdienen, den ganzen Erdball wie in einem

Katalog zur Auswahl haben. Erstaunlich preiswerte Flüge und Arrangements ermöglichen auch dem unteren Mittelstand regelmäßig eine Flussfahrt im Amazonasdschungel ebenso wie Traumstrände (normale Strände gibt es ja nicht mehr) in Atollen des Indischen Ozeans. Wer im Sportverein Australien nicht kennt oder noch nie das Package Gnu-Löwe-Elefant durch afrikanische Savannenreservate hat rennen sehen, gilt als Provinzler, der nichts von der modernen, ach so weiten Welt mitgekriegt hat. Die etwas prollige Ostbraut aus Marzahn, deren Hobbys Bräunungsstudio und Fernreisen sind, konnte im vereinigten Deutschland zu einer Comedyfigur werden. Denn wenn ein winterlicher All-inclusive-Urlaub in die »Dom-Rep« nur knapp über dem Hartz-IV-Satz liegt oder ein deutscher Rentner noch ordentlich an Heizung und Wollsachen sparen kann, wenn er eine preiswerte Überwinterung in einem Resort am Roten Meer in Ägypten bucht – dann ist der Traum vom Weltreisen für jedermann, den bei Jules Verne einzig ein spinnerter, superreicher Lord aus Britannien träumen konnte, für nahezu alle Wirklichkeit geworden. Ich bin, was den Genuss und die einzigartige Erfahrung von weiten Reisen und fremden Ländern angeht, immer skeptischer geworden. Die wenigen sehr reichen Menschen, die ich persönlich kenne, sind gewiss an den abenteuerlichsten Orten auf der Südhalbkugel gewesen, doch in den letzten Jahren erlebe ich, wie sich gerade diese Leute in ihren Landhäusern am Tegernsee oder in einem deutschen Mittelgebirge verschanzen, wo sie dann mit gemütlichem Kunstsammeln, Jagen oder dem Füllen ihrer Weinkeller gewiss kein Kleingeld ausgeben. Bloß Fernreisen im Schlepptau der Massen sollen es offenbar nicht mehr sein. Was einst ein Statussymbol für Entdecker, Großwildjäger, Abenteurer oder Ethnologen war, kann man jetzt – Wildnis und Risiko inklusive – in jedem Reisebüro buchen.

Dahinter steckt eine merkwürdige Sehnsucht nach dem Fremden und Offenen. Gerade das Unplanbare und Überraschende wird mit einer Fernreise penibel geplant und abgehakt. Je geordneter, sicherer und repetitiver der Alltag in der Mediengesellschaft daheim empfunden wird, desto glorreicher die Verheißung, einmal in einer ganz anderen Klima- und Zeitzone, mit ganz anderen Sprachen, Bräuchen und Religionen einem ganz anderen Leben anzugehören: Paddeln, wo Krokodile hausen. Herumkraxeln im Ewigen Eis. Im Sand herumlungern abseits der Zivilisation. Solche Wahrträume enthalten natürlich allzeit den Standard jeder modernen Reise: Rücktrittsversicherung und Heimtransport im Krankheitsfall. Hygienischer Standard und Schlafkomfort wie in einem europäischen Mittelklassehotel. Betreuung und Hilfe durch Ortskundige. Zum großen Abenteuer gehören Netz und doppelter Boden. Eine Safari mit dem Fernrohr zum Fressplatz der Hyänen der Serengeti wird erst richtig rund, wenn man abends bei einem gekühlten Pinot Grigio und einer leckeren Pasta in der Lodge die Erlebnisse austauschen kann. Kein Resort auf Mauritius ohne Golfplatz, Weinkeller und französische Spitzenköche. Und selbst wer mit dem Wohnmobil durch Alaska von einem Grizzlyreservat zum nächsten rollt, hat um des puren Überlebens willen seine Landkarte mit den eingezeichneten Supermärkten und Campingplätzen dabei. Überlebensfähig in der Natur sein wie ein echter Entdecker des neunzehnten Jahrhunderts, den Alltag der Eingeborenen über Monate oder Jahre teilen wie ein Ethnologe oder auch nur aufs Geratewohl durch Japan fahren – das ist bei der Standardfernreise aus guten Gründen nicht drin. Die Frage bleibt offen, ob man im Paket der Veranstalter wirklich die ferne Welt kennenlernt und erschließt, oder ob man nur kontrolliert, wieweit die eigenen, globalisierten Tourismusbräuche mit Bad und WC inzwischen an den absurdesten Steilküsten, in den lebensfeindlichsten Wüsten und bei den primitivsten Völkerschaften angekommen sind. Insofern ist die Redewendung »Wir machen Mittelamerika« gar nicht verkehrt: Das, was ich am Ende in ein paar Tagen von einem fernen Subkontinent mitbekommen habe, ist selbstproduziert. Irgendwie paradox: Man reist sehr weit, um sich und den inneren Träumen ganz nah zu kommen.

Meine eigenen Erfahrungen bei Fernreisen sind – etwa verglichen mit der eingangs erwähnten Kontinentenhüpferin am Nebentisch – eher spärlich, dafür aber durchweg ernüchternd. Im Lauf der Jahre hat es mich immerhin je einmal nach Nord- und Südamerika, in den Nahen Osten, nach Nordafrika und in den Fernen Osten verschlagen. Das war's auch schon, und ich würde die Behauptung nicht wagen, ich hätte die USA oder China, Ägypten oder Brasilien »gemacht«. Allein schon die Dimensionen solcher Reiseziele im Vergleich mit dem übersichtlichen Alteuropa sind gewaltig. Als Reisender kann man da auch geografisch in den paar zur Verfügung stehenden Tagen allenfalls hereinschnuppern.

Doch was erschnuppert man da? Ich erinnere mich beispielsweise an den 3. Oktober 1990, den Tag der deutschen Wiedervereinigung. Ich befand mich damals in Ägypten, genauer gesagt in Assuan am oberen Nil, wo man zufällig gerade den Geburtstag von Mohammed feierte. Ein magischer Moment wie aus einem Märchenbuch: Hunderte Männer auf einem Platz, den Lehmhäuser umstanden. Von den Dächern sahen mehr oder weniger verschleierte Frauen den Männern zu, die zu einer wunderbar meditativen Musik eines Oboisten und einer Hammondorgel zu tanzen begannen – alle im langen Gewand. Ich war als Einziger mit einer europäischen Hose bekleidet. Man war ungemein höflich, bot mir lächelnd einen Sitzplatz auf einer Bank an, und ein kleiner Junge brachte mir ungefragt einen süßen Minztee auf einem Tablett. Ein Wein oder ein Bier, wie es sie auf meinem Nilkreuzfahrtdampfer im Kühlschrank gab, wären mir in dem Moment viel lieber gewesen, aber das ging selbstverständlich nicht. Und auch wenn man für mich eine Ausnahme von den strengen Vorschriften des Propheten gemacht hätte – ich hätte mich nicht verständigen können. Die sinkende Sonne tauchte vom breiten, majestätisch dahinfließenden Nil herüber die ganze Szenerie in ein unwirklich rötliches Licht. Ich machte mir klar, dass ich noch nie in meinem Leben weiter südlich war, dass ich mich in kulturellen Termini noch nie weiter von daheim entfernt hatte. Alles war sehr relaxed, friedlich, die angebotene Haschischpfeife lehnte ich freundlich ab, weil ich Angst hatte, den Rückweg zum Boot nicht mehr zu finden. Noch einmal: ein magischer Moment an einem historischen Tag.

Und doch – schon bei der Tanzfeier der Nubier um mich her fühlte ich mich unangenehm fremd. Heute würde man – ob zu Recht oder nicht – in solch einer Situation ganz allein unter fremden Arabern über Fundamentalisten, Salafisten, Al-Qaida-Attentäter nachdenken, und es würde überhaupt keine Gemütlichkeit aufkommen. Aber das war damals nicht das Problem. Ich fühlte mich mehr und mehr wie in einem Kino, das einen durchaus faszinierenden Film zeigt, aber leider ohne Synchronisation und ohne Untertitel. Was die Leute um mich da genau feiern, was sie mit diesem Moment verbinden, was das ganze soziale Arrangement bedeutet – ich musste das ja gar nicht wissen. Aber ohne das alles zu begreifen, fühlte ich mich nur noch fremder und einsamer. Um nicht länger geduldete Staffage zu bleiben, um hier als einigermaßen würdiger, verständnisvoller Gast ein bisschen dazuzugehören, hätte ich jahrelang fremde Sprache und Schrift und Religion und Brauchtum studieren müssen. Aber das wollte ich ja gar nicht. Ziel der Reise war, sich mit guter Fachliteratur im Gepäck in Tempeln und Gräbern des antiken Ägyptens herumzutreiben und über den Götterhimmel, Mumien und Hieroglyphen einiges zu lernen – dabei bestens unterstützt von fachkundigen Erklärern. Das waren jeweils gemütliche Ausflüge in Grabungsstätten am Nil, bevor ich wieder meine westliche Kajüte mit dem Bierkühlschrank beziehen durfte – und weiter ging die Fahrt. Hier aber, auf diesem Platz in Assuan, geschah etwas, das mir meine komplette Fremdheit in diesem fernen Land klarmachte. Was hatte ich hier zu suchen? Was für eine dumme Figur, hier lächelnd und kopfnickend wie eine europäische Puppe herumzusitzen! Nicht die anderen waren in diesem Moment das Problem für mich, sondern ich selbst. Schade, angesichts der wundersamen Szenerie wie aus einem alten Orientfilm. Aber mein Gehirn konnte ich nicht abstellen. Bald grinste und nickte ich noch einmal meinen freundlichen Nachbarn zu, suchte mein Schiff und schloss mich am Tag der Deutschen Einheit, der auch Mohammeds Geburtstag war, in meiner Kajüte ein.

Jeder gewiefte Fernreisende könnte mir jetzt entgegnen, dass ich nur mal lockerlassen, einfach die Fremdheit und Exotik auf mich einwirken lassen müsse. Was für ein Zauber! Aber mir fällt da Karl Valentins geniale Feststellung ein, dass sich der Fremde vor allem in der Fremde fremd fühlt. Fremdheit, die ich überhaupt nicht verstehe, ist mir unbehaglich und letztendlich langweilig. Als würde mir jemand eine lange Geschichte in einem unverständlichen Idiom erzählen, und ich müsste immerzu dazu nicken. Wenigstens ein bisschen Kommunikation, ein Rumpfverständnis muss es schon sein.

Und genau dafür bürgt ja auch das Arrangement einer Fernreise. Auf meinem Nildampfer war ja dafür gesorgt, dass ich meine Neugier aufs Altertum zumindest ein wenig befriedigt bekam. Aber löst sich so das Problem kultureller Fremdheit, ja Ausgesetztheit in der Ferne? Für mich wäre es auch problematisch gewesen, wenn ich mit einer Gruppe gutwilliger Landsleute die Tanzparty zu Ehren von Mohammed besucht hätte. Ein Reiseleiter hätte uns angedeutet, was da so gesungen wird, was die Tanzschritte in etwa bedeuten. Man hätte hunderte Fotos mit Blitzlicht gemacht und das magische Abendlicht zerstört, die Menschen hätten trotzdem irgendwie fremdenfreundlich gelächelt. Am Ende dann hätte man uns Europäer womöglich noch zum Mittanzen aufgefordert, man hätte den Teeträgern Trinkgeld gegeben. Und schon wäre aus dem friedlichen Nachbarschaftsfest eine kommerzielle Folkloreshow geworden, wie es sie ja auch tatsächlich überall auf der Welt gibt, wo Touristen in Gruppen aufmarschieren. Nicht die Szenerie, nicht die Menschen gingen mir bei dieser ersten echten Fernreise in eine erste fremde Kultur meines Lebens auf den Nerv. Ich ging mir selber auf den Nerv.

Dieses Gefühl hat mich auf keiner der folgenden Fernreisen, die auf den 3. Oktober 1990 folgen sollten, jemals wieder losgelassen. Was natürlich zuallererst zeigt, dass ich nicht der Typ für Fernreisen bin – so wie andere eben nicht gerne wattwandern, zum Shopping nach London jetten oder griechische Tempelruinen besichtigen.

Ich meine die Skepsis gegen die Ferne auch keineswegs kategorisch, es gibt für mich keinerlei moralisches, ja nicht einmal ein ökologisches Argument, das gegen interkontinentales Reisen spricht. Wer bin ich, da den Zeigefinger zu heben? Nein, ich möchte nur auf den tiefen Abgrund hinweisen, den eine weite Reise zu überbrücken vorgibt – und doch oft nur weiter aufreißt.

Hinzu kommt der Aspekt, dass es in der Ferne durchaus nicht nur um Geschmacksfragen geht, sondern um Leben und Tod. Damit kann der Tourist selbst gemeint sein, nämlich wenn – denken wir einmal an den Norden von Mexiko oder kriminell geprägte Metropolen wie Medellin oder Johannesburg – die Reise selbst zum Risiko wird. Habe ich der Gewalt, die hier oft bereits zwischen den Bewohnern zur traurigen Gewohnheit geworden ist, als Reisender etwas entgegenzusetzen? Und ich spreche nicht nur von der Hasenfüßigkeit, im Zweifelsfall bewaffneten Ortskundigen ohne jede Skrupel bei Raub, Entführung, Mord ausgeliefert zu sein. Bei mir jedenfalls hört spätestens hier der Reiz der Exotik auf. Schon allein, darüber nachdenken zu müssen, wo in Los Angeles oder Rio die sogenannte No-go-Area beginnt und wo ich mich unter der Obhut von Polizei und Sicherheitspersonal geborgen fühlen darf, verdirbt mir den Spaß an der Fremde. Auch wenn ich nicht selbst zum Opfer dieser schlimmen Verhältnisse werde, möchte ich nicht einmal zum Zeugen werden – oder gar zum Nutznießer der Klassengesellschaft, die einigen Sorglosigkeit, anderen Ausgeliefertsein beschert. Hinter meinem Sicherheitszaun einer Strandlodge in der brasilianischen Provinz Bahia wurden mir bei meinem einzigen Aufenthalt paradiesische Szenen vorgespielt: Man bezahlte an den verschiedenen Grill- und Caipirinha-Bars im Sand mit Plastikblumen, die man wie eine hawaiianische Postkartenschönheit um den Hals herumbaumeln hatte. Es gab Strandgymnastik für Senioren unter Anleitung durchtrainierter Brasilianerinnen. Es gab Wellenrauschen und Bootsausflüge, Palmenschatten und blitzsaubere Pools. Als ich indes den Wunsch äußerte, mich doch einmal in der benachbarten Großstadt Salvador umzusehen, die für ihre farbenprächtige Altstadt im portugiesischen Kolonialstil berühmt war, schüttelten die Reiseleiter nur mit dem Kopf. Viel zu gefährlich. Keinen Schritt könne ich ohne Gefahr für Leib und Leben dort allein unternehmen, und selbst der Gruppenausflug mit Sicherheitspersonal blieb auf einige Schritte entlang der Fassaden beschränkt, in ziemlich unbehaglicher Stimmung. Musste ich dafür um den halben Globus reisen? Wenn meine Bewegungsfreiheit, offenbar mit guten Gründen, derart eingeschränkt bleibt, dann wird der Urlaub für mich zu einem – und dann auch noch obszön luxuriösen – Gefängnisaufenthalt, inmitten einer Humanwildnis, deren Verhältnisse und Gesetze ich aus zwei Kilometern hinterm Resortzaun schlechter mitbekomme denn aus vielen tausend Kilometern in einer Fernsehdokumentation. Wäre ich nur für Sonne, Strandgymnastik und Caipirinha gekommen – gut. Doch Brasilien als Land habe ich dort überhaupt nicht erlebt. Und so ähnlich ist es wohl in zahllosen Strandresorts zwischen Hurgadha und Scharmel-Scheich, den Malediven und Bali, Mombasa und Kuba. Zu wissen, dass ein paar Kilometer neben meinem Luxus eine Vorform der sozialen Hölle herrscht, wo keine Gesetze der Humanität oder gar des Pauschalreisekatalogs mehr gelten, vergällt mir die Stimmung. Das ist keine moralische Frage, denn auch daheim oder bei einer Landpartie durchs romantische Oberfranken lebe ich genauso luxuriös und helfe den Leidtragenden ebenso wenig. Doch ich

will das Elend nicht auch noch aus nächster Nähe mitmachen, meine Machtlosigkeit, Privilegiertheit und Gleich-
gültigkeit so richtig durchleben. Es ist für mich, als müsste
ich ein herrliches Sternemenü neben einem abgehunger-
ten Kind mit traurigen Riesenaugen am selben Tisch verzehren.

Natürlich heißt Reisen nirgendwo, mit den sozialen
und politischen Verhältnissen des bereisten Landes ein-
verstanden zu sein. Das bin ich ja schon zu Hause keineswegs, und das ist auch mein gutes Bürgerrecht. Doch eine
gewisse Plattform sozialer Grundrechte und gemeinsamer
Werte macht es leichter, sich nicht wie ein Außerirdischer
im diesseitigen Elend zu fühlen. Wenn ich weiß, dass in
meinem sonnigen Traumland Menschen meiner eigenen
Überzeugung deportiert, gefoltert oder wenigstens überwacht und schikaniert werden, schmeckt eine solche Tour
plötzlich ranzig. Ich habe aus genau solchen Erwägungen
auf eine Reise zu antiken Stätten ins autoritäre Syrien
verzichtet, schon lange bevor dort der grausame Bürger-
krieg losbrach. Und auch hier ist das Unbehagen keineswegs allein ethisch zu erklären, denn ich maße mir nicht
an, in solch komplexen und unterschiedlichen Gesellschaften wie Myanmar, Pakistan, Kuba oder China zwischen Gut und Böse, Recht und Unrecht zu unterscheiden. Ich habe auch keine Lösung parat. Ich möchte nur
nicht als offenkundiger Teil des Problems – also Ungleich-
heit von Recht und Reichtum – auftreten und mit sanfter
oder unsanfter Gewalt von den wirklichen Zuständen ab-
schotten lassen.

Es ist in solchen Fällen eher ein unbestimmtes Gefühl,
beim Reisen übervorteilt zu werden und durch eine Po-
temkinsche Landschaft zu fahren. Schaffe ich es nicht
mehr, mein Gehirn beim Grübeln über die offenkundige

Verlogenheit meiner Reise, über mein Herumirren in einer puren Inszenierung abzuschalten, bleibe ich lieber weg. Dasselbe gilt für Reisen in erklärtermaßen religiös geprägte Gegenden. Persönlich will ich mich woanders in Debatten um uralte Bräuche und ihre Nachteile gar nicht einmischen; das ist Sache der Menschen, die in solchen Ländern leben. Und wenn in einem Land diese Bräuche besagen, dass Frauen sich zu verschleiern haben, am besten komplett, dann könnte ich meine Frau trotzdem nicht überreden, diese altväterliche Sitte für zwei, drei Urlaubswochen mitzumachen. Warum sich verbiegen? Bekannte von mir reisten jüngst nach Saudi-Arabien und mussten vorher einen Schrieb unterzeichnen, demzufolge sie die islamische Gesetzgebung strenger Auslegung für die Dauer ihres Aufenthaltes akzeptieren. Das bedeutet: Todesstrafe, auch per Steinigung, Handabhacken und – solche Fälle gab es ja – Strafe für das Opfer bei Vergewaltigung. Weil ich mich aber weder aus der Ferne noch aus der Nähe mit dieser Art sozialer Regelgebung abfinden kann, kommt eine Fahrt nach Saudi-Arabien, in die dortigen Emirate oder in den Iran für mich eben nicht in Frage.

Die Armut ist ja nicht nur ein moralisches, sondern ein ganz praktisches Problem, das eine Reise oft begleitet. Es ist eines, es theoretisch schlimm zu finden, wenn irgendwo in Afrika oder Südamerika arme Kinder für ein paar Cents am Tag ausgebeutet werden. Wenn Menschen Hunger leiden. Wenn ausgemergelte Alte in der Hoffnung auf Almosen den wohlgelaunten Touristengruppen entgegenhumpeln. Praktisch kommt der Reisende aber ganz direkt in ein Dilemma. Gibt er den Armen etwas Kleingeld, ist das recht tröstlich für das persönliche Gewissen, lockt aber naturwüchsig andere Bettler an – die Fahrt gerät zu einem Spießrutenlaufen, bei dem man sich durch entgegengereckten Krimskrams durchwuseln muss und keine Sekunde mehr Ruhe hat, einen Blick auf die Moschee, die Pyramide, die Bergkirche, das besonnte Flusstal zu werfen, für das man eigentlich die weite Strecke angereist ist – und das man wohl niemals im Leben wird wiedersehen können. Aber dieses eine Mal nun eben auch nicht, denn der Aufenthalt ist zu einem Dauerringkampf mit Bettlern geworden.

Also gibt man konsequenterweise nichts, scheucht die lästigen Leute fort oder lässt das, besser noch, von den Reiseveranstaltern, Kellnern, Hotelbediensteten übernehmen. Das ist schon schlechter fürs Gewissen, aber das lässt sich immerhin beruhigen: Was geht mich die schlimme soziale Lage in diesem Land an? Sollen doch die Reichen und Mächtigen ihrer Verantwortung gerecht werden. Mit etwas Kleingeld wird den armen Kindern ohnehin nicht aus dem Elend geholfen. Und überhaupt: Warum gibt es hier keine Schulpflicht, damit die Slumbewohner etwas lernen können? Wo stecken die Erziehungsberechtigten? Großen Augen und hungrigen Blicken kann man sich mit solchem Selbstbetrug nicht nachhaltig entgegenstellen. Aber so oder so – die Urlaubsfreude ist durch die Konfrontation mit der Wirklichkeit erst einmal verdorben.

Doch der innere Monolog auf Reisen kann noch ganz andere semantische Höhen erklimmen; Zeit zum Nachdenken hat man im Urlaub ohnehin genug. Das geht dann so: Wäre ich nicht hier, dann käme gar kein Geld ins Land. Ich unterstütze zwar durch meine Reise den stinkreichen Diktator und seine Kamarilla, aber ein paar Cents werden doch sicherlich auch den Armen hier zugutekommen. Dass diese Leute mich als einen wandelnden Nabob betrachten, als einen Kleingeldautomaten auf zwei Beinen ist zwar schade, aber eine echte Kommunikation über so tiefe Wohlstands- und Kulturgrenzen kann leider nicht zustande kommen. Dafür gibt es ein Ministerium für Entwicklungshilfe, pardon: Wirtschaftliche Zusammenarbeit. Welche wirtschaftliche Zusammenarbeit zwischen Armen und Reichen ist im Urlaub aber überhaupt möglich? Die ernüchternde Antwort muss wohl lauten: keine. Und selbst der politisch engagierteste Reisende wird in einem ehrlichen Moment sich selbst gestehen, wie herrlich es sich anfühlt, mal ein Weilchen von dreisten Bettlern, Taschendieben, Fliegenden Händlern abgeschottet zu sein. Reisen ist keine Wohltätigkeitsveranstaltung und dient per definitionem der Zufriedenheit des Reisenden. Alles, was den bereisten Gegenden dabei zugutekommt, ist das Abfallprodukt des Touristen-Egoismus, da sollte man sich nichts vormachen.

Meine persönliche Folgerung aus solchen Momenten: Mir sind diese Zusammentreffen von fremder Armut und meinem relativen Reichtum peinlich, und ich möchte diese Peinlichkeit nicht mehr mitmachen. Es gibt nirgendwo in der Welt ein Reiseziel, das mir verlockend genug erschiene, mich solchen inneren Moraldebatten weiter auszuliefern. Kommt es einmal anders, dann muss ich die Ablehnung einer Reise in bettelarme Länder noch einmal mit mir selbst abwägen. Bis dahin ziehe ich es schlicht vor, in Gegenden unterwegs zu sein, wo man sich einigermaßen ohne schlechtes Gewissen und ohne den Zwang zur direkten Anpumperei in die Augen blicken kann. Wo die Armut und die soziale Verwahrlosung so groß sind, dass die Menschen gar keine andere Wahl haben, als Touristen direkt anzugehen und in ihrer Hoffnung darauf ihr Überleben zu sichern, betrachte ich das Reisen als die verkehrte Lösung dieses Sozialkonfliktes. Das muss auf politischem Weg geschehen. Und den kann ich als Reisender nicht beeinflussen. Sollten sich die materiellen Verhältnisse in einem Land so weit bessern, dass ich darauf hoffen kann, einigermaßen zivil meine Dienstleistungen zu bezahlen, kann ich ja wiederkommen. Solange sich himmelschreiendes Elend und Ungerechtigkeiten vor meinen Augen abspielen, will ich nicht direkt involviert werden – und schon gar nicht als spendabler Pfennigverteiler auftreten. Und sage niemand, dass das alles unschön nach Eskapismus klingt. Wie es in der Sahelzone oder in den Favelas Südamerikas aussieht, weiß durch Medienbilder ohnehin jedermann. Ob ich nun an der Copacabana in der Sonne liege oder in Bad Pyrmont durch den Kurpark spaziere – es macht für die Verhältnisse in der Welt keinen Unterschied. Ich sollte mir nur bei einer Fahrt an die Copacabana klarmachen, dass ich da in der Umgebung eventuell Situationen ausgesetzt werde, die meine moralische Balance belasten. Wenn ich Bilder vom Elend schwer verkrafte, bleibe ich dem Elend besser fern.

In puncto Kriminalität sieht meine eigene Verhaltensmaßregel ähnlich aus. Natürlich ist die U-Bahn von Berlin, ist die Pariser Metro oder eine Gasse der Altstadt von Neapel statistisch wahrscheinlich ein unsichererer Ort als ein Hotel in Malaysia oder ein Restaurant in Acapulco. Und das Auto kann einem auch im Ruhrgebiet geklaut werden. Mir persönlich wird es indes immer wichtiger, wenn ich nicht dauernd über die Gefahren meiner Anwesenheit nachdenken muss. Ich gehöre nicht zu den Leuten, die Kriminalität als Kitzel erleben, der ihrer Reise erst den richtigen Beigeschmack von Abenteuer gibt. Fühle ich mich in einem Land mit hoher Kriminalität schon hinter Elektrozäunen im Hotelresort nicht wohl, so ist es draußen nur noch schlimmer. Bin ich als neugieriger Besucher im Land oder als potentielles Opfer? Weil ich diese

Frage nicht ständig im Hinterkopf haben möchte, fahre ich eben nicht nach Südamerika, und nicht einmal in die Vereinigten Staaten. Ich weiß schon daheim, dass der Anblick eines Waffengeschäftes mir Übelkeit verursachen würde. Der Gedanke, dass sich jeder Passant auf dem Gehsteig im Supermarkt mit einem Maschinengewehr eindecken kann – und ich keine Chance hätte, wenn er es einmal ausprobieren will –, das ist einfach für ein hasenfüßiges Gemüt zu viel. Also keine Museen in Boston, keine Jazzlokale in New York. Ich lasse mir lieber von den Vereinigten Staaten Amerikas erzählen und konzentriere mich auf mein touristisches Kerngeschäft. Der eigene Kontinent ist ja abwechslungsreich genug.

Die Abwägung von Behagen und Unbehagen, hohem körperlich-finanziell-ethischem Aufwand gegenüber den möglichen Genüssen spielt darüber hinaus stets eine Rolle, wenn es in andere Länder geht als nach Zentraleuropa. Natürlich würde ich gerne einmal vor dem Tadsch Mahal stehen. Doch was muss ich erdulden und abzweigen, wie muss ich schwitzen, wie viel Kohletabletten muss ich schlucken, bevor ich diese Erfahrung dann gemeinsam mit vielen tausenden Menschen im Gedränge machen darf? Wiegt all das Mühsame und Lästige diese paar Minuten wirklich auf? Ich selber komme meist zu dem Schluss, dass dem nicht so ist – zumindest solange ich noch ähnlich verlockende Ziele in adäquateren und bequemeren Ländern auf der Liste habe. Daher würde ich dann lieber mit geringerem Aufwand, geringerem Risiko, geringerer Körperbelastung und geringerem Sozialstress nach, sagen wir, Toledo oder nach Kreta aufbrechen. Da ist die Work-Travel-Balance einfach positiver, und da war ich bisher auch noch nie.

Was ich damit verpasse, weiß ich natürlich nicht, aber

das gilt umgekehrt genauso, wenn ich mich für die Serengeti und gegen die Alhambra entscheide. Das Naheliegende hat aber immer den Vorteil der besseren Kompatibilität. Weil es aber viele Menschen gibt, denen genau diese, vermeintlich langweilige Übereinstimmung der Lebensverhältnisse und Erfahrungen ein Greuel ist, bieten Reiseveranstalter auch die politisch korrekten, moralisch einwandfreien Entwicklungshilfe-Pauschalreisen in arme Länder mit großen sozialen Problemen an. Spezialisten haben den Kundenstamm sensibler Erste-Welt-Bewohner entdeckt, die wie ich unterwegs an ihrer materiellen Privilegiertheit leiden und sich im Luxushotel unter Hungernden deplaziert, ja skandalös finden. Ihnen kann selbstverständlich geholfen werden. Schon die vielen Flugmeilen nach Sri Lanka oder in den Sudan sind dann mit einem Aufforstungsprogramm für Tropenwälder oder dergleichem gekoppelt. Was man oben in zehn Kilometer Höhe an Atmosphäre vergiftet, wird gegen saftigen Aufpreis unten mit frischem Grün wieder gereinigt. Statt in Luxustempeln wohnen die ethisch geprägten Fernreisenden erbärmlich, doch glücklich in landestypischen Herbergen. Die Reiseleitung bringt sie in Kontakt mit armen Bauern, denen sie womöglich bei der Feldarbeit oder beim Mehlmahlen zur Hand gehen dürfen. Die vom Reiseveranstalter, also von den Reisenden selbst, geförderte Dorfschule für die Ärmsten gehört zum Besichtigungsprogramm; man kann mit lokalen Entwicklungshelfern über die Perspektiven der Sahelzone oder der Brunnenbohrung in Indien diskutieren; es gibt Produkte aus ethisch vertretbarer Produktion mit fairen Löhnen zum Kauf. Mit gutem Gewissen kann man nach solch einer Fernreise die Heimfahrt antreten, und wenn im Kleingedruckten noch eine Woche Chillen am Strand angeschlossen ist, so hat sich das jeder Moraltourist mit seinen Einschränkungen und Zumutungen in der bettelarmen Realität redlich verdient. Wenn Tourismus Gesundheit, Bildung oder erotische Abenteuer verkauft, warum dann nicht auch ein gutes Gewissen? Auch das wird bei einer solchen Tour zum Produkt, und wenn Menschen genug für dieses ethische Vergnügen bezahlen können, ist dagegen naturgemäß nichts einzuwenden.

Das Segment der Auseinandersetzung mit Not, Armut, Fundamentalismus im Urlaub ist freilich nichts für jedermann. Doch es gibt noch Fernreiseziele, bei denen sich diese Frage nicht stellt. Wer gerne im Land der Hobbits durchs grüne Neuseeland streifen möchte, wer nebenan in Australien Kängurus zählen will oder auf der friedlichen Insel La Réunion eine Wandertour über Vulkankrater unternimmt, der braucht sich der Frage »Wie hältst du's mit der Dritten Welt?« gar nicht erst zu stellen. Wo Menschenrecht und Sozialstaat herrschen, bleibt die offene Rechnung mit dem hohen Aufwand. Neuseeland um seiner selbst willen als weiteres Ziel im Abreißkalender der Destinationen kostet reichlich Geld und Flugzeit. Wandern kann man auch daheim, Englisch sprechen in Britannien oder Irland. Es muss schon eine besondere Neugier auf Fauna, Flora oder Geologie hinzukommen, um dann trotzdem zu den Antipoden aufzubrechen. Mein Verdacht, dass die westlich geprägte Welt der Moderne – leider und glücklicherweise – überall ähnlich aussieht, wurde bei einer Fernreise zu einem der wenigen Ziele mit demokratisch untermauerter Wohlstandsgesellschaft bestätigt: Taiwan. Wo die Menschen nicht mehr in Hütten hausen, bauen sie Hochhäuser oder mindestens jene drei- bis vierstöckigen Betonkästen mit Balkon und Klimaanlage, wie sie auch zu Millionen Athen, Catania oder Ankara verschandeln. Auch hier aber ist meine ästhetische Ablehnung keineswegs hochnäsig gemeint. Oder sollte ich zahnlose Fischer in unkontaminierter Landschaft beim Netzeflicken in Schilfhütten erwarten, wenn der Computer, auf dem ich täglich schreibe, durch gute Arbeit und gegen gutes Geld in Taiwan gefertigt wurde? Was sollte ich dagegen haben, wenn pittoreske Verfallenheit gegen erdbebensichere Normbauten ausgetauscht wurden? Sollen die Informatiker dort kein Fernsehen im siebten Stock mit Satellitenantenne nutzen und kein amerikanisches Dosenbier trinken?

Mir persönlich hat es in Taiwan mit ungemein wachen, liebenswürdigen Leuten, einer großartigen Infrastruktur von Straßen, Hotels, Restaurants ganz hervorragend gefallen. Nur wusste ich auch nach etlichen Tagen immer noch nicht, warum ich eigentlich hingefahren bin. Von Theodor W. Adorno stammt die zugespitzt illusionslose Aussage, dass die Welt immer mehr mit sich selbst identisch wird. Auf einem nächtlichen Markt in einer Millionenstadt auf Taiwan (den Namen habe ich als erbärmlicher Eurozentrist natürlich vergessen) gab es die Vergleichserfahrung zu meinem Erlebnis in Assuan. Auch hier ein perfekt inszeniertes soziales Miteinander mit Imbissständen, frisch zubereiteten Lebensmitteln, musikalischer Beschallung aus Lautsprechern. Und wieder gehörte ich nicht dazu, konnte kein Schriftzeichen entziffern, mich aber immerhin rudimentär auf Englisch verständigen, als ich Durst bekam. Doch richtete ich den Blick aufwärts, gab es hier keine Lehmhäuser, keinen Nil und kein subtropisches Abendlicht, sondern eine endlose Reihe von Hochhäusern, die auch in Frankfurt, Vororten von Lyon oder Moskau hätten herumstehen können. Moderne Hochhäuser eignen sich nun einmal kaum zum Besichtigen, es sei denn, man hat ein Faible für Fahrstühle und Aussichtsterrassen auf andere Hochhäuser. Auf dem Land in Taiwan wohnen die Leute gerade nicht in malerischer Armut, ihre wenigen erhaltenen Konfuziustempel voller würdiger und bunter Plastikfiguren stehen in Neubaugebieten, denn die kleine Insel ist sehr dicht besiedelt. Überall Reisfelder, Fischzuchtbecken und endlose Reihen von viereckigen Kastenhäusern oder – vor allem rund um Taipeh – viele Kilometer grauer Hochhäuser. Natürlich bin ich ein Banause, wenn ich die spannende Politik und Literatur und Filmproduktion auf diesen Aspekt einschränke, doch von den spannenderen Aspekten bekomme ich wegen der Sprachschwelle und der knappen Zeit leider sehr viel weniger mit als von der banalen Alltagsrealität, die sich kaum von der banalen Alltagswelt daheim unterscheidet. Eine Fernreise in den modernen Wohlstand bedeutet wieder den fremden Film ohne Untertitel, nur diesmal auch noch ohne den Reiz der Exotik. So sieht es aber mittlerweile – und ich beklage das keineswegs – an den meisten Orten der Welt aus: Neubauten, Autobahnringe, Supermärkte. Um das zu überprüfen, muss ich nicht erst verreisen. In den Fernsehnachrichten konzentriere ich mich inzwischen bei den Filmberichten aus aller Welt bewusst auf den Hintergrund, wenn im Vordergrund Menschen demonstrieren, schreien, wehklagen, die üblichen Fahnen von Feindesländern verbrennen. Es sind merkwürdigerweise immer ganz ähnliche Vorstadtstraßen mit viereckigen Kastenhäusern und Strommasten, wenn auch der Grad der Armut und Verwahrlosung je nach Klima und politischem System schwankt. Ansonsten scheint es mir als Banausen auf den ersten Blick egal, ob sich die gefilmte Szenerie in Singapur, Tel Aviv, Guadalajara, Detroit, Buenos Aires oder Guangdong befindet. Wenn eine

Fernreise mir eine mental unendlich ferne Gesellschaft bietet, in der es aussieht wie an den banalsten und hässlichsten Ecken daheim, fällt für mich der Anlass der Reise weg. Blättere ich in Reiseführern der neuen Metropolen in der Ferne, und meist geht es um eine angsteinflößende Megalopolis mit mindestens zehn Millionen Einwohnern und Dauerstau, dann bieten sich als Sehenswürdigkeiten meist ein paar Jugendstilhäuser, halbverfallene Relikte von Kolonialarchitektur oder frisch hochgezogene Protzbauten des jeweiligen, oft genug unappetitlichen Regimes. Natürlich kann in jedem dieser Länder – ob Argentinien oder Japan, Malaysia oder Nigeria – ein lernwilliger Kenner in faszinierende Aspekte einer fremden Gesellschaft und Kultur eintauchen, kann die Sprache erlernen und sich mit den Leuten anfreunden – doch ein Tourist kann das nicht wirklich schaffen.

Bleibt der Aspekt, den man von den meisten Fernreisenden nach der Rückkehr hört: die unvergleichliche Landschaft. Will man Achttausender erleben oder die Dünen einer endlosen Sandwüste, Korallenatolle oder einen Bambuswald, dann gibt es zur Fernreise keine Alternative. Man sollte nur aufpassen, dass die Vorliebe für Landschafts- und Naturdenkmäler nicht zu einer wohlfeilen Entschuldigung für eigentlich sinnloses, irgendwann habituelles Herumreisen wird. Hat man von einem Gebirge bei einer Bustour wirklich etwas mitbekommen? Was bedeuten ein paar Stunden in einem touristisch aufbereiteten Gehege des Amazonasdschungels? Welchen Erlebniswert hat der vierte Wasserfall? Gelingt es jemand im Urlaub tatsächlich, auf einem zähen Pferd wochenlang durch die Mongolei zu reiten, dann ist nicht nur meine Hochachtung grenzenlos – ich glaube auch, dass eine solche Erfahrung wirklich viel im eigenen Gemüt bewegt. Aber nur mal an einem Bergpanorama in Japan schnuppern? Vom Ozeandampfer auf den Pazifik blicken? Mit dem Hubschrauber ein halbes Stündchen durch den Grand Canyon? Auf dem Kamel drei Kilometer in Richtung Sahara? Stellt man solche aufbereiteten Landschaftsbesuche in Relation zum langen Anlauf, zum Interkontinentalflug, zum Herbergsgewerbe in unwirtlicher Gegend, zu den Visa und den Impfungen und den aufgebrauchten Ersparnissen – es relativiert sich doch alles ein bisschen.

Doch gerade solche wilden Landschaften verheißen furchtlosen Reisenden immerhin unwiederholbare Abenteuer. Als ich mir neulich eine Regenjacke kaufte, liefen in dem betreffenden »Outdoor-Shop« in einer Tour Videos, die mir zeigten, wofür meine banale Funktionskleidung eigentlich hergestellt wurde: Einsame Trekker zogen da im Himalaya ihre Bahnen entlang von grundlosen Schlünden. Jugendliche Skifahrer mit suizidalen Neigungen stürzten sich, die Kamera auf den Helm montiert, in Felsabgründe mit immer waghalsigeren Sprüngen ins Nichts. Sonnenverbrannte Jogger schnauften durchs Tal des Todes. Mir wurde an der Ladenkasse ganz schwindlig beim Anblick all der Flüge, Stürze, Landungen. Und doch hat gerade diese Form von Abenteuerurlaub besondere Konjunktur. Man kann da etwa als ehrgeiziger Bergsportler eine Himalayatour im Höchstgebirge ganz problemlos pauschal buchen: Sauerstoffflaschen und eifrige Sherpas fürs Gepäck sind da ebenso inklusive wie die Hubschrauberflüge (zur Not auch Abtransporte) knapp unter die Todeszone, wo sich dann auch ein gut trainierter Hobby-Alpinist ein paar Tage wie Reinhold Messner oder Gerlinde Kaltenbrunner fühlen darf. Das Hochpreissegment für sportliche Abenteuerreisen ist bunt. Bewohner von Inseln im Indischen Ozean hätten sich vermutlich nicht träumen lassen, dass sie einmal Touristen anlocken könnten mit dem Versprechen, dass man in ihren Gewässern zwischen weißen Haien tauchen kann. Killerwalstreicheln oder Camping im Löwenreservat gehören zu Herausforderungen gestählter Backpacker, welche die ganze Welt als eine Art Abenteuerspielplatz begreifen – das nötige Kleingeld und die ausreichende Freizeit vorausgesetzt. Und selbst wer es nicht so toll treibt wie Dynamitsurfer, die auf der von ihnen gesprengten Welle (und vor den von ihnen getöteten Fischen) auf dem Brett ins Tal hinabgleitet, der kennt immerhin den Kitzel des Bungeejumping von besonders hohen Brücken in Kanada. Todesmutige Freeclimber krallen sich an Felsen Grönlands oder Kolumbiens, die bisher als für Menschen unzugänglich galten. Und immer mal wieder finden sich Nachrichten über Pechvögel, deren Gleitanzug oder Spezialfallschirm sich beim Sprung von einem Hochhaus oder einer Klippe dann doch nicht ganz rechtzeitig aufgefaltet hat. Es reicht aber auch schon ein verstopftes Ventil in vierzig Metern Wassertiefe, und der Tauchausflug auf Madagaskar war der letzte. Ich bewundere das Schicksalsvertrauen der Millionen Bergsteiger, Taucher, Springer und Flieger, dass ihnen – und dann auch noch am Rand der bewohnten Welt – gerade kein Missgeschick widerfährt. Was wird aus den abenteuerlich-romantischen Flitterwochen, wenn sich ein Beteiligter beim Anmarsch auf den Kilimandscharo im Wald den Fuß verstaucht? Wenn ein böses Insekt zusticht und plötzlich die Körpertemperatur auf 42 Grad hochschnellt? Wo ist dann die nächste Apotheke? Kann mir im Dschungel oder im Klettersteig die deutsche Krankenkasse weiterhelfen? Die Anzahl von Reisen, die tödlich enden, ist schwer zu beziffern. Sicher ist, dass mit dem Fernreiseboom und ihren Risiken und Nebenwirkungen Tropenkrankenhäuser immer mehr zu tun bekommen. Dass jedes Hochgebirge während der Klettersaison Dutzendweise seinen Todeszoll verlangt. Dass vielen, sich überschätzenden Marathonläufern und Wanderern in fremden Klimazonen das Herz nicht aufgeht, sondern abrupt stehenbleibt. Ein ziemlich hoher Preis für das Abenteuer, das sein werbesprachliches Epitheton »ultimativ« plötzlich auf ganz unangenehme Weise verdient: Das ersehnte Abenteuer, das doch den Bruch mit dem langweiligen Alltag und eine einzigartige Ausschüttung von Adrenalin bedeuten sollte, ist ohne Risiko für Leib und Leben nicht zu haben. Dieses Risiko macht im Wettbewerb der Destinationen eine ganz besonders schräge, gewagte, fordernde Tour zu einem Statussymbol – aber sie kann auch das Ende der Lebensreise bedeuten.

Wer wie ich ein Neurotiker ist, der schon in Panik gerät, wenn in Paris beim Biss ins Croissant die Zahnplombe herausfällt, der sollte keinesfalls zur Zugreise durch den Norden Indiens aufbrechen. Ein angeritzter Fingernagel muss ja keine Blutvergiftung mit folgender Amputation zur Folge haben, doch ein Angsthase, der dauernd an so etwas denkt, ist besser beim Wandern im Sauerland aufgehoben. Wie erklärt man einem lächelnden Arzt in Peking die akuten Nierenschmerzen? Was, wenn der riesige Wal jetzt das furchtbar winzige Schlauchboot der Whalewatcher angreift, auf dem ich gerade sitze? Der Wal greift nie an, weiß der Bootsmann. Aber ich denke leider dauernd genau darüber nach.

Leben bedeutet nun einmal ein gewisses Risiko. Und Reisen fern von Hausarzt, Stadtkrankenhaus und örtlichem Polizeibüro steigert dieses Risiko gar nicht so unbeträchtlich. Wenn ich es minimieren will, muss ich mich in die Obhut von Reiseveranstaltern begeben, mich einzäunen und hinter Autoscheiben verschanzen – das ist dann die Weltreise light mit Rückholversicherung und Sicherheitsabstand zu allem Fremden. Wem die polynesische Volkstanzgruppe am anderen Ende der Welt als Abenteuer reicht, der hat immerhin die Gefahren kleingehalten. Wer beim Tandemfallschirmabsprung in Colorado seinem Schutzengel vertraut, der wird sich vielleicht noch nach Jahren mit glücklichem Lächeln an seine sündteure Fernreise erinnern.

Ich bekam neulich eine berufliche Einladung in ein Luxushotel nach Hawaii – eigentlich das ideale Fernreiseziel für einen Bedenkenträger: keine Armut, kein Fundamentalismus, keine Tropenkrankheiten, keine Gewalt, keine Probleme mit Essen und Trinken. Dafür Blumenkränze, milde Mondnächte am Strand, Ukulelenkonzerte, Vulkantouren ... Aber, fragte ich mich, was habe ich nach dreißig Stunden Flug mit übler Zeitverschiebung mitten im Pazifik verloren? Könnte ich am Strand und im Gebirge innerhalb von drei Autostunden nicht ganz ähnliche Erlebnisse auch in der Heimat geboten bekommen? Mir fiel partout kein Grund für Hawaii ein, und ich lehnte dankend ab.

DIE INNERE LANDKARTE –
EINE PHILOSOPHIE FÜRS
HANDGEPÄCK

Wohin soll die Reise gehen? Um mir darüber klar zu werden, lese ich oft Landkarten. Mit dem Finger auf dem Atlas zu verreisen gehört zur touristischen Kultur – immer wieder die ähnlichen Profile, Straßen, Berge. Nur so kann man sich die Zusammenhänge einprägen. Google Earth oder digitale Navigationssysteme machen Landkarten scheinbar überflüssig, doch könnte ich nie auf das Reisevergnügen verzichten, das mir beim Schmökern von alten und neuen, politischen und geologischen Landkarten zuteilwird. Nur durch einen imaginierten Blick aus dem Weltraum, durch die künstlich plattgerechnete Oberfläche der Erdkugel kann der Reisende die Verästelungen der persönlichen Tour herstellen. Nur so bemerkt man, über welche Gebirge, durch welche Flusstäler, Tiefebenen, entlang welcher Küsten man überhaupt unterwegs ist. Die Dimensionen eines bereisten Landes erschließen sich, zumal im Zeitalter von Flug und Autobahn, über die Erfahrung nur sehr rudimentär. Wie weit liegt Florenz von Bologna oder von Mailand entfernt? Das ist nicht nur eine Frage der Tourenplanung oder des Kursbuches der italienischen Eisenbahn, sondern führt mich direkt in die Historie. Wie kamen die deutschen Kaiser des Mittelalters bei Schnee und Regen in kürzester Zeit über den Apennin? Wie mühsam quälte sich mein Schwiegervater mit dem klapprigen Volkswagen der fünfziger Jahre noch über Pässe, die mir heute durch bequeme Tunnel erspart werden? Die Inselwelt der Ägäis muss ich nicht nur als passionierter Freizeitsegler mit dem Portolan in der Hand gut kennen; auch der abendländische Roman mit Schiffbrüchen und Piraterie entstand einst in antiken Stadtstaaten der Levante – zu genau der Zeit, als handelnde oder kriegerische Menschen diese Strecken quasi mit dem Linienboot unter Segeln oder Rudern zurücklegten; mit dem Atlas in der Hand kann ich Odysseus hinterherreisen. Und wenn ich in Sankt Petersburg den Newski-Prospekt hinunterblicke, erschließt sich mir die Dimension dieses russischen Riesenreiches erst, wenn ich die Karte ins Ferne imaginiere: Dieser breite Boulevard reicht, bildlich gesprochen, tausende Kilometer in den Osten, durch endlose Sümpfe und die Taiga, am Baikalsee entlang bis an die Grenze von Nordkorea. Nur wenn ich diese faszinierend-schauerlichen Dimensionen mitdenke, komme ich der Mentalität der Bewohner näher, ob sie nun unter dem Zaren zu Zeiten Dostojewskis hier wohnten oder heute.

Ohne gute Landkarte breche ich auch nicht auf zu einem Wochenendausflug in die deutsche Provinz, denn wie sollte ich sonst zwischen meinen Navigationszielen die ganze Dichte der Heimat mitbekommen? Wer nur in den Maßstäben von Autobahnkreuzen und Intercitystrecken denkt, den wird es niemals nach Dinkelsbühl oder Quedlinburg verschlagen – womit man Wunderschönes, vielleicht das Entscheidende verpasst hätte. Damit mir das nicht passiert, studiere ich immer wieder die Landkarten der Länder und Gebiete, in denen ich wohne, zum Arbeiten unterwegs bin oder Urlaub mache. Eine Route über die Alpen etwas abseitiger zu führen, um für den Preis einer Übernachtung die ausgemalte Holzdecke der romanischen Kirche im Schweizer Örtchen Zillis zu bestaunen – das ist es doch allemal wert. Und meist entdeckt man auf solchen krummen Pfaden dann wieder neue Nebentäler, Sehenswürdigkeiten, Wanderlandschaften, Thermalbecken, Skipisten, die einen weiteren Halt oder eine ganz eigene Reise verdienen. Erst mit dem Überblick und mit etwas Geduld bekomme ich so einen wirklichen Begriff einer Landschaft. So wie ich mit offenen Augen am Zug- oder Autofenster die Höhen und Tiefen, die Farben und Rhythmen einer Gegend in mich aufnehme, so kann ich das alles an einer Landkarte imaginieren. Dieses Vorgefühl einer Reise, die Phantasie beim Planen und Träumen geraten manchmal zum schönsten Aspekt – auch weil man sich leider manche Erlebnisse vorher eindrucksvoller vorstellt, als sie dann in Wirklichkeit sind. Aber warum sich nicht den Treck von Händlerkarawanen durch die Po-Ebene des Mittelalters ausmalen, wenn heute sich dort nur eine Fabrik an die andere reiht? Was einmal war, ist ja nicht verschwunden und lässt sich auch aus wenigen Überresten im Geiste rekonstruieren – hier eine altersschwache Kirche, dort das Relikt einer römischen Landstraße, da der nicht allzu sehr verunstaltete Marktplatz. Der Historiker Jacob Burckhardt hat es zur Kunst erhoben, aus einem antiken Kapitell im eigenen Kopf einen ganzen Tempel aufzubauen. Mit etwas Übung kann man sich auch ganze Landschaften wohlig rekonstruieren: Holland ohne Deiche und Trockenlegungen als sumpfige Wasserfläche mit einzelnen Stadtwarften, zwischen denen man förmlich per Boot verkehren musste. Oder eine Skistation in den Alpen ohne Straßen, Tunnel, Lifte, so dass hier einzig ein paar Schafe und Kühe von kraxelnden Menschen gehütet wurden. Wie kriegten die den Käse oder das Heu ins Tal? Sobald ich über so etwas nachdenke und die Welt nicht einfach als gegeben hinnehme, begreife ich viel besser, was hier abgelaufen ist – und was hier ohne das dünne Eis der Zivilisation und der Technik jederzeit wieder erstehen könnte. Wie sahen Rom oder Athen in der Antike aus, lange bevor sich das Gespinst der motorisierten Millionenstadt über die Steinreste von dazumal gelegt hatte? Mit etwas Phantasie kann ich in einem trockengefallenen Hafenbecken in Apulien, auf dem heute Autos parken, Kreuzfahrerschiffe von vor tausend Jahren ankern lassen. Schaffe ich es, die Hinterlassenschaften zu lesen und in den richtigen Zusammenhang zu bringen, dann wird aus einer einzigen Reise eine vielgestaltige Erfahrung.

Denn als Zeichner meines eigenen Geschichtsatlasses bin ich dem Diktat des Jetzt und vor allem der Ästhetik der Gegenwart nicht komplett ausgeliefert. Ich reise nicht nur durch Landschaften, sondern auch durch die Epochen, die sie geprägt haben. Und recht eigentlich reist ja die Mehrheit der Menschen, ob bewusst oder nicht, mit diesem inneren Lesemechanismus und versucht, einen exotischeren, vergangenen Alltag im Geist erneut zu beleben. Sonst würden einigermaßen intakt gebliebene oder auf Hochglanz restaurierte Ziele wie Brügge und Prag, Rothenburg und Siena nicht zu den Glanzlichtern des Massentourismus zählen. Eine Plattenbausiedlung wird erst dann von Busgruppen besichtigt, wenn es wenig davon gibt und sich eine Nostalgie aufbaut, sich einmal in die Vorstellungswelt der Bewohner zu versetzen.

Das Studium von Landkarten dient aber nicht nur dem Entdecken und Planen oder der ganz individuellen Einordnung meiner Bewegung in geografische Dimensionen. Man kann Karten und Globen auch verwenden, um zurückliegende Reisen wieder in Gedanken durchzugehen.

Diese Mnemotechnik ermöglicht es mir, sich halb entschwundene Orte und ihr Panorama wieder unter dem Namen vorzustellen, den ich fast zufällig auf der Karte finde. Dort war ich ja schon mal! Beim Versuch, mir vorzustellen, wie es etwa aussah, kommen persönliche Erfahrungen – vom kalten Kaffee am Marktplatz bis zum leckeren Essen im Ratskeller oder den weiten Deckengewölben der Kathedrale – wieder in mir hoch. War damals nicht das Museum wegen Renovierung geschlossen? Würde es sich nicht lohnen, da noch mal vorbeizuschauen? Gibt es nicht demnächst eine Fahrt am Wochenende, die sich mit diesem Ziel kombinieren ließe? So sorge ich dafür, dass mir meine eigene Reisebiografie nicht im Vergessen abhandenkommt, und es entwickeln sich automatisch neue Wünsche und Sehnsüchte. Dem sofort nachzugehen ist gar nicht entscheidend. Es reicht schon das Bewusstsein, dass irgendwo in der Welt ein Ziel mich verlockt – und schon werde ich wieder zum potentiellen Reisenden. Der Optimismus, dass man sich dann eben ungewisser Herberge, mieser Küche und Stau ausliefern sollte, nur um an ein imaginiertes Ziel zu gelangen, würzt das Leben. Reisen beginnen lange vor dem Aufbrechen als Vorfreude. Wer meint, alles gesehen zu haben und zu kennen, ist als Reisender schon tot. Und wen die Welt kaum schert, der greift auch nicht zur Landkarte und dem bedeutet das Reisen nur mehr die lästige Strecke zwischen zwei Zielen – zur Arbeit, zum Arzt, zur leidigen Verwandtschaft – was auch immer. Dass die Welt in richtiger Dosierung und Auswahl durchaus schön ist und sich lohnt, in welcher persönlichen Weise auch immer erschlossen zu werden, das ist das versöhnliche, immer neue Kraft spendende Axiom des Tourismus. Dass dieser faszinierte Konsum von Welt in unseren Breiten einmal zu einer Art Menschenrecht auch für den ganz normalen Bürger werden konnte, gehört zu den größten Segnungen der Wohlstandsgesellschaft. Niemand würde sich herausnehmen, über Rente und ärztliche Grundversorgung zu meckern und deren Abschaffung zu fordern. Tourismus hingegen wird gerne unter den negativen Aspekten – Überfüllung, Umweltschäden, Oberflächlichkeit – betrachtet. Reisen als verbindendes, Hoffnung zu Neugier spendendes Element jeder Existenz, das am besten als Grundrecht in die Verfassung gehörte? Das erscheint als ein etwas verwöhnter Gedanke. Doch wenn plötzlich niemand mehr losfahren würde, bräche nicht nur einer der weltweit wichtigsten Wirtschaftszweige mit Millionen Arbeitsplätzen zusammen – ein entscheidendes Element unserer Kultur würde verschwinden und eine schmerzliche Lücke lassen. Wer mit Fotoapparat und Reiseführer unterwegs ist, gibt den anderen Menschen in fern und nah einen Vertrauensvorschuss: Es dürfte interessant sein dort, man wird mir schon nichts Schlimmes antun, wir einigen uns auf ein Miteinander unter zivilisierten Menschen. Diese Geschäftsbeziehung, bei der Landschaft und Klima, Geschichte und Gesundheit der Welt zur gehandelten Ware werden, erspart uns die bisherigen, sehr hohen Kosten der Erschließung durch den Menschen. Denn früher – da reicht ein Blick in die Geschichtsbücher – kam man vor allem durch Krieg in der Welt herum. Eroberung, Versklavung, Ausrottung – das waren mehrheitlich die Begleiterscheinungen der humanen Wanderungsbewegungen vor der Pauschalreise und vor dem Hotelführer. So wie ein Fußball-Länderspiel den Wettstreit von Völkerschaften zivilisierter austrägt als ein Krieg, so ist eine touristische Invasion allemal einer militärischen vorzuziehen.

Was natürlich nicht ausschließt, dass es auch früher

schon friedliche Reisende gab, die aus Neugier und zum Studium der Welt in ihr unterwegs waren. In diese Anfänge vertiefe ich mich gern, indem ich mit Leidenschaft alte Reiseberichte und Reiseführer lese. Allein schon der Kontrast der Straßen und Verkehrsmittel macht mir klar, dass meine Form des Reisens keineswegs selbstverständlich ist. Es kann nicht schaden, sich mit wohligem Schauer in die Zeit der Postkutschen zurückzuversetzen, als auf unwegsamem Gelände ein Achs- gleichzeitig einen Genickbruch zur Folge haben konnte, als Wind und Schnee in die Kabine wehten und die Knochen der Reisenden erstarren ließen oder als Briganten mit vorgehaltener Pistole die Touristen überfielen. Da lernt man die Vorzüge der touristisierten Welt mit zivilisiertem Transport und allerlei Ansprechpartnern – vom Konsulat über den Reiseleiter und die Apotheke bis zur Polizei – erst richtig schätzen. In dem Maße, in dem die Menschen die Erschließung der Welt durch den Tourismus genießen, beklagen sie dieselbe aber auch, weil der gegenseitige Kontakt, das gemeinsame Konsumieren von Welt die Unterschiede ein wenig einebnet. Als würde nicht der freie Grenzübertritt in Europa, der Interkontinentalflug, das umspannende Netz von Restaurants, Hotels mit Bad und WC die vermeintliche Vernetzung der Welt erst ermöglichen. Indem ich in die Welt reise, trage ich dazu bei, dass die Welt sich auf meine Standards zubewegt. Wem das nicht passt, der darf darüber nur klagen, wenn er ein Leben lang daheimbleibt.

Und ging es früher auf Reisen wirklich so viel exotischer, wilder, unverfälschter zu? Schon tief im neunzehnten Jahrhundert wurden Touristen am Kai von Neapel oder am Bahnhof von Venedig von einem Rudel professioneller Nepper und Schlepper überfallen. Taschendiebe, Bettler, gefinkelte Droschkenkutscher, schmierige Hoteliers – alles hatte der Tourismus damals schon hervorgebracht. Und nicht anders als heute wurde damals bereits vor skrupellosen Giftmischern in Touristenlokalen gewarnt; Tarife für Trinkgeld und Kutschentaxi standen im Baedeker und mussten dennoch aufs härteste mit den Kontrahenten in London oder Rom ausgefeilscht werden. Reisen war für Reisende gefährlich, nicht weil man an den frühen Massendestinationen mit Blutrache, Entführung oder Mord konfrontiert gewesen wäre, sondern weil sich im Handumdrehen eine Infrastruktur fürs Ausnehmen wohlhabender Touristen herausgebildet hatte. Gerne empfahlen die Reiseführer der touristischen Frühzeit deshalb Hotels und Lokale unter der Leitung deutscher, Schweizer, dänischer Landsleute, von denen es damals an den Hotspots des Reisens bereits überraschend viele gab. Schon in der Renaissance war das Pilgerwesen in Rom – als massentouristische Destination par excellence seiner Zeit immer voraus – nach Nationen und Dialekten, Währungen und Gebräuchen perfekt diversifiziert. Es gab – gegen entsprechendes Entgelt – deutsches Vollkornbrot und französischen Landwein vor der Papstaudienz, es gab (wie übrigens heute noch) deutsche oder portugiesische Ordensherbergen und verlässliche Übersetzer für die Kunstführungen in den Privatsammlungen. Diesen Berufsstand der gesprächigen, kundigen, gerne aber auch geldgierigen Fremdenführer, den meist ein Tourist dem anderen empfahl und der oft schon monatelang im voraus bestellt war, kann man – entlang der Strecke der Grand Tour von Verona bis Neapel und Palermo – ebenfalls bis in die Barockzeit zurückverfolgen.

Will man sich in die Fährnisse und Missgeschicke früherer Reisender genussvoll vertiefen, empfiehlt sich merkwürdigerweise die Suche nach unbekannteren Autoren. Genies und große Geister hatten gewöhnlich einen Ruf zu verlieren und wollten sich unterwegs nicht als übervorteilte Naivlinge ohne Sprachkenntnis verewigen. Und sie hatten einen Plan, ihre ästhetischen und philosophischen Ansichten über das alte Griechenland oder das modernere Baden-Baden im Text unterzubringen. Ob die schottischen Highlands in den Romanen von Walter Scott angemessen geschildert werden, wie in einem Gedicht die erhabene Stimmung des Sonnenaufgangs in Ischia festzuhalten ist, was die feuchtkranke Stimmung in Venedig an allgemeiner Dekadenz transportiert – so etwas lernt man bei Stars der Gattung, ob sie nun Thomas Mann oder Dickens heißen, Fontane oder Madame de Staël. Während Sigmund Freud in seine psychologischen Epochenwerke die Kenntnis des Klassischen Altertums und des geliebten Italiens immer wieder einfließen lässt, so sind seine entsetzten Nachrichten über die nächtlichen Attacken von Stechmücken nur auf familiären Postkarten aus Venedig verewigt und eher zufällig überliefert worden. Goethes »Italienische Reise« als unerreichter Klassiker der Gattung erzählt uns anschaulich vom Bildungserlebnis eines schönheitstrunkenen Deutschen im Land, wo die Zitronen blühn – und nicht so sehr von der Logistik des Unterwegsseins in der Zeit vor der Eisenbahn. Jacob Burckhardt hat in seinem ebenso unvergleichlichen »Cicerone« überhaupt alles Anekdotische weggelassen und projiziert seinen Blick von einem Meisterwerk der italienischen Kunst zum anderen. Wie er selbst zu all diesen Orten transportiert wurde und ob es in Assisi oder Ravenna damals fließend Wasser im Hotel gab, bleibt bei solchen Reisebüchern ohne Reisestrapazen leider im Dunkeln.

Weniger bekannte Schriftsteller hatten meist weniger grandiose Ideen zu Tizian und Michelangelo – und konzentrierten sich stattdessen mehr auf die Qualität von Wein und Pasta, auf Ungeziefer und Trinkgeld, was ihreLektüre unter dem Aspekt des touristischen Alltags oft sehr viel ergiebiger und amüsanter macht. Man nehme die italienischen oder holländischen Reiseberichte des Schwarzwälder Priesters Heinrich Hansjakob zur Hand – und die ganze, wohlorganisierte Welt des bürgerlichen Pauschaltourismus um 1880 nimmt farbenreich Gestalt an: Was kostet der saure Wein? Wie werden die dänischen Mitreisenden mangels Sprachkenntnis über den Löffel barbiert! Welch trauliches Schwätzchen ließ sich mit dem Karlsruher Hotelier in seinem Etablissement an der Rialtobrücke führen! Empfiehlt sich eine Erster-Klasse-Zugfahrt nach Rotterdam – oder ist die ganze Landschaft (in den Augen des missgelaunten Autors) keinen Pfifferling wert? Und welche Bekanntschaften kann man dann im Abteil machen? Das alles ist persönlich, subjektiv, ungerecht und bietet wenig olympischen Kennerblick – und ist gerade deshalb mit meiner eigenen Reiseerfahrung, vielleicht auch mit meiner Schadenfreude kompatibel. Schon um 1800, da die Mehrheit der an die Scholle gefesselten deutschen Leserschaft einem Johann Gottfried Seume kaum nach Arkadien folgen konnte, fand sein »Spaziergang nach Syracus« im Kontrast zu Goethes Reisebericht gerade darum viele Leser, weil hier jemand als Fußwanderer über Gefahren und Zumutungen, Unwetter und Seekrankheiten zu schreiben wagte. Keineswegs kehrten die Reisenden vor dem Bus- und Flugtourismus allesamt erfüllt und gutgelaunt zurück, weil sie auf keine fidelen Bildungsbürgergruppen, Schülerhorden und verrentnerte Kreuzfahrtkompanien getroffen waren. Die Frühzeit des Reisens stellen nur wir, die wir die Verschärfung des globalen Tourismus am eigenen Leib miterleben können, uns so idyllisch vor.

Schade eigentlich, dass es für Verächter von Neckermann und Thomas Cook keine Neuauflage des übellaunigsten Reisebuches aller Zeiten gibt, das 1835 in Leipzig erschien. Der satte Titel des ausführlichen Werkes, das der Berliner Jurist Gustav Nicolai schrieb, sagt schon alles: »Italien, wie es wirklich ist. Bericht über eine merkwürdige Reise in den hesperischen Gefilden, als Warnungsstimme nach allen, welche sich dahin sehnen«. Dem Autor, der sich mit diesem Buch intellektuell erledigte und den seine Zeitgenossen nach allen Regeln der kritischen Missgunst durch die Mangel drehten, geht genau das auf die Nerven, das einem heute auch der Nachbar nach einer Billigbustour durch die Toskana am Gartenzaun erzählen könnte: Es ist im Süden im Sommer zu heiß und zu voll und zu mückenverseucht. Die Gastgewerbler sind durchwegs Gauner und offerieren Betten, in denen man nicht schlafen kann, sowie ungenießbares Essen. Und was man jenseits von Armut, Rückständigkeit und Bettelei an Sehenswürdigkeiten in Staub und Stau am Ende zu sehen bekommt, beschränkt sich auf baufällige Altbauten und nichtssagende Steinhaufen, deren Authentizität sehr fraglich ist. Dass in deren von Unkraut überwucherten Umzäunungen einst Cicero und Cäsar, Vergil und Ovid ihr Unwesen getrieben haben, interessierte solche ermüdeten, übervorteilten Reisenden schon vor bald zweihundert Jahren schnell nicht mehr die Bohne.

Die Geschichte der touristischen Enttäuschung ist durchaus von den Opfern des massenhaften Reisens aufgeschrieben worden, hat aber dem noch massenhafteren Aufbruch der Nächstfolgenden nie einen Abbruch getan. Der amerikanisch-britische Romancier Henry James, dem wir einige der schönsten und gültigsten Passagen über die Seelenstimmung eines Nordländers am Mittelmeer verdanken, hat bereits um 1900 festgestellt, dass Paris, Rom, Neapel von Touristen nur so wimmeln, dass es schwer ist, am Dom von Florenz nicht von deutschen Bildungsbürgern mit dem Baedeker in der Hand niedergetrampelt zu werden und dass man über Venedig kein Wort mehr sagen kann, weil zu diesem Thema bereits seit langem alles gesagt und niedergeschrieben wurde. Und doch erscheinen jedes Jahr viele Dutzende neue Bücher zu Reiseerlebnissen in Paris und New York, Milliarden Fotos von den Kathedralen Nordfrankreichs oder der Hagia Sophia entstehen – mal mit der Nachtsichtkamera und Riesenzoom eines Profis, sehr viel öfter im Gehen auf einem Smartphone, das ein halbwüchsiges, gelangweiltes Kind in der Hand hält. Doch wenn alles bereits erlebt ist und wenn das Erleben selbst so furchtbar mühsam und enttäuschend ist und mit Millionen kaum beeindruckter Leidensgenossen geteilt werden muss – warum gibt es dann immer mehr Reisende?

Es gilt die Erkenntnis, die schon vor zweihundert Jahren stimmte: Das Recht auf die eigene Erfahrung, mag sie am Ende euphorisch, vergrätzt oder so lala kommentiert werden, lässt sich niemand nehmen. Wer als Reisender die eigenen Erlebnisse abtut, kommt vor allem als Besserwisser herüber, denn er hat den anderen gewöhnlich das Privileg der gemachten Erfahrung voraus. Wer will sich dieses Privileg schon von irgendjemandem nehmen lassen?

Die nächsten Legionen von Fernreisenden, die Melbourne und Cesky Krumlov, Bali und Acapulco erobern wollen und dabei gerne auch kurz bei den Klassikern in Siena, Weimar, Amsterdam oder Arles vorbeischauen, schnüren in Indien, Indonesien, Brasilien, Russland, China bereits die Stiefel. Der touristische Weltmarkt, der uns in Europa so gesättigt vorkommt, verfügt über unermessliche Reserven. Wer hat das moralische Recht, den neugierigen Massentouristen und abenteuerlustigen Backpackern von morgen zu verargen, sich nun auch zu den zivilisierten Völkerwanderern zu gesellen und gegebenenfalls über den Nepp und die Zumutungen des Reisens aufzuregen?

Reiseführer in gedruckter Form, die es angefangen mit Pilgerbüchern Richtung Rom, Santiago, Jerusalem seit Gutenbergs Lebzeiten als Bestseller gibt, können möglichen Katastrophen und Enttäuschungen unterwegs keineswegs vorbeugen. Aber man hofft trotzdem immer wieder, mit etwas gedrucktem Insiderwissen eine rudimentäre Orientierung zu gewinnen. Selbst unter Tagestouristen oder Geschäftsreisenden auf Zwischenstopp gibt es darum kaum jemanden ohne ein handliches Reisebuch im Gepäck. Mögen sich auch immer mehr Menschen mit Hoteltipps aus dem Internet und Digitalkarten auf dem vorgehaltenen Tabletcomputer in der Welt zurechtzufinden suchen, das Buch, für das man weder Ladekabel noch WLAN benötigt, hat bisher ganz gut im Wettbewerb der Reisemedien standgehalten. Fälle von Reisenden, die in der Wüste verdursteten, weil der Akku des Navigationssystems ausgefallen war, sollten ohnehin zur Warnung dienen, sich unterwegs lieber auf bewährte und robuste Informationstechniken zu verlassen. Ich selber nutze bei Autofahrten die Computernavigation, aber nur zu Zielen in Großstädten, in denen ich mich auch mit einem Plan verfransen würde. Einbahnstraßen und Fußgängerzonen erspart mir die Technik immerhin, selbst wenn sie mich über Umwege leitet. Auf dem Land sieht es aber schon ganz anders aus. Da habe ich bis heute das System nicht kapiert, mit dem ein Navigationssystem mich von der Hauptstraße auf den Feldweg führt, meine Strecke in

Luftlinie im Schritttempo durchs Wohngebiet erzwingt oder merkwürdige Umwege wählt, die kein vernünftiger Mensch kalkuliert hätte. Dass immer wieder Unfälle vorkommen, weil Leute sich blind auf den Computer verlassen, wundert mich nicht. Wenn der Rechtsabbiegerpfeil schnurstracks in die holländische Gracht führt oder das Wendemanöver in einer Einbahnstraße gefordert wird, macht die Computertechnik das Reisen schnell lebensgefährlich. Und dass man geleitet in digitalen Welten nichts von den Landschaften und Entfernungen mitbekommt, dass allzu naive Nutzer eventuell vom südfranzösischen Dorf an die belgische Grenze geleitet werden, weil es dort ein Kaff gleichen Namens gibt, dass mir in italienischen Innenstädten immer wieder verzweifelte Spaziergänger begegnen, die auf ihren Tablet-Computer starren, dessen Google-Gassengewirr partout nicht mit der Wirklichkeit zur Deckung zu bringen ist – das alles macht mir den Dauergebrauch von digitalen Reiseleitern suspekt. Besser, ich verirre mich auf eigene Gefahr.

Ich selber bin stattdessen ein erklärter Fan eines Typs von Reiseführern, die es immer weniger gibt: Sehr subjektive, gerne umständliche Erklärungen von historischen Zusammenhängen, kunstgeschichtlichen Nebengleisen, Verklärungen von Landschaftserlebnissen und Stimmungen. Solche dickleibigen Kunstreiseführer kommen aus der Mode, weil sie vermeintlich zu schwer sind, weil man unterwegs für solche Vertiefungen gar keine Zeit hat und weil die praktischen, aktuellen Tipps zu Logistik, Land und Leuten fehlen.

Dem liegt ein Missverständnis zugrunde, das sich schon am paradoxen Modewort »Geheimtipp« verrät. Denn ein Tipp kann niemals geheim sein. Ein flotter Reiseführer, der mich ins Herz der alltäglichen Welt von Moskau, Paris oder Belgrad »abseits der ausgetretenen Pfade« führt, lockt mich naturgemäß (und dagegen wäre ja gar nichts zu sagen) auf ausgetretene Pfade. Ein Reisebuch, das sich schwäbischem Geiz (lieber das Klo auf dem Flur), banausischer Oberflächlichkeit (nur keine riesigen Museen) oder spätpubertärer Partystimmung (wo machen die hippen Leute aus Zürich die Nächte durch?) fügt, ist schon per definitionem wertlos. Denn es degradiert mich zu einem abgestumpften Konsumreisenden, dem man auch noch die abgenudelsten Phrasen und Gemeinplätze als Insiderwissen verkauft. Eine annehmbare Kaffeebar kann ich in Parma oder Marseille schon noch selber finden, aber die Erklärung des historischen Zusammenhangs der dortigen Antikenfunde oder Barockmalerei hat nicht einmal ein habilitierter Kunsthistoriker jederzeit im Kopf. Ein Reiseführer, der mir alles Komplizierte und Abseitige erspart, macht meine Reise platt und mich selber dumm. Wer indes komplexe Erklärungen gar nicht will, der braucht auch kein Buch fürs Auffinden der Buslinie zum Campingplatz oder die atemberaubendste Aussicht auf den Sonnenuntergang am Strand; dafür reicht das Internet in der Tat. Dass abwaschbare, praktische Reisebüchlein den umständlichen den Rang abgelaufen haben, führt uns ins Herz des Missverständnisses vom Tourismus: Die Fahrt soll launig und originell, aber bequem verlaufen; man will viel mitbekommen, aber wenig Geld und Zeit investieren, man will in ein paar Stunden oder gar Minuten zum Einheimischen mutieren. Man möchte nur ein paar Minuten das nötigste Wissen tanken, dann aber daheim mit Landeskunde und Superfunden angeben. Das kann nicht klappen.

Ein dickes, ausführliches, gerne redundantes Reisebuch eines humanistisch gebildeten Alteuropäers oder sentimentalen New-York-Liebhabers kann mich dagegen wirklich entführen in Zeiten, in denen in Harlem noch Bebop erklang, in denen in Pisa Galilei auf dem Schiefen Turm herumexperimentierte oder in Dänemark noch Segelfähren zwischen Inseln verkehrten, die heute durch gewaltige Brücken miteinander verbunden sind. Es sind weniger ungeheime Tipps als schräge, untermauerte Geschichten, die auch meiner Reise im Idealfall eine Geschichte mitgeben können, an die ich mich später gerne erinnere. Zudem nehmen umständliche Erklärungen mit Tiefgang das habituell überschnelle Tempo aus meiner Reise. Ich atme die Geschichte und atme dabei selber ebenfalls durch. Das Misstrauen gegen Reiseführer aller Art hat sogar den scheuen, aber überraschend reiselustigen Franz Kafka auf die Idee gebracht, mit einer eigenen Reihe die schmale Kasse dauerhaft aufzufüllen. »Billig« sollte das provokante Produkt, das er gemeinsam mit Max Brod auf den Markt werfen wollte, heißen. Es hätte alle Vorzüge des profunden Bildungsbuches mit dem flotten Ratgeber vereinigt – denn beides gab es damals schon mit allen Nachteilen. Kafka wollte eine Art praktischer Pauschalreise ohne Massenauftrieb anpreisen: Die bequemsten, aber nicht heruntergekommenen Hotels fürs mittlere Preissegment. Die ausgedünnte Bildungstour durch die wichtigsten Museen, aber nur mit den entscheidenden Meisterwerken – und nicht mit wahllosem Gelaber bis zur Ermüdung. Die ehrlichen Restaurants mit lokaler Küche (die sein Buch naturgemäß in Monatsfrist für immer verdorben hätte). Die schnellsten Bahnreisen in jenen Zügen, die am wenigsten überfüllt sind. Eine Liste für Trinkgelder und Zuschläge, damit man sich darüber nicht täglich ärgern muss. Warnungen zu Hygiene und Kriminalität. Und überhaupt eine Konzentration der essentiellen Orte, damit man sich als Angestellter mit knappem Urlaub und knapper Kasse nicht verzettelt. Im Idealfall bietet »Billig«, das nie das Licht der Verlagswelt erblicken sollte, die Vorzüge einer guten Pauschalreise, kombiniert mit der gut durchdachten und kundigen Reiseplanung eines reichen Bildungsbürgers. Wenn dann aber immer mehr Menschen diesen Tipps folgen sollten, dann bricht das Konzept bereits in sich zusammen. Die Kombination aus wichtigen und schönen Zielen mit Abgeschiedenheit und Schutz vor Nepp ist so gut wie unmöglich. Stellen wir die Gegenfrage: Wo befindet sich unweit vom Ballermann das Szenelokal mit guter, nicht zu teurer mallorquinischer Küche? In London eine Bar mit Loungemusik gefällig, in die sich garantiert nur Einheimische verirren, die dann angeregt und erfreut ins Gespräch mit den Besuchern über ihren britischen Alltag kommen? Ein preiswertes, charmantes Mittelklassehotel in Paris, das nicht mehr kostet als Vergleichbares in Heidenheim an der Brenz? Überhaupt fragen sich die Reisenden auf der Suche zum authentischen Alltag ferner Länder ja niemals, ob es für die Bereisten ein Gewinn wäre, sich mit den Touristen auszutauschen. Was hat ein Tourist in Freizeitkleidung mit umgehängter Kamera, schlechtem Englisch und grenzenloser Oberflächlichkeit einem Pariser oder Moskauer denn zu bieten? Schlägt man beliebige Reiseführer auf, scheinen aber gerade aus diesen Glücksmomenten der Verschmelzung mit dem und mit den Fremden die Verheißungen für den nächsten Urlaub zu bestehen. Denkt man auch nur ein paar Sekunden ernsthaft darüber nach, dann entpuppt sich der Tourismus ohne Risiken und Nebenwirkungen als Hirngespinst.

Was lässt sich – in Kafkas Fußspuren – trotzdem tun, um während der so ersehnten Reise nicht allzu sehr enttäuscht zu werden? Ich nenne das vorausschauende Agieren als Tourist die persönliche Reisediät. Über Diäten der Nahrungsaufnahme werden ja ganze Bibliotheken vollgeschrieben und Millionen Lebensläufe konditioniert und ruiniert. Eigentlich merkwürdig, dass zum Reisen nicht ganz ähnliche Erwägungen zur Allgemeinbildung gehören. Und es geht hier keineswegs bloß um eine Abmagerung, sondern um eine bewusste Anpassung an meine Bedürfnisse. Wie viel möchte ich reisen, ohne dass es Gefährdungen für Körper und Seele zur Folge hat? Was will ich überhaupt von der Welt sehen – und wie viel kann ich im günstigsten Fall in meinem Leben ohne Abrieb schaffen? Was will ich nicht sehen? Mit welchen Mitteln reise ich? Mit wem reise ich? Wann reise ich? Geht man diese Frage ähnlich systematisch an wie Kafka und Brod ihr Mittelklassekonzept, dann kann man zum Verreisen eine ganz persönliche, durchdachte Haltung entwickeln.

Die moralische Frage zu Klima und Energie, Bauboom und Zerstörung ursprünglicher Lebensform meine ich hier nicht. Da gibt es immer sehr komplexe Antworten. Ohne Tourismus gingen ganze Landstriche, die jetzt unter Hotelkomplexen und Wasserknappheit leiden, ebenfalls in Armut zugrunde. Habe ich das Recht, Reisen in wenig entwickelte Gebiete zu verteufeln und damit einem Südseebewohner mit Lendenschurz den Wunsch abzusprechen, auch mit Elektrizität, Arzt und Schulbildung durchs Leben zu gehen? Ist es vertretbar, Kreuzfahrtdampfer mit ihren Menschenmassen und dem Feinstaub im Schornstein kategorisch abzulehnen, aber dann in der Limousine über neue Autobahnen in die Toskana zu fahren, um mich dort im geheizten Pool zu fläzen? Ich mag das Dilemma, was der Tourismus an Fortschritt, was an Zerstörung, was an Wachstum, was an Klimakatastrophe zu verantworten hat, nicht als Moralschiedsrichter entscheiden. Mir geht es zuvörderst um ein Reisen, das erst einmal mir Spaß bereitet und mich nicht missgelaunt heimkehren lässt – was natürlich zugleich heißt, dass in meiner Vision niemand mit dem Crossmotorrad durchs Naturschutzgebiet brettern darf und dabei das Grün zumüllt. Das jedoch ist ein Fall für lokale Gesetze, genau wie Dynamitfischen, Helikopterski unter aussterbenden Steinböcken oder ekliger Drittweltprostitution.

Wovon hier die Rede sein soll, hat mit einer Reise nach dem Muster von Essen zu tun, daher der Begriff Diät. Was schmeckt mir und ist meinen Wünschen angemessen? Was macht mir schon bei der Planung Spaß und vertieft meine Kenntnis von der Welt bei der Nachbereitung? Eigentlich reist ja jeder Mensch genau nach diesem Muster; schließlich gibt es keine touristischen Zwänge. Doch ich habe meine Zweifel, ob wir alle nicht längst habituell verreisen, weil das alle machen und weil der Markt uns den Reisefastfood vorwirft. Allzu viel ist durch Moden, sozialen Wettbewerb und Konsumgebaren vorgegeben. Eine individuelle Reisediät gehört seltsamerweise weniger zu den zivilisatorischen Errungenschaften als der Smalltalk-Protz, wo man denn schon überall unter werweißwas für luxuriösen Konditionen kurz vorbeigeschaut hat. Kennen Sie Budapest? Wir gehen auf der Fifth Avenue immer in diesen ganz besonderen Bagel-Shop. Eigentlich kann man ja nicht mehr nach Istanbul, aber wir haben da dieses ganz entzückende Design-Hotel entdeckt und gehen dann selbstredend nur in Restaurants essen, die auch die Einheimischen frequentieren. Von Berlin aus ist man ja jetzt ganz schnell auf Rügen, …

Mit solchen Dialogen kommt man fürs eigene Reisen nicht recht weiter. Immer häufiger frage ich mich bei Mitmenschen, warum sie sich überhaupt an einen bestimmten Ort bemühen. Gibt es – abseits von globetrottender Sammelleidenschaft – einen Grund, die Färöer aufzusuchen? Was treibe ich in Brüssel, wenn ich mich weder für Brel noch für Magritte noch für Van der Weyden interessiere? Ist Hongkong ein Reiseziel um des Reisens willen? Gerade das Versprechen des ganz Anderen, das jede Abfahrt birgt, verwandelt sich in der Routine aus Flughafenlounge und Reisegruppe, Captain's Dinner und Hotelfrühstücksbuffet schnell ins Immergleiche, dem nicht einmal das kurze Abhaken von Highlights mehr eine Würze geben kann.

Ich saß einmal im stockdunklen Winternorwegen nördlich des Polarkreises auf einem Postschiff der Hurtigrute, und einer der wenigen anderen Passagiere war eine achtzigjährige Engländerin, die nie das Schiff verließ, die nicht einmal ihre Kabine verließ und dort allzeit auf dem Bett hockte und Pfeife rauchte. Kam im dichten Nordseedunst ein anderes Schiff entgegen, bemerkte sie durch das Bullauge die Beleuchtung und rief den Kellner: »Is that a northern light?« Und der Kellner tat ihr den Gefallen, bestätigte mit Überzeugung, dass es sich hier bei tiefer Bewölkung und Dauerregen fraglos um ein Nordlicht handelte – und die Dame war zufrieden. Mit ähnlicher Perplexität und etwas Neid betrachtete ich einen alten Diplomaten bei einem Besuch in Paris. Während wir uns mit ziemlich dichtem Zeitplan von einem Museum zum nächsten mühten, hielt der alte Herr endlosen Mittagsschlaf und hatte sich von seiner Herberge in Neuilly in einer Woche am Ende dreimal zu einem Café um die Ecke bemüht, um dort gelangweilt in Le Monde zu blättern. »Paris kenne ich ja schon«, versicherte er mir auf meine erstaunte Frage. Und die Aussicht, dass er die Stadt vielleicht nie mehr sehen würde, schien seinen Besuch in der Peripherie nicht zu beeinträchtigen. Er war ja da.

Mit dieser buddhistischen Sichtweise, auf dem Kabinenbett oder im Eckcafé schon alles mitbekommen zu haben, könnte man freilich auch daheimbleiben. Aber wer kann sich das im Zeitalter des Reisezwangs schon leisten. Mit den Jahren denke ich immer öfter an die Anekdote von Ralph Waldo Emerson zurück, der eine Teilnahme an der Eröffnung der Telegrafenverbindung zwischen Texas und New York absagte: New York und Texas hätten sich nach seiner Ansicht nichts mitzuteilen. Was vermag mir ein bestimmtes Land, was eine bestimmte Gegend, Sprache, Urbankultur, Kunstlandschaft mitzuteilen? Das ist die Frage, die ich mir nach einem ausgiebigen, hoffentlich noch eine Weile andauernden Reiseleben immer öfter stelle. Und das nicht, weil ich schon so viel kenne und so hervorragend in der Welt Bescheid wüsste, sondern weil ich die Grenzen meiner beschränkten Auffassungsgabe und meiner körperlichen Kondition immer mehr in Rechnung stelle. Will ich wirklich auf Stippvisite irgendwo vorbeischauen? Als Jugendlicher hätte ich davon geträumt, hier einen Anfang zu machen, ob in Holland oder Polen. Jetzt traue ich mir schon kaum zu, mich einigermaßen befriedigend mit Armenien auseinanderzusetzen. Lohnt es sich noch? Dieselbe Frage kann man sich naturgemäß auch umgekehrt stellen: Bekomme ich mit fortschreitendem Alter jemals wieder die Chance? Der Schriftsteller und Insektenforscher Ernst Jünger reiste mit rund hundert Jahren noch einmal nach Südasien, um einen bestimmten Käfer zu suchen, von dem er schon lange geträumt hatte. Noch einmal – unter diesem Motto stehen ab irgendwann alle Reisen, weil man nicht absehen kann, es jemals wieder an dieses Ziel zu schaffen. Doch genauso kann man auch entscheiden: Nicht noch einmal, es war genug. Es ist ein wenig wie mit Goethes letzten Worten, die nach übereinstimmender Überlieferung »Mehr Licht!« lauteten. Vielleicht handelte es sich aber auch um einen Hörfehler, und Goethe hat vielleicht »Mehr nicht!« gesagt.

Zwischen diesen beiden Polen könnte man, unvorhersehbare biografische Überraschungen eingerechnet, vielleicht grob umreißen, was von der Welt man mit den persönlichen Mitteln und der noch vorhandenen Konstitution überhaupt noch ins Auge fasst – und was man besser mangels Interesse, Geld, Leidenschaft weglässt. Die Welt ist ohnehin »bigger than one life«. Da ist es kein dummer Gedanke, eine Grenze gegenüber der Wahllosigkeit zu ziehen. Statt in Paris das heimische Mittagsschläfchen zu zelebrieren, kann man bequemerweise gleich zu Hause bleiben. Statt angenervt schwitzend, schnappatmend und übellaunig jenseits der Achtzig durch Kenia zu hecheln, wäre ein Strandkorb an der Nordsee vielleicht keine schlechte Alternative. Schaffe ich noch die Bergwanderung im Tessin, die mir Freunde so empfohlen haben? Will ich irgendwann sterben, ohne jemals im fabulösen Schloss Karlstejn bei Prag gewesen zu sein?

Ohne elegische Gedanken an die letzte Reise spielen solche Erwägungen bei mir eine immer größere Rolle. Wahllosigkeit kann man sich als passionierter Reisender irgendwann nicht mehr als sprudelnde Neugier verbrämen, denn dafür sind die möglichen Banalitäten und Enttäuschungen unterwegs einfach zu vorhersehbar. Der Reisetyp, der ein Leben lang bis zur Goldenen Ehrennadel des Tourismusverbandes in dasselbe Hotel im Kleinwalsertal wiederkehrt, hängt sicherlich an Gewohnheiten und liebt es im Urlaub vertraut und überraschungsfrei. Um diese touristische Langeweile zu vermeiden, muss man kein Last-Minute-Düsenjäger werden, der in die jeweils preiswerteste Flugdestination steigt und dann nicht weiß, was er an diesem namenlosen Strand in diesem namenlosen Land überhaupt beginnen soll, außer Meilen zu sammeln. Wie bei jeder Diät liegt auch beim Reisen die Weisheit in der Mitte.

Mit etwas Überlegung kann ich selbst an den überlaufendsten Zielen jedwedes Gedränge und alle Mühsal vermeiden. Immer schon frage ich mich, warum alljährlich wie die Lemminge die Leute im heißen Sommer in den Süden fahren, wenn es dort unerträglich – und dank so vieler anderer Leidensgenossen – auch noch überfüllt ist. Überhaupt sind der Winter, der Spätherbst, der Vorfrühling abseits aller Feiertage und Schulferien eine herrliche Reisezeit. Man schwitzt nicht, die Straßen sind frei, und mit Winterreifen, guter Regenkleidung und einer Wärmflasche im Gepäck kann man allen Widrigkeiten trotzen. Selbst schuld, wer sich beklagt, dass dieses Venedig im Juli bei 40 Grad unter hunderttausenden blöder Massentouristen doch unerträglich sei. Zudem ist der Sommer in Deutschland doch eine herrliche Jahreszeit, meist nicht zu heiß, aber heizen muss man auch nicht. Da bieten sich Ausflüge zum Wandern und Besichtigen in die nähere Umgebung der Mittelgebirge und deren unzerstörte Städtchen doch förmlich an. Wird es im Oktober unwirtlicher, kann ich die Spargroschen immer noch – und sogar mit Nebensaisonrabatt – für den Flug nach Rhodos investieren. Macht man sich einmal vom Herdentrieb frei, gibt es gar keinen Anlass für Stau und Sonnenstich mehr, und nicht einmal die Schulferien taugen als Ausrede, in die Massenfalle gegangen zu sein. Schließlich gibt es inzwischen Ferien rund ums Jahr, und man kann sich da den klimatischen Gegebenheiten prima anpassen.

Kaum irgendwo im modernen Alltag ist der Mensch so frei wie beim Reisen, und darin liegt ja auch die Verheißung dieser Lebensform. Bei der Arbeit, in der Familie, vor dem Finanzamt – den Zwängen im Metallkorsett der Moderne ist kaum mehr auszuweichen. Darum sollte, wer reist, von der Palette der Möglichkeiten auch Gebrauch machen. Es gibt in der großen Flucht unendlich viele Chancen auf kleine. Wer im Stau verrückt wird, kann nachts fahren oder einen Tag mehr einplanen und fröhlich auf Nebenstrecken rollen. Lieber einen Urlaub ausfallen lassen und sparen als im Billigflieger und später im Pappkartonhotel leiden. Wer im Urlaub immer nur spart, bekommt ihn gar nicht mit und hätte lieber daheim die Börsenmeldungen studiert. Reisen bedeutet einen Potlatsch, ein eigentlich nutzloses Verbraten von Ressourcen, um das eigene Wohlfühlen überhaupt einmal mitzubekommen. Mit der Umrechnungstabelle in der Hand und mit einem knappen Budget kann ich mir den Aufwand getrost ganz sparen.

Einer ähnlich heiklen Frage muss man sich, wie erwähnt, bei der Reisegesellschaft stellen. Beziehungen werden durch die Intimität ohne Fluchtwege unterwegs entweder gefestigt – oder zerbrechen. Urlaub zu zweit ist ein bequemer Stresstest für Ehen. Hat sich das einmal eingespielt, wird es im Umkreis von Familie und Freunden noch komplizierter. Urlaube in Gruppen, mit streitenden Kindern, eifersüchtigen Partnern, missgelaunten Schwiegereltern können zur Hölle werden, weshalb ich mich frage, warum sich immer wieder Menschen diesem unwägbaren Risiko aussetzen! Selbst mit guten Freunden fahre ich am liebsten gar nicht oder wenn, dann nur auf Kurzausflüge, weg. Und befindet man sich mit Bekannten an einem Ort, sollte man unbedingt Distanzen einbauen:

Unterschiedliche Hotels, ausgiebige Ruhezeiten, dosierte Treffen. Nur so ist die Encounter-Situation zu vermeiden. Zu widerstreitend sind Tageseinteilung, Geschmack, Konsumverhalten. Mein Motto: Wer seine Freundschaften bewahren möchte, stellt sie nicht auf Reisen auf unnötige Proben. Letztlich macht jeder seine Erfahrungen für sich allein, und mit den Jahren nimmt die soziale Kompatibilität überhaupt ab. Wer schon in der Jugend oder gar als gestresstes Elternteil unter Familienreisen gelitten hat, der sollte sich das irgendwann nicht mehr antun. Von heranwachsenden Kindern höre ich meist, dass der gemeinsame Urlaub mit den Eltern den größten Horror überhaupt darstellt. Im eingespielten Alltag kann das Familienleben funktionieren, auf Reisen so gut wie nie. Warum sonst gibt es alle Arten Freizeitlager für die nachwachsende Reisegeneration? Wie freudlos der Anblick animierender Eltern, die ihre gelangweilte Brut durch Museen und Altstädte treibt, dieweil die Sprösslinge mit ödem Blick an ihren Smartphones herumspielen!

Reisen sollten nicht zusammenfügen, was einfach nicht zusammenpasst. Und fragt man Menschen, die eine Kreuzfahrt oder eine bildungsbürgerliche Bustour gebucht haben, weiten sich die Augen angsterfüllt: Hoffentlich sind die Leute am Tisch einigermaßen erträglich? Wie kann ich die Kommunikation auf ein Minimum beschränken? Habe ich Kopfhörer dabei, um in meinem Kopf das Geschwätz im Bus oder auf Deck zu übertönen? Man kann all diese Ängste aber auch dadurch loswerden, einfach keine Reise in willkürlicher Gesellschaft mehr anzutreten.

Die entscheidende Frage der persönlichen Reisediät richtet sich auf die Zufriedenheit, die mir eine Fahrt verschafft. Ich stelle mir diese banal scheinende Frage mit therapeutischer Gründlichkeit. War es den Aufwand wert? Musstest du das wirklich erleben? Stehen die Kosten für den Spaß? Oder bin ich nur aus Habitus oder gar Reflex aufgebrochen? Oder gar, um dem Alltag daheim zu entfliehen? Dann müsste ich, statt zu reisen, an meinem Daheimsein etwas ändern. Vielleicht besteht das Geheimnis des richtigen Reisens einfach darin, mit derselben Leidenschaft richtig daheimzubleiben, sich zu Hause wohlzufühlen und am perfekten Ort zu fühlen. Dann jedenfalls müsste jede Reise erst mal in der Theorie diese Hürde überwinden: Ist diese Fahrt wirklich besser als Nichtreisen?

Der dänische Schriftsteller Peer Hultberg hat einmal ein Konzept entwickelt, welches die unaufgeregte Freude und die Gedankentiefe des Alltags mit der exotischen Entdeckerlust des Tourismus verbinden könnte. Hultberg, inzwischen verstorben, schilderte mit Hochgenuss seine Urlaube: Während Freunde und Nachbarn allsommerlich zur Drei- oder Vierwochentour an die überfüllten Strände des Planeten aufbrechen, hat er sich an einem gar nicht einmal spektakulären Ziel eine preiswerte, zentral gelegene Ferienwohnung besorgt. Denn Dublin, Antwerpen, Krakau haben im Sommer keine Saison und sind preiswert. Soll die Fahrt im Winter losgehen, empfehlen sich Destinationen wie Palermo, Sevilla, Thessaloniki. Hultberg, der auch als Psychoanalytiker arbeitete, sparte sich seinen Jahresurlaub, bis er sechs, vielleicht gar acht Wochen beisammen hatte; meist schrieb und arbeitete er nach einer gewissen Zeit auch unterwegs, denn langsames Reisen inspiriert bekanntermaßen. Keineswegs gab unser philosophischer Tourist der Versuchung nach, idyllische Landurlaube zu planen. Das abgelegene Häuschen in der Provence, der Toskana, die Berghütte in Kärnten – ein

Graus, denn dort geht es bald nur mehr um die Logistik: Proviant, Leihwagen – und sehr bald Einsamkeit und Langeweile bis zum Lagerkoller. Diesen Stress bietet eine Stadt wie, sagen wir, Antwerpen im Sommer keineswegs. Zum einen ist es angenehm leer, weil viele Leute jetzt wie die Sardinen an überfüllten Stränden herumliegen. Doch genug Geschäfte haben geöffnet, Cafés haben die Tische herausgestellt, Märkte und andere Einkaufsgelegenheiten gibt es zur Genüge. Der Reisende, der sich mit Anzug und Trenchcoat, ein paar dicken Romanen, Musik aus dem Kopfhörer und einem Wörterbuch schon sehr bald in seiner Ferienwohnung eingenistet hat, bekommt vom üblichen Reisestress des ständigen Ein- und Auspackens, des Bettenwechsels nichts mit. Ist wider Erwarten die Matratze schlecht oder die Nachbarschaft zu laut, kann er zur Not schnell umziehen. Dann liegen immer noch lange, unverplante Wochen vor ihm. Schon am dritten Tag begrüßt ihn der Kellner des Frühstückscafés wie einen Stammkunden; er findet bald heraus, wo es das beste Gemüse, den nächstgelegenen Fitnessclub und eine gute Pizza in angenehmer Umgebung gibt. Kein Gedränge am Frühstücksbuffet morgens, kein drängelnder Zimmerservice, kein Animationsprogramm im Hotel, keine Parkplatzsuche, kein Stau – die pure Erholung eben. Mit einer Kreditkarte sind alle kleinen Bedürfnisse zu befriedigen, sei es man hat den Hut vergessen oder ein verlockendes Restaurant entdeckt. Ansonsten bietet eine Stadt unserer Breiten vom Krankenhaus über den Zeitungskiosk, von der U-Bahn bis zum Internetanschluss per Karte genau die Infrastruktur, die Ängstlichkeit, Hektik und Mangelerscheinungen vorbeugt.

Mit der Zeit kann unser Slowtourist das Programmkino frequentieren oder ein paar sommerliche Konzerte genießen, es ist auch mal ein Tag fürs Museum oder die Kathedrale frei, aber wenn nicht heute, dann eben morgen. Nur kein Freizeitstress. Vor allem mit der Ruhe des Widerkommens, ein paar Ausflügen ins Umland und langen, nicht immer geplanten Spaziergängen kann der Reisende sich seine Stadt und ihren Rhythmus immer besser einverleiben. Nach einigen Wochen stellt sich das Gefühl der Vertrautheit, ja Heimatlichkeit ein. Und kehrt man dann nach einem guten Monat oder mehr zurück nach Hause, dann sind die Nachbarn auch wieder da: Sonnenbrand, Schlaflosigkeit, Stress mit den Kindern, die teuren Restaurants haben sie urlaubsreif gemacht, sie haben auf ihren paar Ausflügen ins Hinterland wenig genug von dem Land mitbekommen, in dem sie gerade waren. Hultberg schrieb, dass er in solchen Momenten bereits die nächste Tour plane: Vielleicht Helsinki? La Rochelle? Oder gar Dresden?

Natürlich ist es nicht obligatorisch, auf diese ausgefuchste Weise zu reisen. Aber es ist eine machbare Utopie, weil so Oberflächlichkeit des Reisens ebenso vermieden wird wie die Langeweile des Daheimbleibens. Mir selber war die Hultbergtour bisher zu langatmig, es gibt so vieles zu sehen und nicht genug Freizeit für die Lebensneugier. Doch nähert man sich in der Lebensreisebilanz dem Zeitpunkt, dass Mühen und Tempo immer lästiger und Entdeckungen immer routinierter werden, kann diese Methode die persönliche Reisediät bereichern. Natürlich kann man – wenn man die Möglichkeit dazu bekommt – auch ein Sabbatical nehmen und mit dem Segelboot in die Südsee aufbrechen oder auf einem Kamel durch die Mongolei reiten. Mir persönlich wären schon zwei Wochen Wanderung auf dem Eifelsteig oder eine Fußreise durch die Lüneburger Heide Abenteuer genug. Entscheidend bei solchen Reisen im Kopf und in die Zukunft ist die Achtsamkeit, mit der man seinen Bedürfnissen und Träumen überhaupt erst Gestalt gibt.

Reisen als Herdentrieb ist ein lässliches Vergnügen. Reisen als persönliche Grand Tour kann einen ganz anderen Menschen aus mir machen. Aber komme ich auch tatsächlich als ein anderer Mensch zurück, erfüllt von Eindrücken, die mich fortan begleiten? Oder habe ich nur stupide das Pflichtprogramm abgehakt und bin in meinen eigenen Fußstapfen im Kreis marschiert? Bin ich gar unterwegs gewesen und habe kaum etwas mitbekommen? Das schöne Wort »Erfahrung« trägt das Reisen als Lebenslernprozess in sich. Ich muss als Fahrtenschreiber meiner eigenen Existenz diesem Prozess immer wieder eine Bedeutung geben; sonst wird mein Touristenleben zur Brown'schen Bewegung einer Mikrobe, die wahl- und ziellos herumtreibt. Natürlich kann es die ideale Reise niemals geben; immer geht etwas schief, allzeit muss ich Kompromisse machen zwischen meinen Träumen und der Realität. Und doch habe ich es selbst in der Hand, ob ich nur verreise oder reise. Ob ich aus dem Aufbrechen ein Reservoir meiner Freiheit mache oder stumpf in der Kolonne trotte. Ob ich ein Produkt konsumiere oder meine Zeit in meinem Sinn gestalte. Was für ein schönes, seltenes Gefühl, sich immer wieder diese Frage stellen zu können: Wohin soll die nächste Reise gehen? In das Innerste meiner Existenz natürlich, zu meinen Träumen und Sehnsüchten, meinen erlebten Pleiten und meinen Triumphen beim Erobern der Welt. Es sind meine erdachten und gemachten, erlittenen und genossenen Reisen, die mich von meinen Mitmenschen unterscheiden. Denn Touristen sind immer die anderen.